心理勵志 BBP355A

宇宙覺士

顧老師的禪教室

ZEN Q

溫曼英 著

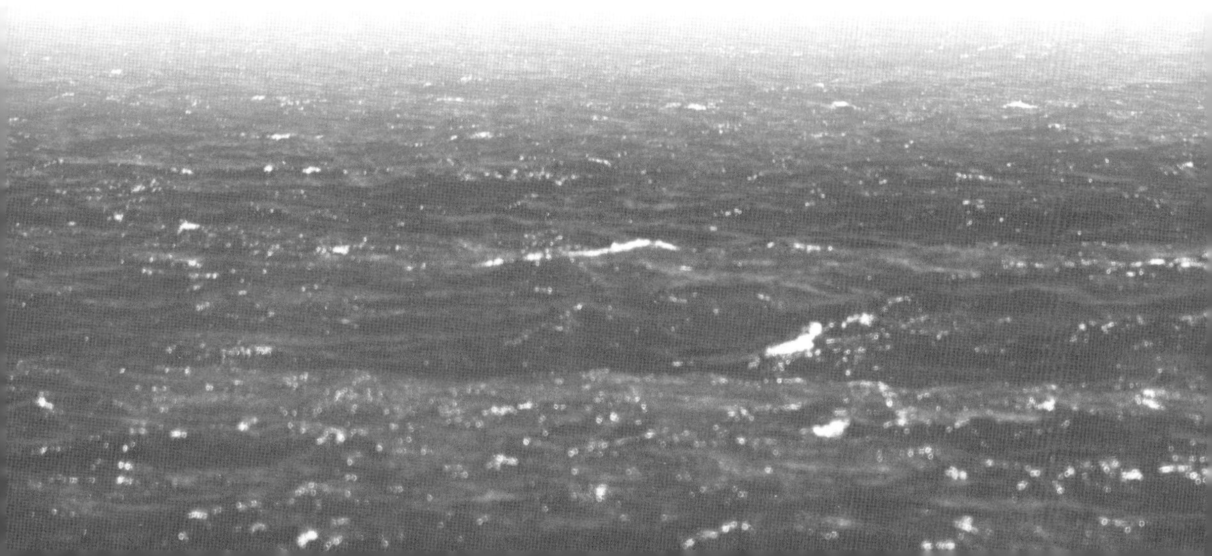

推薦序

框框之外的可能性

王力行

我認識曼英超過三十年，一方面，她是一位努力認真、企圖心強的工作夥伴，另一方面，她又有細心體貼、多為人想的天性。

我從來沒有想過有一天她會拋下表現優異的工作，全心習佛禪修。唯一沒有拋下的，是她用所長勤於筆耕，在寫作中不斷整理、反思所修所學，得以更自在快樂。

人到了一定年齡，就算已求得現實面的圓滿，或者是外在輝煌的成就，仍免不了慨嘆人生的無常與限制；這不禁讓人思考，是否有一種思想或是智慧，能讓我們在修習實踐之後，對生命的意義產生不一樣的見解，甚或讓自我提升到另一種境界。曼英把她多年來修禪心得寫成這本書《宇宙覺士——顧老師的禪教室》，適時提供了我們一個指引。對很多人而言，更可能是一個解答。

為什麼要學禪？為什麼要透過實際的打禪靜坐，修煉自己？曼英長年追隨的顧老師，提及了若干珍貴的觀點，值得我們參考：他認為，做為一個文明的現代人，應該具有圓滿的宗教智慧，並積極深入地探討自身端賴寄託的宗教，究竟蘊含了什麼樣的思想深度與廣度。

他也強調，二十世紀中葉以來，科學家更進一步研究指出，靜坐可以訓練我們擁有平穩的心靈、開發大腦神經新迴路、釋放壓力，也能改善我們的注意力，甚至強化免疫力。

他更為那些想要了解宇宙實真相的人開設禪教室。在課堂上，學生有任何問題，他都不隱瞞、藏私；有教無類，答一切問，沒有分別心，無所不教。目的無他，就是要翻轉學員慣性思考的頭腦，學習不用舊有的認知去設定一切。讓學員明瞭，只有放下執著，才有機會突破自己，看到框框之外的可能性。

透過禪的訓練，人可以開發本身的智慧與資質，不假外求。更難得的是，學禪重在知行合一，禪的思惟一旦進入日常生活，人在面對生老病死、處世應對，都能安住當下；吃飯時吃飯，睡覺時睡覺，自在安然地度過每一天。由這點看來，生活無處不是禪。

這本書也告訴讀者：「禪」不只是一般人認為的宗教，更是能讓人心靈平和、開發智慧，與實際生活聯結的絕妙方法。在資訊發達又快速更迭的現代社會，能擁有這般穩健且靜心的力量，定能掌握健康快樂的人生鎖鑰。

所謂「文殊遇緣則有師」，我在曼英身上看到的這股正向的力量，正是她幸得明師、隨緣修學的成果。

〈作者為遠見・天下文化事業群發行人〉

推薦序

她寫出，開悟實相的「利他」與「教學」

顧耀文

我自小鍾愛閱讀，但除了武俠小說之外，從來沒有想過有一天我會走進書裡，成為別人閱讀的對象。少時我曾經嚮往成為一名發明家，在初步就業後，卻是以將近十年的時間，歷盡艱辛地完成了人類潛能的極致發明——如實悟證到「無我」、「眾生一體」的宇宙實相，成為與佛同等的覺者。

激勵我超越障礙、克服磨難，達成終極目標的原動力，是我發下「照顧所有眾生」的弘誓；我願意幫助人類解除健康、財富、情感以及發展方向等，各種人生疑難雜症的綑綁，讓每一個生命，都能享有更多快樂與自在的覺受。這樣的心意，非靠古道熱腸就能竟功，必須究竟通達實相的內涵，以智慧為導向，才有能力圓滿履踐。

三十餘年來，我默默地「行一切行」，除了遇緣即施，為來自諸方的垂問眾生決疑解惑之外，並像釋迦牟尼佛住世時那樣，教導有志習學的禪生開發覺性。我鮮少刻意的對外交遊，以避免道林間興起高下之想的分別罣忌，方便圓滿成事。

如今因緣成熟，跟我學習時適二十年的自由作家溫曼英女士，亦以正法利樂有情為前提，興起了真實記錄這個禪教室的課程內容、教育方式，以及學員心得的願力，期許能讓正確的禪思想，普及於全體。我樂見其成，多次接受採訪，原原本本把我教學的箇中來龍去脈，說了個詳盡。更首度合盤托出我從最初修行，到終至開悟的心路始末。

遍觀今世，禪風雖隆，但道場多半致力於硬體建設，讓精確的思想軟體付之闕如。中外的相關出版品中，無論是說的禪、寫的禪，觀念也幾乎都只是「相似」而已，以致有諸多誠心追求的人，或者求告無門，或是盲修瞎練，到頭來終究徒呼負負。

現在有這本書問世，我相信首波受惠的，當為原本就追隨我的千餘名學員。他們長期身在其中，但對我的認知，可能仍限於單一方面；解讀某些教材時，難免知其然，不知其所以然。而我的修行故事，明白指出一條成功的道途，足以省卻許多徒勞無功的奔波，下一位、二位……覺士的誕生，亦指日可待。

透過這本書，以往在禪的修證上遭遇困境的人，可循線敲開問訊的大門。因為培養出正確的觀念，具足訓練的方法，台灣會成為全世界的禪思想中心；禪的利益將由此流佈到各個國度與地區，讓接觸到的人，都能活出更安樂而富有意義的一生。

（溫曼英採訪整理）

推薦序

他肯教我，是我此生最大的富貴

毛奕凡

這千年來真實證悟，並善觀機逗教的「A級」祖師，並不多。而自龍樹菩薩以來，能徹底了證圓成大家，並提振佛法於萎頓，我認為更只有一人，即是我的恩師顧老師。在求法時，曾因資糧用罄，飽受刁難，老師在三十年前騎機車回家時，慨然發大願：「此生定要成就，當一個隨便讓人家問的人。」願一發，滂沱大雨應聲傾下，全市盡濕，汪洋一片中，他身上卻連一滴水也沒有，如處金剛罩中，此景難解。老師即感此生定可掌握大法、澤被蒼生，盡虛空遍大地法法雨為證。

但世間尚不知，見地與黃蘗、宏智正覺比肩，教法更勝百丈、臨濟之熠熠明眼善知識，即將出世於台灣。

二十年來親近老師求法，老師教我一個「宇宙實證修道工程學」。這一個學問不大不小、任持總持，包括天上天下一切所有，但不是你想得出來的任何東西。

老師這宇宙高級實證法，雖超物理、生理與心理，內容卻直是親切。奇妙呵！上天下地的參究，十法界整個過去現在未來，相對收縮與展現內容之探索，到頭來並無冤枉路，只是叫人「如實知自心」。而極不思議之自心！宇宙沒有一物與自己相似，卻非別異。沒有自己的自己，展現全部的自他。

修道才知，出世明師之大恩難報。我等雖現來去而無生死之留難，皆因師之牽成而養孕慧命。盡越時空，真覺妙照，覺本照真，當位即妙。何期人間竟有此等事！

但在惡世傳正法，禍事重重，即便世尊，遇上哥利王，也非死即傷。身為在家居士，老師所經之苦難「比密勒日巴還要密勒日巴」。明明是出世明師，在人間卻只能「能仁、寂默」。不只要被無知的傳統勢力排擠，或被誤指是驚世外道同流，甚要忍受嫉妒集團的抹黑圍勦。但是人類這麼需要正法。老師心意已定。「當今振興佛法的，除了我還有誰呢？」從此三十年，他將身心整個供養眾生。

老師接心方法叫人驚豔。他的用語平常，而對機之至，省下你數十年修行的奔波。他的法式如三世佛，無量劫來同此心。如如不動而變化無窮，毫無重複的軌跡。那些句句從老師心中自然流出的話語，你聞所未聞，而驚訝如此出世不凡。

老師教導「成佛工程全學」時，從怎麼調食、思惟、正知、入定，其細節甚至包括排氣亦有學問。我豁然有省。原來太陽底下，並非日復一日無新鮮事，而是我們太習慣於人生的無解、無奈，以致不相信生命有玄機，宇宙真有覺者。

你會問：「為何人生罕遇明師？」實際有掌握的人，他沒必要向你報告。你是何人？

為何要教你？達摩大師且對傳人說：「要我教你，除非天降紅雪」。常見代代單傳，少有大心廣度。眾生根劣，非師之過。

眾生的難搞特質、與不馴種性，老師全都清楚。但他與歷代明師不同。雖知眾根不堪，老師仍願全盤相授，看重的是蒼生的佛性潛能，發願圓成一切有緣。《華嚴經》所說：「**雖行於慈，而於諸眾生無所愛戀，雖行於悲，而於諸眾生無所取著，雖行於喜，而觀苦眾生心常哀愍，雖行於捨，而不廢捨利益他事。**」菩薩不捨眾生，原來人間真實有證。

我少年奔波到處求法，次次參訪而期待落空，本以為成道無望，哪知終能遇到具足成就的上師。二十年的參究，我親見老師的悲心與佛不二的大智。隨著我的成長，他仍不增不減，懷抱初心如第一天。像我一樣的學生，三十年來，老師教授超過一萬多個。他循循善誘，法財二施，終讓宇宙不再是輪迴的業跡，而變成修證的實地。

去年在高雄高鐵站，老師身體微恙，但仍抱病南下教學。入晚，課畢，老師開心的持票，要進入車站。因為心臟積水，舉步維艱。我難過向前扶持，老師揮揮手說：「好啦好啦，你們回去吧。」同學隔柵大聲說：「謝謝老師。」老師微笑舉手示意，一個人慢慢走入電梯。如今事隔數月，老師又示健康，更狀似年輕十年。師所之行，常人莫測。而法輪常轉，更添光采。

老師曾說：「正法隨時要熄滅，是我們奮戰不懈、護法至今。」今時何世，大法難

自序

為什麼會有這本書

鄭呈英

在截至目前一甲子的人生歲月裡，有兩個二十年對我饒具意義。一是自政大新聞系畢業後，依序進入《婦女》雜誌、《天下》雜誌以及《遠見》雜誌從事採訪寫作。因三本刊物性質各異，我相繼涉獵了社會、文化、經濟、政治等不同領域的重要人物與議題，內容不限台灣，時而廣被國際。

我非常喜歡採訪，總覺得只要敏於觀察、勤於探索追問，天底下似乎沒有什麼解不開的謎題。至於需要降伏個人的情緒波動，方能如期交差的寫稿工作，對芳華正盛的我而言，可就並非絕對的賞心樂事了。

不過，在二十啷噹出頭，以初生之犢特寫「雲門舞集」的那段經驗，一直砥勵著我筆耕不輟。記得這篇長達萬餘字、登上封面故事的報導刊出後，身兼舞蹈家與小說家的「雲門」創辦人林懷民，這樣告訴我：「你是一個寫作好手！」

不爭的事實是，即便是個好寫手，依然需要好故事。回顧年復一年的採訪寫作生涯中，我和同僚們曾經為了激發創意獨具的新題材，開過無數次動腦會議；結果正如同優秀前輩所言，「日光底下無新事」，我們所需發掘的，似乎總只是看待事物的新角度！

然而縱使讀者的屬性時有變換，話題亦隨之更迭，在九〇年代的台灣，我仍愈來愈感覺到筆下乏善可陳。我那不耐原地踏步的個性，始終找不著出口。因為迫切想替逐漸痲痺的頭殼充電，經友人介紹，我去旁聽了顧老師開講的「宇宙實相」，並且排除萬難，首度參加當時已然蔚為風潮的「禪七」活動。

禪七期間，一向習於以記者的慣性往外攀緣的我，身心的熱惱與煎熬毋庸贅述。但因此開展的奇特經歷是，我前所未有的見識到一群夜以繼日服務禪友、樂在揮發善巧智慧、助人超越現實困境的護七學長。當我幾近無理取鬧地企圖逃離禪堂，他們時而隨順，時又諄諄勸慰，終究讓我乖乖留在蒲團上，實際品嘗到了頻率提升轉相後，身心無比清涼自在的好滋味。

無時稍歇的新聞嗅覺，迅疾引領我聞出當前境象的非比尋常：「在這個爭相競逐、優勝劣敗的地球上，竟有一批人，擁有如此美妙而超脫的心智！是怎樣的老師，能夠調教出這等品格的學生？這個禪教室裡，肯定有大寶藏！」因著好奇與嚮往之心的強烈驅使，我毅然決定留下來，以探虛實與究竟。

這一探，晃眼即逾二十個春秋。二十年深入寶山，透過一位已圓滿完修「宇宙實證修道工程學」的大禪師指導，我逐漸體認到「無我、眾生一體」的究竟實相，並且與時俱進，點滴開發出人人皆具的佛性潛能。雖然千載年來「潛心讀經、極善思惟、深入禪定」的課目，名相廣為流傳，但此一實證工程學的實際內容，完全超越人類的傳統教育，非遇出世明師，誠難竟功。明師輕車熟路，不僅具足脈絡分明的思想觀念、修行方法與步驟，且能開解一切疑惑，無所不答。

而我本一介心猿意馬的凡夫俗子，初見素來低調作育的顧老師，根本無從辨識其深廣奧妙；直到長期浸潤在他的教化之下，不知不覺間已脫胎換骨，被友人指認出：「哈！你跟以前大不相同了！」這才恍悟，所謂能夠調伏剛強難馴眾生的大禪師、大明師，不正遠在天邊、近在眼前！

一日展讀《**大般若經**》，經云：「**財寶、親屬及自身命，生生恆有甚為易得，諸佛正法百千俱胝那庾多劫乃得一遇，遇已長夜獲大利樂。**」我百感交集，覺得今生既有幸值遇與佛同等覺的顧老師，我有責任把自己蒙受的正法教育分享出來，以其利樂普及所有眾生。

儘管進入禪教室後，曾經專事寫作的我狀似休耕，卻從來沒有忘記讀者、忘記人們天賦的「知的權利」。其實我並非不耕，反倒是在長養一塊有機的沃土；更何況，我已掌握到「透過明師的禪訓，凡夫可以即身開悟成佛」——這個堪稱曠世最獨特的報導題材！對此題材，一位禪友解讀得格外精闢，「原來太陽底下，並非日復一日無新鮮事，而是我們太習慣於人生的無解、無奈，以致不相信生命有玄機，宇宙真有覺者！」

於是，我生命中的兩個精采二十年──採訪寫作的專業和明師的專訓，就這樣攜手結合了。我開始貫穿台灣南北，真人實事的採集在顧老師禪教室裡修習的各式樣本；每每在傾聽個人心得時，即有策發我「見賢思齊」的功效。這股受到激勵的振奮感，總能源源不絕創造出正向能量，即便在其後閉門寫作的兩年多裡，我亦能以禪訓開展的「自動化管理」規律作息，不僅少見情緒干擾，更時有「破繭而出」的喜樂相隨。開悟明師的教化，其力果然不可思議！

能夠完成這本書，深切銘感於摩訶恩師──顧老師的提攜、指導與加持，以及眾多同參道友的深入分享和熱心協助。我不熟諳電腦打字，因得陳美懿小姐代勞，方使進度順暢，在此一併致謝。

付梓前曾分別徵詢受訪者，書中引述內容是否正確。在台中偶遇顧老師的咖啡達人鄭志強，雖非正規禪生，但其回函足堪玩味。

「所言確實。」他寫道：「看完深受感動。也常想起那三年所修的人生學分，希望能讓更多人有此福報！」

誠如這位咖啡達人的親證，經由專業禪訓，的確可以使每一個人的生活都愈過愈好，生命更有意義。因此，本書版稅將全數捐贈大毘盧遮那禪林基金會，以為有人間瑰寶──出世明師顧老師在坐的台灣，能向全世界輸出正確的禪思想及其訓練，略盡棉薄之力。

目錄

3 推薦序 **框框之外的可能性** 王力行

6 推薦序 **她寫出，開悟實相的「利他」與「教學」** 顧耀文

8 推薦序 **他肯教我，是我此生最大的富貴** 毛奕凡

12 自序 **為什麼會有這本書** 溫曼英

第一章

21 **遇緣即施——當咖啡碰到禪師**

這是一趟咖啡達人脫胎換骨的學習之旅。他幸遇「顧老師」，並受教於其「心法」；讓自己整個歸零後，居然發現咖啡這苦澀飲品的本來面貌，竟可如蔗糖般甘醇香甜。

化苦澀為甘甜的要領就在：泡的人必須把「我」拿掉。只要心無旁騖，身體放輕鬆，人跟咖啡的互動，自會融為一體……

第二章

39 **禪師、明師——顧老師宇宙全學**

顧老師不在傳統的教育體系裡。他追隨兩千五百年前地球上第一個覺者的腳步，早在而立之年，就能涵蓋乾坤、博通古今的為人決疑解惑。

他是一位宇宙全學的禪教育家，長期以來，不僅開辦「揭開宇宙實真相，啟示人生安樂門」的公益講座接引初機，更足堪教授有志追求者，如何究竟的達通實相，誠可謂稀有難得的「出世明師」。

新腦部潛藏的能力，並掌握健康快樂的人生鎖鑰，終至認識自己的本來面目，探索出整體宇宙的究竟真相。

在顧老師的指導下，這個教室的學員具足正確的觀念與方法，的確有人默然殊勝的超越了諸多古聖先賢，坐到……

第六章 223 **禪入生活**

學禪貴在知行合一、學以致用，唯有把禪訓開發的智慧與定力啟用在生活上，方堪稱為真正的「禪行者」。

透過長期薰變，這個教室的眾多禪生已不只以朗朗陳述宇宙實相為足。他們在待人接物中展現「眾生一體」的慈悲胸懷，在行事決策間流露「一切在演變」、「一切唯心所現」的無住、無著，因此所投射出的極正向能量「自他齊利」，正一步步提升著台灣社會的幸福指數。

禪友隊　在高爾夫球場揮灑「禪」

郭隆德　發現建築的另一祕境

許文福　用三法印逆轉人生

黃飛　直心探索，繪出「本土油畫」

第七章 265 **覺士的傳承**

生也有涯，禪也無涯；禪的盡頭，就是開悟實相，成為解脫自在的覺者。因此，數十年來，顧老師始終以親身實證的經驗，教化眾生「凡夫可以成佛」。

而人腦與佛腦的差異，在於前者粗糙，後者微細。當微細度愈深，心識的自由度就愈加廣泛；你會知道一切事物的發生之先，真理、實相，將不言可喻……

「我在把人腦雕成佛腦！」

「我的論文報告，就是你們！」

願心量廣大如顧老師——吳文正

浸成「後天與天然不二」的黃蘿蔔——毛奕凡

第八章 319 **顧老師如是說**

不同於在台中香馥咖啡館的個別際會，這是顧老師以另一種形式展現的「遇緣即施」。他應外界邀請，數度對不同社團發表演講；儘管交流的時間十分有限，仍皆以最究竟的禪思想供養會眾。

「機會難能可貴，」他說，「即使當下聽不太懂，種在八識田裡的種子，還是會有萌芽的一天。」

本章重現這位當代覺者「心智結晶」的原汁原味。

禪——超越宗教，追求實相

禪與人生

現有軌道中，如何活出新生命

380 跋 追隨恩師三十載無止期 吳文正

第一章

遇緣即施

當咖啡碰到禪師

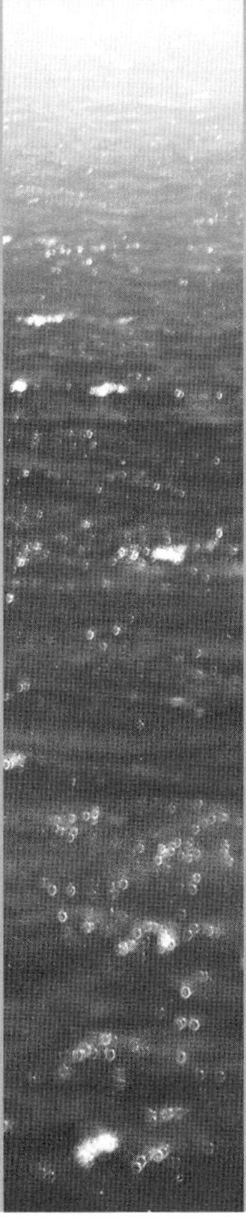

這是一趟咖啡達人脫胎換骨的學習之旅。他幸遇「顧老師」，並受教於其「心法」；讓自己整個歸零後，居然發現咖啡這苦澀飲品的本來面貌，竟可如蔗糖般甘醇香甜。

化苦澀為甘甜的要領就在：泡的人必須把「我」拿掉。只要心無旁騖，身體放輕鬆，人跟咖啡的互動，自會融為一體……

咖啡再生。

二十一世紀的地球村。一種起源於非洲的常綠植物釀成的飲料，橫跨一千五百年的時空，終於征服人類的感官，成為全球最受歡迎的飲品。根據德國世界人口基金會估算，當前全世界超過七十二億的總人口中，有近三分之一的人天天嗜飲咖啡，每年至少喝掉五千億杯。無論取材自價格較高的精品咖啡館，或是林立街頭、唾手可得的便利商店，甚至於回歸烹煮不求人的自家廚房，鍾情咖啡的人們，總是絡繹於途。因此，以鑽研咖啡至通透自許的「咖啡達人」，透過不一而足的國際競技場，紛紛嶄露頭角。

四十三歲的鄭志強，正是地球上億萬咖啡迷中的一員。八年前，他在台中市文心路四段的商業區，開設了一家占地不到十坪的小小咖啡館，未經包裝的店面雖不起眼，卻滿載了他對咖啡「以身相許、終生互動」的熱誠。他烘焙咖啡豆的技術精良而純熟，擁有不少粉絲級的老主顧；現場沖泡的咖啡亦如店名「香馥」一般，能吸引尋芳而來的過客駐足品嚐。他與咖啡長此以往的相處，就像一對結褵已久的老夫老妻，有著一份理所當然的篤定與自信。

「智慧先生」化簡馭繁

然而，直到三年多前一個夏日午後，店裡忽地走進一位初次造訪的生客，鄭志強一向習以為常的頭腦開始無預警的大幅翻轉，香馥咖啡的面貌，也就隨之幡然改變了。回憶這一切的發生，在在都是那樣的輕鬆、有趣、美好而自然，以至於他根本忘記了可以像一般人遇到挑戰時那樣，用豐沛的資歷，築起一道抗拒改變的高牆。「這位先生幾乎每個禮拜都從台北過來，」鄭志強清楚記得：「但最初的三個月，我根本不知道他是誰，只感覺他非常有智慧，態度是一逕的低調而客氣。他品味咖啡的神態，看來就像一個美食家！」

這或許是一段全世界的咖啡業者都難以置信的經驗，原本刻板化的主客關係，居然可以如此「有機」的相生相長，進而**開展出一片沖泡咖啡的新視野**。

當鄭志強用**虹吸式沖泡法**萃取咖啡時，「**智慧先生**」總是兀自坐在一旁觀賞，並**像美食家**般熱切等待。而「智慧先生」第一次破口，是在酒精燈的火源，正把燒杯內幾近沸騰的滾水推向咖啡粉的當下；只見他站起身來，拿起一根竹片，稀鬆平常的在咖啡粉上戳了幾個洞。這簡單的連續動作，讓佇立在吧檯後方的咖啡老手，不禁擦亮了雙眼。

「這是我第一次看到**如此簡明俐落**，**就完成了均熱目的**的方法，」鄭志強驚嘆。坊間同業的手法五花八門，其實都是為了達到層析咖啡時的均熱效果——釋放多餘的壓力，以便熱氣通順上升，讓咖啡粉不至被萃取過度。不過，**唯有深諳箇中原理的高手，才能化簡馭繁**；自己操作了這麼久，竟從來都沒有想到可以這樣做。

「他改變了我對『**確實攪拌咖啡**』的既定想法，」對於「智慧先生」所揭示的第一課，鄭志強寫下如是心得。

但他到底是誰，為什麼會比「術業有專攻」的行家，更能掌握沖泡過程中的來龍去脈？除此之外，他還知道些其他的什麼嗎？

「智慧先生」仍然如期光臨，不過已偶有隨行者。鄭志強聽到別人稱他為「**顧老師**」。

因為顧老師每週都從台北到台中來上課，他曾在台中的某家咖啡館，喝到一泡**如蔗糖般甘醇香甜的咖啡**，驚為天品，老闆卻再也煮不出相同的第二杯。這「美麗的偶遇」，讓顧老師興致勃勃的明察暗訪，而一向樂於接受建言和挑戰的鄭志強，正是學生推薦給他，具有泡出甘甜美味咖啡潛力的候選人。

他教的是心法

事實上，在台灣人的咖啡經驗裡，「甘甜」一向不是連結咖啡的形容詞。苦得發黑的汁液，混合了濃重的奶精和方糖，則是大多數人對咖啡半推半就的初體認。儘管八〇年代後期一股研磨咖啡的風潮快速竄起，帶動了日益增多的咖啡人口，黑色狂潮仍然未改其面。要喝甘甜澄明的咖啡嗎？似乎唯有透過文學家的想像力，才能在字裡行間飲啜些許：

「咖啡黑如魔鬼，灼似地獄，純比天使，甜如愛情……。」

而無論口味有何變異，市場上所吹奏的，依舊是相互複製的仿效風。縱然鄭志強也是這個環節裡的一份子，不過他何其有幸，遇到了能夠提點他的老師，在亦師亦友的氛圍中，展開了一**段脫胎換骨的學習之旅**。當他豁然有省，轉眼間，時序已經過了三載許。

「老師告訴我，**他教的是心法**。」回顧以往，鄭志強了然於胸的是，顧先生知道他在咖啡這行做久了，一定不自覺的揹負了許多積習；**他必須先教他整個歸零，才有機會跳脫慣性的框架，在調整中逐漸提升**。

歸零的功課知易行難，遠比鄭志強所預期的複雜許多。倍感新鮮的是，這位老師經**常使用的溝通工具並非語言，而是一些態度和眼神**；他在敲擊鄭志強慣性的框架時，也是一次輕輕觸碰一下，讓他「**有一點壓力，卻不至於喘不過氣來**」，而且願意練習新的方法。因此整個學習過程是輕鬆、愉快的，並非如外人想像那般「很痛苦、在修行」，一路嘔心瀝血。

鄭志強所謂的「複雜」，意指一段**自我轉換的曲折心路**：

「以往我認為自己所能玩的，可能到此為止了。老師出現，願意給我機會，慢慢幫我做調整，把我推到**意想不到的境界**；我的個性是會採納別人意見的，也很願意被調整，更何況他所講的話，讓我特別有感覺。我心裡常想，**他怎麼會這樣清楚人與咖啡之間種種互動的狀況……。**

即便如此，歸零的過程還是曾經帶給我沉重的挫折感。我會一直回想以前的情形，然後質疑，現在為什麼要讓咖啡變成這樣？我認為這是一種固執吧！當你處在自以為是的狀態，如果走不出來，就會像受傷一樣縮回去、躲起來，我的個性不是這樣。

其實固執對這個階段的我而言，根本是多餘的，我很快就認清，我的堅持不見得對。就像早期台灣人習慣喝很濃又加了很多糖跟奶精的咖啡，而且連要求咖啡豆的新鮮度都是奢侈；現在這個年代，卻講求食物的原貌跟原味，老師教我的方法，正是符合目前需求的。

當老師用眼神告訴我，我操作的手法有哪裡不對時，我並不會想說：都做這麼久了，還讓你這樣講，真是不堪！我的心態是：**就是要做到讓你說 Yes，或者豎起大拇指！**因為我知道，一定要把舊的觀念放下，不然會有一點自己在騙自己。」

答案是從哪裡來的？

儘管心情難免高低擺盪，支持他持續轉變下去的力量，卻也來得又強又大，而且不只一端。其一是，他發現自己以往的所知所學，根本比不上顧老師教導的。比如有一次，他提出一個看似簡單的問題：**「使用虹吸式沖泡法時，水跟咖啡粉，如何才是恰當的比例？」**結果遠遠超出他的意料。他得到的回應是：**「不能只觀照兩者比例的增減**，因為任何一方的變動，都會影響咖啡粉浸泡當下的萃取速度。」然後老師還為他試驗了在不同份量的咖啡粉下，熱水上升到漏斗時萃取液滴落的快慢，會有何不同，而這正是影響咖啡是否走味的關鍵因素。

「他幾乎不假思索就能回答，往往反應快到讓我措手不及。他的解答讓我很受用，但我始終想不出，**這些答案是從哪裡來的？」**鄭志強說：「因為我和一般人一樣，只能針對自己看得到的東西，去做百分比的調整。」

一天，他把這個難思難解的現象，訴諸於一位常來店裡喝咖啡的生物博士：「為什麼老師總能看到平常我所觀察不到的內容？」博士大膽假設：**「那是因為他站的位置可能有所不同。」**比如，他是一台可以自由轉換調頻（FM）或調幅（AM）頻道的收音機，而我們卻被限定在只能調頻或是調幅；又好比我們都站在一條直線的某一個點上，**充其量只能就著直線左右移動，而他卻跳脫了直線，從其上方縱觀一切……。**

框框以外的可能性

儘管鄭志強總是三句話離不開**「老師」**，智慧先生仍然沒有被這兩個字的刻板印象所套牢。師生二人的互動並不制式化，反倒助長了鄭志強的探究之心。顧老師偶爾會帶不同的咖啡豆到店裡給他品嚐，然後貼心的詢問他的感受。

「他給的東西是活的，你必須透過自己的觀察來吸收跟轉換。而轉換在於創新，你懂得運用，並且能夠運用自如，這才是他真正要教的！」鄭志強娓娓表述，就算做學生的不太靈光，一直在錯誤的循環裡找不到答案，**「他也會慢慢把你拉回來，給你機會去頓悟；有時則直接示範**，讓你體會到，事情原來是這樣。」

有一次，這個十分具有挑戰性格的學生，想喝一泡完全出自老師之手的咖啡；也就是說，「換你泡給我喝喝看」。他如願以償。極其普通的巴西咖啡豆，被顧老師泡得芳香甜美，把這款豆子應有的特色盡表無遺，就連尾韻也收得相當漂亮。他百分百地被說服了，不過，真正的震撼是：**這杯咖啡竟然是這位老師的初試身手之作**，在此之前，他根本從來就沒有親自沖泡過！

自從接受這樣一位「不同一般」的先生提點，**鄭志強逐步離開陳積經年的窠臼，發現了框框以外的可能性**，香馥咖啡的主顧們也慢慢感覺到了。這家小店開始進口從國外產地嚴選，品質優、特色鮮明的咖啡豆；同時亦在台灣海拔一千公尺左右的地方，開發出類似台中市新社區所種植，「口感甘甜、酸味很自然」的本地咖啡。

「呈現出不一樣的口感，業界相互刺激，整個市場才會進步得比較快，」一邊用美食家的感官與科學家的精神烘焙豆子，鄭志強一邊如是表達自己的發心。而年復一年，客戶對於他的烘焙技藝，不斷給予「一直在往上走」的評價，更加肯定了他持續轉換與提升的決心。

「咖啡翻身嘍！」

令人好奇的是，這位專業咖啡師，終究泡出了不苦、不澀，具有蔗糖風味的香甜咖啡了嗎？

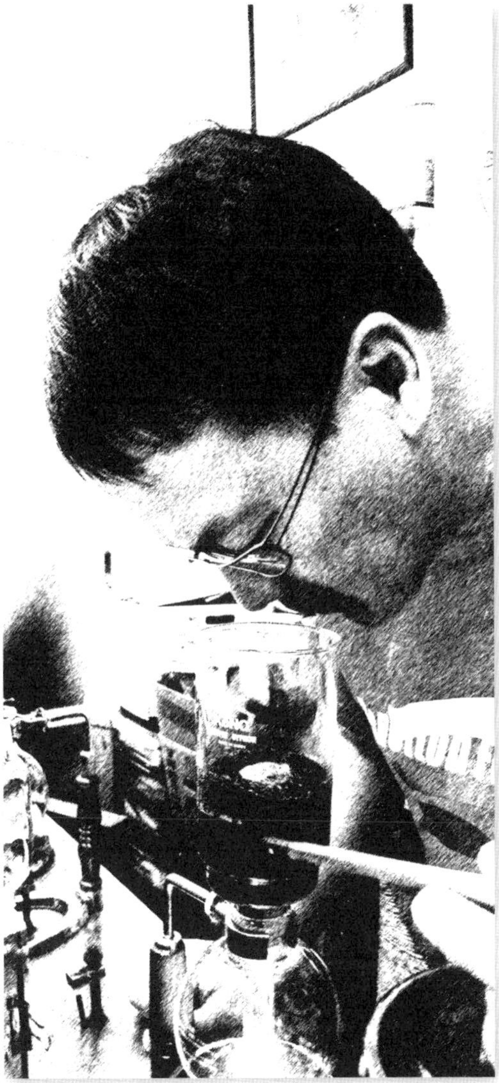

鄭志強：身體與咖啡的互動，融為一體，這個境界，相當接近「禪」。

這一會，斗室般的咖啡屋裡坐足的二十來個人，正是顧老師和他的一群門生。只見歷經淬煉的鄭志強，**神情專注的回應著賽風壺裡的任一動靜**，身手與器皿似已融為一體。他的動作既明快又俐落，投射出一種不假思索的流暢感；不一會兒，滿室飄逸出誘人的咖啡香。

泡好的咖啡被分送到磁杯裡，當眾人舉杯一品，「嗯～」地共鳴聲此起彼落，不約而同地，大家都破顏微笑了。然後，有人發出了第一聲讚嘆：「**咖啡翻身嘍！**」這杯翻身的完美咖啡無需奶與糖來相伴，也不是起司蛋糕等甜點的配搭品，它就是**咖啡的本來面貌**，但卻足以改寫長久以來咖啡迷的刻版印象。

就**外觀的色澤**而言，澄明透亮的琥珀色，取代了深邃的陰沉與濁黑。原來咖啡這種植物，並非因為原生於赤道非洲，就非得做成黑不見底的飲品不可！

就**人的嗅覺與味覺**而言，甘甜芳香的美味，取代了像中式湯藥般的苦澀與酸楚。原來咖啡這種植物，也可以和廣為人知的好茶一般，是入口後餘韻婉轉、裊裊回甘的。

就**人的生理反應**而言，喝下這種完美狀態的咖啡，身體回應的力度比較大，常有觸電般的能量充滿；還有人說，光是用鼻子一聞，全身就會起雞皮疙瘩。更奇妙的是它能刺激腦內啡分泌，讓飲者的身心處於輕鬆愉悅的幸福感中，自動排遣壓力和負面情緒。

反觀以往嗜飲咖啡的人常有的生理症狀，卻多半是和「病號」相連的：胃酸過多、心悸、失眠、雙手顫抖、骨質疏鬆……。「都是過多的咖啡因惹的禍。」醫生總是這樣昭告。

既然鄭志強泡出的咖啡跳脫了傳統與宿命，可否賦予換了口味的「它」，一個嶄新的名號呢？眾人在享用中這樣期待。顧老師環顧四周，字字懇切的說出：「就叫它禪風咖啡吧！」

「禪風咖啡」問世。但這款健康而美味的咖啡，是不是只能在偶然中相遇，甚或曇花一現？有沒有品質保證的標準作業流程，還是一帖萬無一失的成功方程式呢？這個問題不僅是磨練了三年許的鄭志強關心，就連顧老師座下的其他學員，也都對答案躍躍欲試。於是，一連串有趣的交流，就此展開。

「禪風品質」沒有公式

世界上玩咖啡的人何其多，但鮮少見到能玩得泡出禪風品質的人。其中原委何在？全心投入的鄭志強體證：其實它本來就存在，絕非無中生有，只是玩家沒有去發覺罷了！它的每一個發想，都具有一定的邏輯與理論基礎，箇中的每一個細節，亦皆禁得起公論。但要得知全貌，唯有調整心態，自己實際動手去操作；因為光靠兩片嘴皮子，是道不盡禪風咖啡的。

取得美國西北大學機械博士回台後，進入雲林科技大學執教的羅斯維，本就是個喜歡追根究柢的「科學人」。他追隨顧老師近二十年，操作咖啡的這一課，也沒有缺席。有長達兩年多的時間，每當老師升堂上課，他就負責為他沖茶、泡咖啡，因此屢屢親受調教。

如何能把咖啡泡到極致——喝起來又香、又甜、又回甘、又嗆，即使精華盡出，但味道仍未過頭？顧老師給「科學人」的提示是：**咖啡是「活」的，要運用類似權變管理（Contingency Management）的觀念，不斷在變化中做微細的調整**。一開始尚或有「基本規則」可循，不過咖啡的產地不同、運送過程有別、烘焙狀況也殊異，再加上沖泡人的性格、手法各有千秋，火候、水溫等種種條件千差萬別下，豈止是硬生生的公式或標準作業流程所能圓滿觀照？因此到後來，根本找不到一定的規則；**唯有根據當下的需要去相應變動，才可能產出完美的「禪風咖啡」**。

羅斯維不斷接受老師丟出的「新花樣」考驗，其中最酷的一課是，**要會「救」咖啡**。譬如，沖泡過程中火候不夠，熱水尚未充分上升到裝咖啡粉的漏斗中，就已經往下滴落，這時該怎麼辦？「老師走過來，忽地開大火，水沖上去再浸兩下，滴下來的咖啡一樣好喝，」他在當機立斷的觀摩中持續學習。過了一段時間，老師又出招，「用優質的咖啡豆泡出好味道不叫達人，如果你能把爛豆子也能泡成這樣……」換句話說，**是否充分拿捏住咖啡豆先天與後天的屬性，進而為其「去蕪存菁」，亦是「權變管理」中的重要環節**。

明察秋毫、一體全觀

而顧老師之所以被視為**靈活應變的高手**，在於他總是**能見微知著**、明察秋毫。有時學生泡好咖啡請他喝，他光用鼻一聞便發現：「這個豆子是不是放在曾經裝了……的容器裡？」或者，「你添加了……，磨豆子的時候……」他似乎完全能夠**精準判斷**，**是什麼樣的前因，才會造成當下的後果**；正因為如此，他方能任運展現隨機修正、為**咖啡改造命運**的能力。

「老師涵蓋乾坤、包天包地，全部的內容都在他的思慮範疇之內。」在西北大學的博士考中，曾被「美國國家院士」的口試主考官譽為「理論天才」的羅斯維，以往在機械領域裡自認懷有「一體全觀」的本事。他闡析：「理論是要描述一個物理現象，而我比別人更能感覺到，假如我是這個東西，那麼林林總總的其他因子，正在對我如何產生作用。」學泡咖啡之後他方才了悟，「不光只是機械，**一切都在變動中，所有的事情，無一不需要做整體的考量**。」

看來，禪風咖啡的峰峰相連到天邊，舉凡浸潤其中的人，幾乎都已嚐到了「咖啡不只是咖啡」的神奇滋味。這種足以敲破頭殼的撞擊力，在「香馥」咖啡專賣店裡，也正漣漪旋復，餘波盪漾。

其實咖啡本當「又苦又黑」是一種長期洗腦下的認知，相習成風後，消費者便不再去追問「它為什麼是這樣，可以改變嗎」？鄭志強體驗到禪風咖啡對於人的生理、心理都多所裨益，非常希望能夠為主顧客的味蕾更換「**去苦澀回甘甜**」的新口味。但他遇到兩種挑戰：一是，禪風咖啡既沒有所謂的「成功方程式」，如何才能穩定品質、保證良率？二是，喝慣苦黑口味的人究竟占多數，他會不會成為市場的犧牲者？

「你要泡到沒有你！」

凡有疑難，象徵智慧的顧老師總是無條件的扮演鄭志強的靠山。更何況來店裡切磋經驗的其他同學，似乎也有泡得時好時壞的困擾。關鍵的突破點究竟在哪裡？

依舊是高朋滿座的一次相聚。學生簇擁著老師，一邊飲啜著鄭志強悉心沖泡的咖啡，一邊引頸企盼顧老師的慈悲開示。

「**禪風咖啡的本身，就只有這四個字：泡的人必須『把我拿掉』**，不然便會是鄭先生泡的咖啡、你泡的、我泡的，或他泡的咖啡，味道、品質自然不盡相同。」老師的話語恍如醍醐灌頂，包括鄭志強在內的座下弟子，頓時點亮了心燈。

尋著明路，他們終於找到「禪風咖啡」的關鍵字：**無我、超然、中立、自然**。

而其運用之妙，存乎一心。根據鄭志強的實際體驗，泡出這種咖啡的境界是：

「**你已泡到沒有你！沒有你的主張、你的喜好……**。泡的過程中不用思考、不要用力，亦毋需抵抗；你**只要心無旁騖，放輕鬆就好**。因為長時間的操作，身體會自動記憶，**當你順其自然，身體跟咖啡的互動頓成一體**，包含整個器材的變化，無一不在掌握中。然後那種會讓人觸電、激發腦內啡的狀態，就應運而生了。**這個境界，相當接近禪……**。」

至於咖啡專賣店，應否獨沽「禪風咖啡」之一味呢？其實，答案已在問題中。確有咖啡同好來「香馥」取經，鄭志強承襲顧老師的身教，輕鬆愉快的與其分享並耐心示範。已有相應的業者在台北天母開店，「禪風咖啡」赫然見諸引介品味的賣單中；但亦有人認為，它是不可承受之輕，「難度太高了，要那一天所有的狀況都配合得恰到好處，才可能泡得出來。」於是，就這樣順其自然的各取所需，台灣的咖啡市場裡，正醞釀著一種新的可能性，而顧老師，就是那隱身其後推動搖籃的手。

「禪咖啡」的四不、一有

顧老師的學生食髓知味，紛紛加入了「好東西，要和好朋友分享」的行列。在雲林科技大學通識教育中心授課的陳國亮，應邀到各界演講時，經常熱血的把「禪風咖啡」列為講題之一，並自己冠上了「**機械博士與咖啡教授**」的稱號。他在部落格裡這樣分享：「不論是一磅三千元的頂級牙買加藍山，或是高速公路休息站一磅賣四百元的咖

啡豆，只要方法對，不用加糖和奶精，都可以泡出四不、一有的好滋味。」

所謂四不，即是：不苦澀、不失眠、不心悸、不起胃酸；一有：焦糖般的甜味與回甘。

人生聚散本無常。當「禪風咖啡」愈來愈為人所知，顧老師已不再經常出現於台中「香馥」的咖啡座上。起初鄭志強若有所失，但很快就體認到，「老師並不是我一個人的。」然而，老師真的從中抽離了嗎？

顧老師的身教，在鄭志強的日常生活中持續發酵。他發現無論是自己的思想、談吐、經營咖啡的態度，或待人處事的方式，都

不論是哪一種咖啡豆，只要方法對，
都能泡出四不、一有的好滋味。

深深受其影響。透過三年多來的相處，他確信顧老師必然是一個高人與不世出的大師，但這位大師卻從來不似大多知名的社會巨擘般，有包裝過的色彩。他總是那樣的自然、溫暖而誠懇，**只要你想了解，他就絕不隱瞞**。他經年南來北往，幫需要的人解決問題，腳步少有停歇。他如何能夠承受這般辛勞？

顧老師的回應不假猶豫，「這是我的興趣，我一點兒都不覺得辛苦。」於是鄭志強見識到了一種不可思議的興趣，那就是：**忘掉自己，無止境的利他**。

他在老師傳授的細膩轉換中蛻變，每一天都在體驗，每一天也都有新的發現，逐漸能用第三者的角度來觀照自己。如今舊識們看到的鄭志強，已不再像之前那樣態度嚴肅、情緒緊繃、凡事以自我為中心；他變得愈來愈放鬆，會和人聊天、關心別人真正的需要。

既然道業兼修，又掌握了沖泡咖啡的終極心法，想不想去參加國際間競技咖啡的大賽，頂戴「咖啡達人」的冠冕呢？

「**當你一旦被設定，能再更上層樓的機會就不大了**。」鄭志強篤定地回絕了「咖啡達人」的市場標籤：「我在老師身上看到，**他沒有什麼框框，所以可以繼續追求他所想做的**；我要學習像他那樣。」

一個沒有什麼框框的人，對於想做的事情所展現出的可能性，究竟有何不同？

應該不只是：沒有泡過咖啡，卻能教人泡出幾近完美的原味咖啡而已吧！科學背景的羅斯維依據跟顧老師長年所學，這樣的極盡思惟與演繹：沒有框框意味著「心無所著」，心無所著即能智慧通達；一個智慧通達的人，看得出天下所有事物的來龍去脈，即使自己不曾開過飛機，也是能教人學會駕駛飛機的。

他的推斷到底對不對？走，請教顧老師去！

第二章

禪師、明師

顧老師宇宙全學

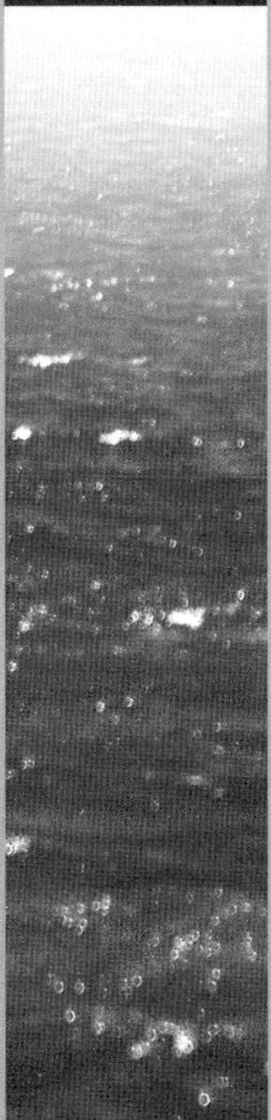

顧老師不在傳統的教育體系裡。他追隨兩千五百年前地球上第一個覺者的腳步，早在而立之年，就能涵蓋乾坤、博通古今的為人決疑解惑。

他是一位宇宙全學的禪教育家，長期以來，不僅開辦「揭開宇宙實真相，啟示人生安樂門」的公益講座接引初機，更足堪教授有志追求者，如何究竟的通達實相，誠為稀有難得的「出世明師」。

假若顧老師只是一位在學校教育系統裡授課的「老師」，無論任教的是小學、中學、大學，甚或研究所、博士班，都不可能涵蓋乾坤、博通古今的無所不教。

假若顧老師只是一位在學校教育系統裡授課的「老師」，就算年年都獲「師鐸獎」肯定，對學生付出的愛心與關心堪稱模範，亦不可能如此精確的掌握學生內心深處的疑難，然後不只照顧個人，甚至連其六親眷屬的生、老、病、死等人生大事，也一併予以襄助、安頓。

假若顧老師只是一位在學校教育系統裡授課的「老師」，他可以過著每天朝九晚五，每年寒、暑皆休的規律生活。他的手機毋需永遠保持開機，以備門生緊急諮詢；他也不會在上課之餘，再如此透明地和學生一起用餐、泡茶、打球、旅遊……，藉由經常性的長時間相處，任運展現其行住坐臥、無所不包的身教。

然而，在未及三十歲，一般人的「而立之年」，顧老師就開始這樣帶領學生了。三十餘年來，他的所言所行一如當初，教學熱誠亦絲毫未減；不僅「工作倦怠」與他絕緣，就連他所講述的內容，也經歷時空遷移證實顛撲不破，無論初聞或者舊識，皆可據此安心立命。

三十餘年來，有一萬以上的人曾經親聆他的講演與面授，其中又有兩、三千人成為追隨他終身修習的門生。只不過在最初相遇的那一會，幾乎沒有人知道，對於這位超越普世教育系統認知範圍的「先生」，究竟應該如何予以定位，才能恰如其分？

在台灣落腳三十年的聶道升，至今還依稀記得自己從美國緬因州的一所大學中輟來台時，透過朋友介紹，在新店山腰上的花園新城見到顧老師的情景。他出身自美國東部的書香家庭，父親是麻薩諸塞州的心理醫生，法裔美籍的母親則在中學教授化學，後來更取得教育學的博士學位。每年夏天，相信「行萬里路，猶勝讀萬卷書」的父母，總會帶著他和哥哥、姊姊到不同的國家旅遊，全家人一起浸潤在世間種種的地理、建築、人文、藝術風情中，但他們一直沒有造訪過東南亞。聶道升對亞洲國家充滿好奇，便以「學習中文」為由說服了父母，隻身離鄉背井的出訪東方文化，展開十九歲之後的嶄新人生。

八〇年代初期的台灣，是否有何可觀的精神文明呢？聶道升根據大學同學的間接導引，參觀了在美已然過時的超覺靜坐修行道場，也認識了幾位藏密仁波切，甚至還跟隨一群台大的學生，在細雨紛飛的天候中仆地朝山，期能見到承天禪寺的開山師祖——廣欽老和尚。他的探索心切，儘管聽人說中文就如鴨子聽雷般「嘸煞煞」，他仍然親至以「禪學大師」見知於世的南懷瑾先生講堂，想要一睹東方禪師的盧山真貌。

事實上，禪師源自東方，確實是逾半世紀以來歐美人士的共通印象。二次世界大戰後，戰敗國日本曾遣精通英語的禪宗研究者與思想家**鈴木大拙**（Suzuki Teitaro Daisetz），以文化大使的民間身分長駐美國。十年之間，他通過演講、著述、成立會社等路徑，將〈**禪的研究**〉、〈**什麼是無心**〉……等諸多禪學論述植基於西方。

一九七〇年以降，在追求心靈覺醒的美國校園次文化中，顯見修禪、打坐、注重性靈與吸食迷幻藥和樂聽搖滾樂，同步成為箇中要素。

當時剛進大學、爾後以其創新之力，改造人類生活模式的蘋果電腦創辦人**賈伯斯**（Steve Jobs），在他的授權傳記中，親溯了自己曾經全心全意的投入這股禪修風潮：「我常到禪學中心打坐、吃免費素食，那裡很有趣，非常適合思辨……」；思辨之餘，十九歲的賈伯斯更進一步地毅然決定中輟學業，踏上求道之路。他為了「想知道我是誰，我如何在這天地間立足」，亦曾遠赴印度，試圖展開一段神聖的追尋。而師事日本安谷白雲禪師的**美國禪師菲利普・凱普洛**（Philip Kapleau），雖然本身已經開辦了禪中心，輔導學員參禪打坐，並著有暢銷一時的禪書——**《禪門三柱》**，一九八四年來台灣訪問時，仍定義當次行程為其「**尋根之旅**」。

凱普洛眼中的「禪根台灣」，除了浮出檯面的知名之士之外，是否猶仍藏龍臥虎，孕育了潛修實證的禪行者呢？

潛修實證的禪行者

聶道升結識顧老師那年，正和賈伯斯準備飛往印度訪師求道之時，同樣是十九歲，同樣是大學的中輟生。只不過，終其一生熱中於學禪、悟道的賈伯斯訪師未遇，自

此打消了依止上師的念頭，而聶道升則幸運的遇上了當時人稱的「顧先生」。

兩人初次晤面從一個週末的下午開始，一直延續到夜晚。感覺上，七、八個小時竟像一縷裊裊輕煙，從空氣中快速流逝。他傾聽顧先生比手劃腳、中英文夾雜的闡述；為了能夠更有效地溝通，顧先生甚至還在一張舊報紙上繪圖以示。他似懂非懂，記憶中較為深刻的是，自己對物理學與化學略能掌握，但相談之間，顧先生於科學範疇顯然知道得遠比他多；其後還即刻以七支坐法教他打坐。

當晚的亮點是，他問顧先生到底所教為何？結果，道地的美國學子聶道升說：「我第一次聽到了這個英文字——Cosmology（宇宙學）。」他霎時意會，「宇宙學」無限擴張了以往他僅所認知的Universe（人類世界）。這個初來乍到的異鄉遊子聞所未聞，心情澎湃難以自抑。就寢前他打開日記本，寫下準備寄給女友的最後一封訊息，自我宣示了留台學習的決心。

聶道升比賈伯斯幸運，
因為，「我遇到了我的老師」。

「今天，我遇到了我的老師。」

他和顧先生往來頻繁，有時在咖啡廳，有時在素食餐館；事實上，只要有人想要聽講「宇宙學」，顧先生總是騎著一輛舊舊、酷酷的輕型機車，既熱情又懇切的翩然而至。於是，他給自己心目中的老師封上了這個名號：「The Buddha on Scooter」（**機車上的覺者**）。

這位「機車上的覺者」從小眾聚會的以月曆紙充當白黑板，一邊泡茶、一邊說法，到開始借用朋友下班後的辦公室正式對外講課，在他看來，或許只是機緣成熟、形式變遷的一個自然結果，但對即將親領其教的芸芸眾生而言，卻是思想顛覆、頭腦翻轉，人生重新開機的通天震撼。

講堂大門洞開，來者一視同仁，上課無需繳費，是這位三十歲左右的年輕講者踏出說法的第一步，就決定了的基本態度。而與此同時被彰顯的，還有他無條件為人授課的宗旨——**揭開宇宙實真相，啟示人生安樂門**。

宇宙與人生的真相？這是學校裡從不曾提及、地球上也唯有極少數人碰觸，一個既令人好奇、又讓人無暇顧及的議題。顯而易見，一般人出生後自小及長的行程表琳琅滿目：升學、就業、愛情、婚姻、家計、健康、財富、名位、權力，爭相交疊的目標、人我競逐的衝擊下，它如何能有機會嵌進喘息不休、躁動無有寧日的腦海之中呢？更何況，了解宇宙真相和個人生命的安樂與否，又有何關聯？

「生，沒得選擇；死，也由不得我們」，大多數人的一生，就在生與死的短短數十寒暑之間聊以寄命。亙古的無奈是，即使掙得五子登科、一生富貴顯達，但任誰也抵擋不了老、病與死亡的召喚，到頭來，終究只有撒手歸零這一途。生命之旅除了戛然而止、空留遺憾、不明去向的悲涼告終外，難道就沒有其他更好的劇碼嗎？

揭開宇宙實真相

這一年，二十歲出頭的吳文正剛剛自軍中退伍。和年紀相仿的人迥然不同的是，他鎮日急切的東奔西闖，倒不在為尋一份足以溫飽的「頭路」，而是想要探一探，「人生的路途上，有沒有掌握到一個，就全部都可以解決，那種一勞永逸的東西」。他在學校受教的過程中，曾經對學習心理學多所期待，本以為可以藉此深入解析，人類腦海中源源不絕的心思與念頭，究竟是從哪裡跑出來的？如果要為別人做心理輔導，可以先行了解對方的心理嗎？結果期待落空，心理學術只是思想上統計、分析、歸納的「種種說法」，並不能夠指導他究竟了知心的實相。

當顧先生開講宇宙與人生真相的消息不脛而走，便有如同吳文正這樣的探路人聞風尋來。然後，知音者再奔走相告。

課程的規畫十分縝密。內容源自中外歷史中均有詳實記載，約是兩千五百年前，一位降生在印度迦毘羅衛國的王子悉達多，為了探究人類生老病死的真相，棄捨王室的榮華富貴、超越了時間與空間，由人修行成地球上第一位宇宙覺者——釋迦牟尼佛後，講說所證與修行之道的真實紀錄——佛經。透過覺者的引領，顧先生以超乎常人的「迫切感」傾力投注，在會通了所有經典，並已親身證悟、與佛同等覺的前提下，他彙整佛經綱要，分享給所有樂於開發生命潛能，追求真理實相的地球子民。

初階課程分為十二個講次，每週一題，課後採即席問答的方式互動溝通，提問的內容不設範限。然而，第一堂課就對諸般的「存在」現象，剖析得如此一針見血而淋漓盡致，讓浮沉人事、慨嘆無常，置身人生五里雲霧中的聽眾恍然有省，並當即得到一把開啟宇宙寶庫的鑰匙。

「這正是我想找、想問的；我應該是碰到真正內行的人了！」一位在中華電信工作的工程師上完課後，當晚興奮得難以成眠。

顧先生究竟講說了什麼呢？就像考試破題一般，他開門見山的介紹佛陀深入禪定、與宇宙同步，所發現**宇宙和人生運行的三個不變軌則**——三法印；所有現象皆不能自外，所有可能性也都含藏於內：

其一、一切在演變。包括有形與無形、看得見與看不到的所有種種，諸如人的心理和生理狀態、物理條件，親情、愛情、財產、命運……。因此，人生就算活滿百歲，在三十一億五千三佰六十秒的生命時程中，任何一剎那均屬獨一無二，完全沒有煞車、停駐的可能。換句話說，變動中的一切有如夢幻泡影，你以為長此以往的「真實」人生，不過是片刻、片段連續性的組合，是演戲一般的情境，所有的痛苦與快樂，都掌握不到、執捉不住。

而所謂的「存在」，現象並不具體；**無非是波動摩擦的影像，在時間、空間交會的集合點上，所呈現出的某一樣態而已**。一旦存在的時間因運動速度改變，或任何其他因素稍有異動，存在的現象也就變換了。你、我所看到的現象，都是在如此波動交涉下一個運動的投影。不同生命結構因運動的頻率共振，而以幻對幻，互感「真實」。

其二，一切無實體，皆由心所造。舉凡念頭、思想、語言、時間、空間……，萬事萬物與萬象，均為條件性的組合，沒有固定相。你的念頭稍縱即逝，身體的細胞每七年也會全部汰舊換新，因此，**根本就沒有一個永存不變的「自己」**；所謂的快樂和煩惱，究其本質完全是相同的，都在不斷的變化與消失中。值得探究的是，能發生萬法、萬物及一切現象，最前面的源頭到底是什麼？

其三，能發生所有的源頭，其實是畢竟的空性。一切有形、無形的萬法萬物，都在空性的背景中變化；就像放映電影的白色螢幕，隨影片內容顯像，但當電影播放完畢，便又回歸本來的空白寂靜。空性無形無相、不生不滅、不增不減、不垢不淨，是能變現一切組合的聚寶盆，其力無可限量，資源亦取之不盡、用之不竭。而空性亦即是你、我及所有存在現象的本來面目；**只要放下執著、相應空性，便可以隨心變現**，一切如意。

這一堂「三法印」猶如火車頭一般，貫串出顧先生其他諸講環環相扣的內容。雖然每星期只有兩小時的互動，卻被許多學員認同為「不多不少的設計」。親聆其教的吳文正便說：「每一節課所講，都跟自己以前的觀念大不相同。他刺激你一下，讓你發想，而不是急於灌注一堆東西給你；這兩個小時，已足夠你細細咀嚼一個禮拜。」

隨之開展的實相題綱次第分明，舉其梗概與大要為：

宇宙的性質——六大（大為遍一切處之意）

萬法萬物的真相，是一種「性質」的存在；由性質組合成為種種形相各異的眾生，足可解析全盤的宇宙現象。從空性中變現出眾生最源頭的材料，為遍一切處的六種性質；因材料相同，萬物的能量可以互相貫通。無論生理、心理與物理現象，都是地大（堅固性）、水大（潤濕性）、火大（溫暖性）、風大（流動性）、空大（無質礙性）、識大（了別性）這六大，彼此親疏粗細、聚散離合的展現。**保持地、水、火、風四大性質的調和，即能掌有體魄康健的宇宙密碼。**

認知的系統——八識

心在哪裡？它無形、無相、無處可找，但你的喜怒哀樂從何而來？念頭發生與發生之前的來龍去脈又是如何？

窮古至今，愛智的人們總是在尋找心的源頭，以為要認識自心，必然離不開眼、耳、鼻、舌、身這五官不斷對外交涉所產生的感覺系統。殊不知人類的五官各有其能堪使用的條件性限制，統合此前五識所採集的資訊，而起了別作用的第六意識，並非自心的真實相。但目前心理學的領域只能含攝到第六意識的範疇，對心的了解自是十分有限。

事實上，**心的本體並沒有自、他的分別，所有眾生的意識是相互串連在一起的——第八識**，而能看、能聽、能聞……的主角是心性，不是功能俱有缺陷的五官。只要打**破了自我執著的框框——第七識，心量的含攝性就會無限開展**；你也可以和觀世音菩薩一樣，聽到全宇宙的聲音，讓眾生千處祈求千處用。

宇宙的範疇——十法界

除了人間以外，還有其他世界嗎？如果有，整個法界和我們的人生又有什麼關聯呢？

一般人大多只清楚自己目前所在的時間和地點，不僅看不到前世與來生，往往就連明天的處境亦無甚自主之力。但透過修行所開發的智慧與能力，你可以認識宇宙整體的地圖——十法界，也會因自身運動的頻率愈來愈精緻，心量和能量含攝的時間與空間愈來愈寬廣，而如實看到全部的眾生，其實是以很多不同的層次存在著。

所謂「修行」，**就是把因執著造成的限制轉化掉，讓你的真實面目呈現出來**。人類自以為渺小如滄海之一粟，殊不知只要不執著自己的身心，身心的範圍便會擴大；隨著執著性的降低、變少，當下的渺小生命直可與宇宙互通。生命的存在，其範圍並沒有時、空的限制性；即此肉體之身，就能無限量的擴充與變化，進而讓人類的第六欲——自由欲，發揮至極。但唯有用智慧去認識、用心力去追求，才得以相應法界的真實相。

探究生死——十二因緣

被全球華人尊奉為至聖先師的孔子，論過生死大事，不過結論卻是「滯而不答」；他坦白直陳，自己「未知生，焉知死」。自古以來，能夠掌握生前死後實際脈絡的人極為稀少，直到半世紀前歐洲學者開始研究瀕死經驗，被宣告往生的人中途折返，報告死亡之後「清淨、舒適，置身於一片光明，並不想要再回來」，才以諸多親身體驗證實，人死非如燈滅。**生命就像一齣不曾間斷的布袋戲，一仙換一仙，過去生的因，造成現在世的果；現在世的因，又結為未來世的果**，周而復始、輪轉不息。

而早在兩千多年前，釋迦牟尼佛便透過甚深禪定，以同步的立場描述出人類投胎成受精卵後，在母體內孕育的步驟與過程，內容之精微猶勝現今的科學檢定——照射超音波。這位覺者不但能知其然，更知其所以然。胎兒根據過去生的慣性揑造自己的身體；既出生，則必有老、病、死。直至往生前殘餘能量收攝成迴光反照，瀕死之際時空濃縮、一生光景瞬間倒帶；靈魂出離肉身後因有所執著，業力所感，又待機投胎到不同頻率的世界。其中的本末究竟，以佛眼觀之無不了了分明。

但比生命的輪迴更值得明瞭的是，**輪迴背後，那個能主宰肉體、知道身體變化的，才是真實的生命，它沒有生死**。釋迦牟尼佛既以地球上土生土長的人身，開發出了能主宰生死的智慧，即證明人人皆可如此，有為者亦若是。

實證的方法——坐禪

十餘年前，美國的哈佛大學和麻省理工學院曾經合作研究，打坐對人的生理有何影響。結果發現，只要靜坐二十分鐘，便顯見心跳緩和、血壓降低，身體的耗氧率下降。手術前若先行打坐，可有效降低出血率，縮短手術進行的時間。此外，大腦在靜坐時會分泌讓人自得其樂的腦內啡，讓情緒因此更加穩定；大腦近前額葉掌管智慧的部分，功能也會加強。這項研究證實，打坐顯然是最佳的身體免疫療法、身心的自然療法。

但若能深入萬法萬物的源頭，其實無論人的生理、心理與物理現象，本自有其匯合融通之處，只要掌握到身、心、物三者畢竟空的本源，與共通的六大性質，即能解開健康、快樂與啟發智慧的密碼。觀念決定深度，目的決定方法；如何才能回歸萬物未生時身心畢竟空的本來面目呢？實證的方法，是比靜坐更為究竟的「坐禪」。

「禪」由梵文 Dhyana 而來，音譯為「禪那」、簡稱「禪 Zen」，意思是靜慮——極善思惟，深入萬法萬物的本源。而坐禪是身心世界逐步轉換的契機，行者必須懂得五調（調和心態、姿勢、飲食、呼吸及睡眠）；上座後，五官即不再對外交涉，關鍵的口訣是「沒有理它」——知道周遭的聲音、事物存在，但未予理會；有雜念、任它去，既不追索，也不推拒，制心一處地慢慢消隕念頭。一旦坐到身體空掉，放下了內心對自己的執著，別人和自己變成同一自體，便可體證到身心本空、自他不二，空中含攝一切萬有的實相境界。

近三個月一輪的課程固有盡時，餘波卻迴旋難已。對於素來一向被學校的教科書制約，上課、求學多半是為應付考試的絕大多數人來說，參與了顧先生導航的「探索實相」之旅，人生的路向霎時寬廣起來。不過，這些觀念究竟並非生活日用中隨處可聞的尋常話題，只聽過一遍，或並沒有實際體驗，必然感覺耳生未詳、似懂非懂。因此，有興趣追求的人開始隨逐顧先生在不同場地開講的腳步，有課必到、反覆聆聽。漸漸地，顧先生一邊用手勢輔助，一邊演繹實相的種種情境與內涵，在聽者心臆中，已由陌生而日趨熟稔：

「所有的現象，只是波動摩擦的幻影，在時間、空間交涉的集合點上，呈現出來的一個樣態；它不是永遠的，也亦非固定不變。你若把這種交涉的情形下所掌握到的人生當作實有，就變成了一種執著；在碰到問題不能解決時，便會無法跳脫慣性……。」

眼見機緣成熟，於是他開始徵詢，是否有人想要進入中階課程——直接閱讀超越時間、空間，超越邏輯推理，打破僵化模式與慣性思考，能讓人海闊天空、無量無邊的實相原典——佛經，同時佐以術科的實證訓練——打禪七（打破第七識——自我意識的執著）；以自身當實驗品，來印證實相內容。

打禪七——打破自我意識的執著

好一個風生水起的因緣際會。時值八〇年代之初，恰是台灣風靡「禪七」的開始。不少黨政軍要、達官顯貴與社會名流，都以嚐鮮之姿，率先體驗了打禪七的況味，帶動一股說禪、寫禪與坐禪的滾滾浪潮。顧先生也正要為學員舉辦禪七，但他只備妥扎實的軟體——思想觀念與通達之道，還缺乏硬體設備，得四處央人商借合宜的場地；結果金山慧明禪寺的住持宏海法師慨然相助，二十餘名禪行者一起體證實相的盛事，於焉成局。

回首這段頗具歷史意義的「第一次」，在禪堂的蒲團上安適的坐足七天的吳文正，至今仍難以置信，能夠熟練而圓滿的獨力照應全局的顧先生，竟然素無主持禪七的經驗。而所謂圓滿觀照全局，除了遍及禪堂內外並連餐飲作務，都夜以繼日的護持之餘，令人咋舌的是，他還能細微掌握每一位坐禪者的狀態，以及如何讓他們突破困境、更上層樓。

吳文正記憶猶新，「我在座上流鼻水（水大的生理現象），他叫我去吃四顆花生米（火大的食物）；一吃下去，鼻水就止住了。」對於自己尚不清楚的調食之道，顧先生拿捏得精準無比。

水、火既濟，當身心已調和得舒鬆寬坦，禪坐的變化就自然發生了。這一回，可不再是花生米粒大的小事情，吳文正持守「沒有理它」的心要，五官不再對外境交涉，幾天下來，整個人已坐得恍兮惚兮，身體的頻率轉相，瀕臨入「空大」的邊際。正在這關鍵時刻，顧先生自他身後輕輕稍來助他臨門一腳的四字口訣：「**身心泯然！**」因幸遇善知識指引，吳文正僅在學習禪坐的初階，就透過親證，建立起此生值得繼續追求宇宙實相的堅定信心。

在顧先生主持禪七的第一會上，還有一個特別引人側目的學員。他死心塌地的牢牢盤腿黏著蒲團，眼看已這樣度過了四個半小時，仍然捨不得下座，顯然是發了弘願、有備而來。

這是三十二歲的許文福，從小在台東土生土長，到台北來成家立業。遇到顧先生時，他的天空一片漆黑，正值上當受騙後房產、積蓄完全歸零，還身背債務的人生最低潮。其實，早在遭此橫逆的五年前，他的內心就經常處於惶惑不安的狀態。他曾在一家做耐火材料的工廠當科長，朝九晚五、日復一日的穩定工作著；「難道就這樣上班、下班的過一輩子嗎？」他不只一次的問自己：「就算去創業賺大錢，再有錢的人，終究免不了一死。人生所為何來？」

他開始花天酒地、貪汙賭博的荒誕度日，但總在吃喝玩樂過後，內心益感不安。這世間到底有沒有真正可以讓人安心的方法呢？許文福乾脆辭去工作，專志尋求。他加入過一貫道，也沒有錯過民間信仰、請神仙問吉凶的扶乩，還學習氣功，然後又碰到屬於印度瑜伽派的超覺靜坐，甚至繳了十萬元的學費參加師資訓練班……。但凡此種種，幾乎都禁不起打破沙鍋問到底的深入探究，於是他又回到了終竟不安的原點。

當他除了債務、已一無所有的去上完顧先生「了解實相」的課程，便十分渴望能盡快透過術科訓練——打禪七，來印證其中內容。「佛經傳授的，跟學校教育系統教導的大不相同，我要知道哪一個才是真理。」許文福並不諱言。

真理只有一個，而且永恆不變；只要方法正確，人人皆可證得。他懷著強烈的成就動機進入禪堂，雙腿盤坐，飽經痠、麻、腫、脹、痛等五味雜陳，甚至痛到像被鋸子割裂，坐到整個人幾近虛脫，但憑著一股「不入『此命由我不由天』的四禪境界，終不下座」的動力，總是盡可能的堅守在蒲團上。歷經七天的實驗，他覺得自己對於經典中闡述的內容，又有了進一步的了解。至於期間的身心變化，則逐一如顧先生預告般的顯現。最妙的是，他離開酒、色、財、氣等不良習氣還沒有多久，每當心念中浮現出這類的相關語，顧先生便如正在透視他一般，當著他的面直接予以指正。

「一個徹底了解實相的人，自然是一開始帶領學生，就知道該怎麼做了，」許文福觀察：「顧先生輕車熟路，因為禪七的種種內容，他自己已全都親身經歷過！」

事實上，參加禪七的學員各個都或多或少驗證了顧先生的所教所授「的確真實不虛」，因而心悅誠服，大家有志一同的開始尊他為「老師」——一位足堪以「宇宙實相與現世安樂」為教學軸心的智者。顧「先生」的探試性稱謂，自此留給了尚且駐足旁觀的人。

禪的密碼：放下執著

不可不知的是，近兩千五百多年來，這樣的教學互動還是首度在地球上展演：以完整的佛典——一百冊大藏經典為學科教本，而學科內容，完全可以透過術科訓練予以驗證。開此先河的第一人——顧老師的教學方法，則更超越人類所知教育系統的框架，示現了究竟的啟智、感化，與沒有條件的資助、無可限量的提升。

簡單的說，宇宙實相就是「禪」，顧老師所從事的教學，也正是「禪的教育」。但若欲追隨這位禪師任運於真實的宇宙，體驗唯心所現、一切如意的幸福人生，必須自願取得**「禪」的通行密碼：放下執著，開發心無所住的智慧**；然後方才可能逐步相應他隨地取材、靈活善巧的無盡教化。

何謂「放下執著，心無所住」？範例來得說時遲、那時快。初學者頭一次碰到不按牌理出牌、突然之間蹦出來的禪教育，難免莫名所以，以致震撼至深。

眼看上課時間已過，向來守時的顧老師居然尚未出現。大家在焦灼等待之餘，開始用自己的慣性想法妄下斷語。下一回上課時，老師便舉述了這個實例來點破前題：學生都在等老師上課，左等右等不見人影。到了下課時間，老師才打電話來宣告：「下課！」學生執著於非要看到老師才算是上課，殊不知，**「沒有上課也是一種上課」**。

事實上，打自進入顧老師門下，師生關係的新經驗便出其不意的紛至沓來。

初階講次的後半段時間，以問答方式交流互動，但心有疑難的人未必習於在大眾面前舉手揭露。初學者的共同體驗是，顧老師總是會在回答問題時，飛來一筆的帶到那個在席間暗自沉吟，卻不知如何啟齒的「潛問題」；而適才禪師所答，已恰恰回覆了他的心中所需。因此，只要在其座下，自能決己所疑。

「他整理的很完整，你從任何角度提出的問題，都有解答；包括所有的生理、心理和物理的範疇，」本身在學校任教的吳文正觀察：「你在生活上認為無解的困境，他點一下即見解藥；不然就是讓你去思考。你會從另外一個角度再去想想，而不是只有原來的慣性思維。」

年方三十歲的顧老師，所展現的提升、拉拔，進而幫人打開心鎖的力量，深具吸引力，也讓門生眼界大開。以往所受的學校教育，以灌輸一般的知識、技能為主，老師鮮少能夠關懷並解決學生內心深處的問題；這位禪師卻往往只用一句話，就直入了人的心坎。而他所丟出的話語刻劃之深，會讓人一直去咀嚼，甩也甩不掉，經常是下課後回到家裡還在想念他。

這種禪師與學生之間的互動，近似古早的師徒教育。因為生必須跟師很貼近，甚至時時刻刻都要心心相應，變成同格，以了解他所傳授的心要。有時人雖然不在一起，心仍與師相連；有時則日夜與師相處，學習察言觀色。總之，為生的已發下深心，「全部都要跟老師學，身、口、意都交給了師，跟定了師！」

不過，一切存在沒有固定相。當禪師碰到心性未定的大學生，碰到了個性驕縱、古靈精怪的富家千金……

「我倒要試試你有幾分能耐！」

這是二十五年前的一會。**東吳大學**的學生社團——淨智社需要延請指導教授，有人推薦了顧老師，但當下便被自認知情的學長否定，「他那麼的忙，不可能答應。」淨智社長在吃盡高僧大德的閉門羹後無計可施，抱着姑且一試的心態，硬著頭皮親訪顧老師；沒想到他一聽邀約立即允諾，「別人認為不可能，那是他們的看法，」這位禪師如是回應。淨智社成員自然更料想不到，顧老師對於「**指導**」二字的承當，竟是「**完全付出、完全栽培**」。他不僅全額贊助社團費用，包括三十餘人在上完初階學科後的術科驗證——打禪七，還送給三、四十位學員每人四十本中階經典。

而社團中有一名來自台北市延平北路家具店富商的女兒——王紅，剛進大學的第一年，她便接掌了淨智社。因為父母忙於做生意，王紅從小在佣人的伺候和家庭教師的伴讀下長大，脾氣壞、驕氣重，獨獨對惡作劇別有專精。初遇顧老師，王紅興起了「我倒要試試你有幾分能耐」的念頭。

她開始刻意的鬧顧老師。在學校操場高分貝呼喊他，要求到老師家包水餃，然後糗他……。一次，他帶社團出訪靜謐的宜蘭五台山，她竟在山上尖聲大叫，希冀惹他煩躁、激怒他……。總之，王紅想要看到顧老師生氣、慌亂、出糗的樣子；因為一向以來，她總是在整人成功之後分外爽快。

但她這樣對待顧老師已經長達兩、三年了，無論如何的「整」，他都不生氣，頂多是置之不理、恍若未聞。「好厲害啊！」王紅不禁暗自驚嘆：「這個人定力夠，看來是動不了他了。」不過她又另出招數。想到從小就用不斷追問「為什麼」考倒了諸多老師，她便重施故技：

「老師，什麼是『空』，那要怎麼空啊？」這樣一字不差的問了幾近一百遍，「他居然每回都可以講上一、兩個小時，而次次內容皆有所不同」。

像王紅這般不斷把同樣問題拿來問上二、三十遍，而顧老師總是「諄諄教誨、不厭其詳，每次都有不同角度新解」的教育方式，終究看到了開花結果。「人的習慣很奇怪，第一次接觸恍若未聞，第二次亦如是。第三次耳朵終於打開了……，掌握重點之事，的確需要二、三十遍的重複薰變。」王紅豁然有省的說。

又怎知她的確如實掌握要點了呢？就在顧老師為淨智社般若營舉辦的一次禪七上，王紅謹遵師囑，五官不再對外交涉；心念逐漸平息後，她體驗到，「時間、空間是被念頭發生出來的，並沒有固定的實體與樣態」。她在蒲團上靜坐了四個小時之久，自己渾然不覺，以為期間只短暫度過了幾分鐘；同時她也在定中，看到空間像冰箱那樣被壓縮的狀態。

其實千餘年來，時、空的真相，一直是科學家及哲學家探索的目標，但因科學與哲學都設定在相對的時空裡做研究，從牛頓的「絕對時空觀」、康德「先驗性的時空觀」，到愛因斯坦的「相對性時空觀」……，始終沒能突破窠臼，展現超越性的思考力，因此無法究竟了知，當念頭的執著瓦解掉了，本來並沒有時間與空間的真相。而禪師所說的「時空唯心所現」，就在一般俚俗裡也常被人活生生的應證：

「一分鐘到底有多長？那要看你是蹲在廁所裡面，還是等在廁所外面！」

打過禪七的王紅，猶如脫胎重生。她親身證實了這位指導教授的修習，是有方法、有系統、有內容的，從此心在求法上，奉顧老師的話語為圭臬。「人生能玩樂的還有什麼？吃最好的餐館、跳迪斯可舞廳、聽伍佰發跡的第一場演唱會、穿戴奢華的名牌衣物？」富家女已經發現：「箇中沒有一項比得過打禪七的覺受，與其內容所開展的千變萬化。」

絕無僅有的實相教育家

回顧一千三百年前，在禪風鼎盛的大唐時期，有心尋師習禪的人多半奔走於江湖之間，汲取六祖惠能大師的後世——馬祖道一（江西）與石頭希遷（湖南）等宗師，開枝散葉下的法脈傳承。禪師門下契機的生徒或多或少，但多亦不過數百人之譜。而其傳法的方式不論是棒喝、隱喻、豎拂、手勢或拳腳……，無非是為了照破學人對表象的執迷，徹悟萬法萬物的本來面目。這三十餘年間，台灣雖然興起一股打禪七的風潮，但像顧老師這樣直接傳承大禪師——佛陀的教法，學科和術科兼修，並持續致力不懈的實相教育家，已是絕無僅有。

在時代背景殊異的現今社會，他為有心習禪卻又找不到正確門路的人開辦禪林，也隨緣應機的對眾廣說禪思想。一步一腳印走過三十年，已有成千上萬的人親領他的教化。

可嘆的是，如果不是接受禪師的啟蒙，絕大多數人根本不知道自心所納許的自由度，以及此生本具的無限可能性。因為一般人從小即被灌輸的觀念，一向是「人，生也有涯、學海無涯」的侷限與渺茫。

「洛亞電機」的創辦人呂火金在學校唸書時，因不喜歡記憶與背誦，長久以來總是玩樂多、讀書少。他自嘉義來台北，半工半讀的唸完高工、二專後，即自行創業。雖然對讀書興趣不高，但他心知若要維持生存的競爭力，就必須不斷的學習與成長。創業初期他只諳電工技術、缺乏行銷

呂火金真正的思想啟蒙，
是從接受顧老師的教育，方才開始。

之道，生意做得十分艱苦。為了找出一條經營事業的活路，他戮力尋師訪課，然後便接觸到了禪的實相教育。

「顧老師教導我不能固守在某一個角度，是再造我思想、觀念的父親。」呂火金二十年如一日的熱誠學習：「事實上我的人生真正的思想啟蒙，也是從接受禪的教育方才開始；很多經營企業的疑惑因此得解，有關做生意的實務經驗，更有了大幅度的轉變。」

他曾經不適應傳統刻板化的教學方式，但對於靈活、應機，能夠提升心智模式的禪思想，一經聽聞便深深相應。當禪師循循開示，**所有眾生源自同一本體，本應互相依存、互相供養**時，他知道自己已找到解除困境的答案，「就是一體全觀而已呀！」一體全觀的前提是，一切在演變，要隨時依因緣條件的變化，移動修正相關的步調和做法。

企業的成敗關鍵全在乎人，自此，**呂火金用一體的觀念看待外在的客戶與內部的員工，總是站在雙贏的立基來溝通問題**。如果對方有特別的需求，他就盡量配合，但亦坦白說出自己的真實狀況。他相信，經營的目的本來就是在創造資源，同時予以合理分配，讓參與的人都能過得幸福、快樂。

專門製造電熱水器的「洛亞電機」營運漸入佳境，即使在全球性的景氣低靡中，仍有中南美洲的訂單跨海而來。不過顧老師又提醒他，順境的時候要做逆境的準備，不可過度擴張，以免訂單削減時，徒增經營成本。

本著不分彼此的一體心態待人接物，呂火金亦在社團活動中廣結善緣，往來幾乎沒有敵人，以及緊張、對立的關係。他的心量與視野都愈來愈寬廣，接掌新莊國際同濟會時，更以禪師所示，「一旦具備了能力，自當讓你所接觸到的人都因為你的靠近，而產生幸福感」做為志工目標。早期的台灣曾接受已開發國家的愛心輸出，他深自慶幸如今行有餘力，恰可配合聯合國做世界性的衛生、醫療等賑濟服務。

「我不斷在被顧老師教導的利他觀念所薰變，」呂火金說：「每為別人服務一件事，就會增添歡喜心；歡喜心增加了，固執性便相對減少；固執性減少了，心量就會開闊；心量一旦開闊，縱觀人世間的所有現象，只不過是浮現在大海中的一個個小水波而已。」

相對於像呂火金這樣得獨立打拚的多數人而言，橫陳在通過考試進入公營電信機構工作的林瑞記眼前的，是一個比較平穩而安逸的人生。不過，林瑞記真正在意的不單是生存狀態的衣食無虞，而是生命的根本大問：生從何處來，死往那裡去？當同事跟他分享多年來遵從禪師學習所得的見地時，他便已「興奮得睡不著覺，好像看到了問題的核心」。

待他親自上陣，數度聆聽第一堂課——宇宙運行的三個究竟法則——一切如幻、一切唯心所現、一切如你所願時，猶然震撼之餘，興起了不如在遇事時，拿來實際運用一番的念頭。他的領會是，既然世間的所有都在變化中、沒有固定相，事情的發展何來其必然性？完全是看自己如何設定罷了！領會至此，腦筋也就跟著靈活起來。

想要什麼，就會有什麼！

一個有待處理的狀況正迫在眉睫。林瑞記已成功的跟公司請調來台北，因此必須在三個月內，把位於桃園縣西北郊區的原有房舍——一棟比鄰稻田的透天厝處理掉。他沒有找仲介公司，因為凡是看過現場的掮客都告訴他：「這房子如此偏遠，不可能在短時間內找到合意買主。」不用仲介那怎麼賣？他依禪師所教，每天早晚持誦佛陀開演實相的經典——《金剛經》，並以此誦經功德迴向給「三個月內，即依××價格順利售出透天厝」。他的心意甚堅，功課也勤作不懈，結果一切果然依照他設定的內容發生；這棟透天厝不但順利脫手，就連成交的時間、價位也絲毫不爽。

這個經驗對林瑞記的意義非同凡響，他得以證實，**「顧老師傳授的實相大法並非高不可攀，而是可以在日常生活中隨時起用的智慧與方便。」**他學法的興味益增，心向也更加篤定，頻頻以此方便幫助身邊的同事友好超越困境、心想事成；其中大小事件包括工作上的請調單位、升官，未婚者找到合宜的嫁娶對象，繼而求男得男、求女生女！

「假若正確的觀念與言行能連結到宇宙終端的產出——你想要什麼，就會有什麼，那麼……。」這是二〇〇七年出版，四個月內即橫掃美國、加拿大、澳洲、愛爾蘭……，大賣五百萬本，並被美國《出版人週刊》預測，將成為史上最暢銷的勵志書——《祕密》的引言。書中揭示的宇宙大祕密——**吸引力法則，正是佛陀發現的宇宙運行真相**，亦與林瑞記的實際體驗如出一轍。當他碰到自己十七、八歲的獨生女面臨升學考驗時，便慎重而善巧的借力使力。

曾經就讀台北第一女中的高材生林慧聞，在高二那年便初次聽完顧老師的初階講次，透過《祕密》這本書，更加具體的認識了宇宙運行原動與反動之間的「吸引力法則」。她熱中社團活動，並沒有像其他同學那般全力投入課業，不過她當然也希望能如願進入心目中首選的大學科系——台大商學系國際企業組。她坦誠檢討自己在第一次學測中成績不盡理想的原因，是「缺乏信心導致擔心與患得患失」，於是決定放下「擔心」；「如果你已經被宣告考上了，還會有考上與考不上的疑慮嗎？」她這

林瑞記父女體證了
「一切唯心所現」的宇宙祕密。

樣反思。

林慧聞開竅了。她一心唸書，並把每一科的成績都用高標設定好，然後像父親賣房子那樣，持續而專注的誦經迴向。接到成績單時科科分數皆如預期，她心想事成的成為台大商學系的新鮮人。有同學半稱半妒的推斷她是「考運特佳」，林慧聞的想法卻更勝以往。她說：「朋友看出我很特別，是一個有決斷力，想做的事必能達成的人；**其實我在三、四歲時，就聽爸爸提起顧老師——他什麼事情都知道，凡是想做的，也都能做到。我知道，人類的確是具有這種潛能的。**」

而上了大學的林慧聞依然熱中參加社團。她一度發想組成「健心社」，希望跟更多同儕分享「一切唯心所現」的宇宙祕密。

有女如是，身為父親的林瑞記自亦不遑多讓。他的分享方式是每到週末，就把友人請到家裡來泡茶聊天，常連初識者也在受邀之列。十幾年下來，已有數百位賓客「因為想要改變人生的處境」，而進入林家的廳堂；其中包括修理摩托車的黑手、賣西瓜的水果商、電腦工程師……，各行各業不一而足。每當「你想不想創造自己人生」的話匣子一打開，從午后聊至午夜的長談數見不鮮；在好茶與禪話的催化下，頭一次相談的人，往往也能坦誠交心。

「**心本來是空的，所有狀態都在被自己的認知所定義。**」林瑞記總是這樣自剖心路：「以前我曾經把煩惱當成很大的痛苦，後來發現，煩惱並沒有實體，是我們的心跟它交涉，把它找出來、具體化了。如果你認為有煩惱，那麼該怎麼處理就怎麼處理，處理完即當放下。煩惱被放下後，也就消失無蹤了！」

一旦建構了「煩惱是空的！」這個觀念，人生就有解脫自在的大自由可言。你可以拿起畫筆，在空白中任意揮灑、不斷更新。但根據林瑞記多年來的會談經驗，能否相應「空的智慧」，跟學歷、社經地位、年齡、性別、貧富……等一切實質條件並無關聯，唯一的差別只在心態，「頭腦僵化、個性執著的人，會比較難轉過來，」他觀察。但反觀自己，竟能從當初對實相的懵懂無知、渾然不覺，到如今居然有能力照破人類普遍的盲點，進而伸出隻手，拉拔周邊的親人朋友開創新生，這是遇到顧老師以後展現的奇蹟。

「認識了禪師，領受他的開導，是我這輩子最美好、最幸福的一件事！」曾經木訥寡言的林瑞記，正脫胎換骨般的侃侃而談。

「這是你的角度，你的問題！」

在茫茫七十億地球人口中認識顧老師，的確是一件可求而不可遇的盛事。但一般人即使面對面的遇著他，恐也未必能立即分辨禪師有何不同，因為顧老師素來沒有固定的態度與形象。唯一不變的軌跡是，他無論以何言行，都是在為啟發眾生放下執著。

二十餘年前，二十二歲的江妙珍在東吳大學淨智週的活動裡照顧攤位時，初次見到了這位禪師。當時他身著一套深色西裝，由於腳後跟受傷，足下踩著一雙拖鞋。他的神態輕鬆自若，絲毫不染一般人「穿搭不對稱」顯現的窘迫；但一經相與問答，輕鬆的同時，亦難掩其犀利。

淨智社的學員，和顧老師一同觀賞了入唐求法的新羅高僧「元曉大師」的平生影片。元曉禪師在四十五歲、唐高宗時代來到中土。通達宇宙實相後，他任運隨機、優游自在，但亦展現浪跡塵境、自毀貞儀的異行，終而還俗與瑤石公主結縭、生子……。因其德行高深莫測，一生頗受爭議。

「為什麼劇中的禪師，對感情有這麼深的牽掛？」看完影片，江妙珍不解其妙地憨直發問。

「這是你的角度，你的問題！」顧老師回答得如此爽脫，她深受震懾之餘，不禁也想：「以前碰過的所有老師，都不是會這樣直接打槍的！」

顧老師是否一向如此霹靂直接？其實應緣而異。凡云企業的總經理林博宜，因製作佛像的業務結識了他。有長達十餘年的時間，他們只和普通朋友一般往來互動。他確知顧老師對提升佛像微細度、圓滿度的見解精闢，獨步業界與道林，兩人偶爾也相約打高爾夫球休閒健身。有一次他從台中來到台北與他球敘，顧老師見他邊打球邊流鼻水，建議他去喝一碗熱湯，再吃一客焢肉飯；如法炮製後，他的鼻水果然止住了。

林博宜當下不解，一般人總是身體有病問醫師、法律有疑問律師、不解佛法問法師，「而你怎麼會懂這個？」他開始對顧老師的「專業」產生興趣。

林博宜喜歡收藏古董，特別是寶石；那一陣子，他尤其對鑽石情有獨鍾。「這是個石頭唷，只不過是有色的石頭！」顧老師聞訊，為他剖析得既簡短精確又深入有力：「其實最古老的古董是地球，而地球上大部分的土壤和石頭都歷史久遠，並不需要加以收藏，每一個人便已擁有。」但話鋒一轉，這位禪師亮出了破其執著的利刃：「這個世界上根本沒有永遠不變的東西，所謂古董市場，也就是個投資炒作的生意。拿古董佛像來說，它是當時的人依照自己的思想和喜好做出來的，既不完美也非常有。只因它看起來很古拙，再加上稀奇少有，你便認定了它的價值，這樣不過是凸顯了人類的貪心和占有欲。」

此番話語撼動了林博宜，他從此放棄收藏的僻好，開始針對自己參究起來。「我的種種念頭、思想從心脫出，但心又從何而來呢？」為解此惑，他開了十天的車，足足繞了全台灣一圈，遍訪高僧大德，不過未得其果；其間甚至還有人認為他來踢館找碴，翻臉相向。回到了出發點，他只有求教於顧老師。「哈、哈、哈，」禪師大笑：「等你聽完課、打過禪七、看了經典，再來討論吧！」

依照顧老師所囑，林博宜去上了課，也深入坐禪，然後他的思想觀念竟自動轉變了。「學禪前，我認定自己的想法最正確，是一個自大而過度自信的人，總以為只有極高的貪欲和奢侈，才會讓人快樂。」他有感而發：「其實進入禪定便知真相，而真相完全超乎我原本的想像。老師顯然是先知先覺的過來人，狀況還沒有發生，他就已能預告過程；他值得我去追隨、去學習。」就這樣，林博宜正式成為顧老師的門生，除了上課、打禪七之外，每個星期他都固定保持閱讀佛典的進度。

禪，完全沒有分別性

縱觀寰宇，若以數量來覷衡顧老師的門生，或其只是七十億海量人口中微不足道的一粒粟；但人類能夠開發自心、學習實相的機遇，是這樣的稀有難得，識得箇中內涵並有心追求的人，直以「**盲龜穿孔**」來形容此一際會的不可思議——在茫茫大海裡，瞎了眼的烏龜居然把頭頸穿進了一塊有孔洞的浮木之中；其幸運的或然率，實已超越了有限的數量所堪比擬。

而作風一貫低調的顧老師，在一次為扶輪社會員講演「**禪與人生**」的公開場合中，首度剖析了他帶領學員們所浸潤的禪的訓練，於真實宇宙的意義與定位。

「禪有見地和開發禪定功夫這兩種趨向。觀念要正確、圓滿、究竟，禪定的修行要到金剛喻定，**修到沒有時間、空間的分界在內在外時，再回頭看，才能把整個實相徹底弄清楚**。到這時，還必須有他心通，以及天眼、天耳、宿命、神足、漏盡，這六種神通做背景，才有能力去教化別人。」

「人類的思考和思想的背景有很多種，教一個人到都能聽懂，需要教很久。除了教的人要有耐心和時間，被教導的對象也要有耐心和毅力，才能慢慢薰變觀念，持久的學習。你想學禪，很難遇到真正的出世明師。明師是要對實相本體發生所有的時間和空間，例如天界或是欲界、色界、無色界，三界內外事業的種種內容及情形，都清清楚楚。

若有人想要修行實相到完全的清楚明白，過程中會發生的一般性障礙、不能通過關卡的問題，都要清楚該用什麼方法來幫助他通過，這樣才稱得上是『明師』。如果只是名氣大，講得很流利，卻教不通半個真會的學生來，這只是一般的『名師』……。」

令人好奇的是，顧老師——這位宇宙全學、稀有難得的出世明師，究竟又是如何養成的呢？

第三章

他，為什麼能？

一位宇宙覺士的誕生

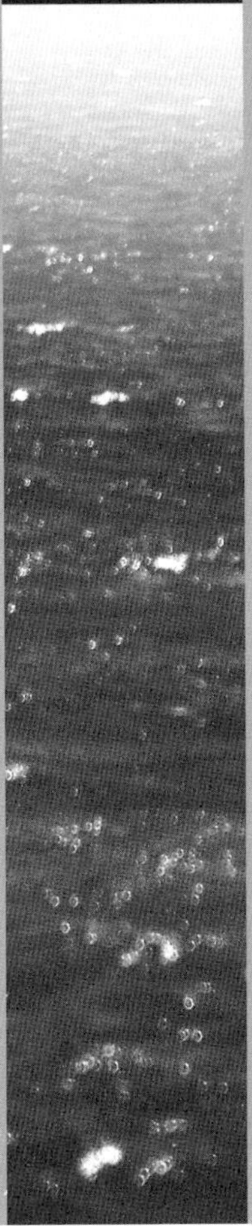

顧老師不可思議的能耐，究竟緣何而來？當大多數人正汲營於功名利祿時，他則堅忍立誓，此生定要親體實證，透過正確的觀念與方法，世間眾生，的確可以開悟成為智慧圓滿、自由度無礙的宇宙覺者。

過程中，他那「誓為所有眾生決一切疑、答一切問」的強大願力，助他超越種種艱苦困頓；他終於撥雲見日，為人類向上提升的真正文明史，寫出光華璀璨的新頁。

這是一個寫真實錄，記錄一位世間眾生，可以在三十歲「而立」之年，即不被生死大事所惑；至一甲子六十歲的第二個三十年間，因親身體證宇宙實相，一貫以含包太虛之心，夙夜匪懈的行利他之事，步步展現「**眾生一體、生命零極限**」的最高境界。

顧老師外表的履歷平淡，一如常人。他既走過胼手胝足的貧困萌發期，亦不乏從精力卓絕到齒漸微、髮轉禿的代謝與衰變；因此，當他現身於高鐵車廂、捷運站頭時，你也許並不會注意到他的存在。不過，一旦你見識了他內在的光華，了知他如何把人類生命之旅的深度與廣度，發揮得淋漓盡致，他的故事，著實值得你駐足諦聽。

人，究竟為何而生？人活著，又有哪些基本的需求和較高的渴望？如果能夠滿你所願，你會最想突破哪些限制，讓原本虛無的渴望成為現實？這些問題，是問題，也不是問題；分野在於，你有沒有起心動念這樣的思索過。

美國的人本主義心理學家**馬斯洛**（Abraham Maslow），把人類的想望分為五個層次：從滿足吃、喝、拉、撒、睡等最基本的生理需求，到得以安全、得享愛與歸屬、得到自我尊嚴，進而能夠完成人生夢想，因自我實現而被定義為「出類拔萃的佼佼者」。不過，即使成為充分開發與利用天賦潛能、對社會貢獻卓著的一方英雄豪傑，依舊未必能夠回應人類內心深處堪稱**最終極的那份渴望——一切無礙的自由度**。

「人，生而自由」，只不過是政治家與人權鬥士揭櫫的宣言；其實普羅眾生心為物役，身為形勞，生死之間身心並不自由，遑論投胎時既無從選擇生處，臨命終時，亦無從得知去向。除了生死不得自由，時間、空間的阻隔，亦像重重圍牆般，限制了人類「穿越」的自由。**因為無法穿越，所以看不到真相；因為看不到真相，所以人云亦云，反覆過著不明就裡的此命與彼生。**

圓滿的自由度，必須透過了解究竟的宇宙實相，智慧與福報皆無闕漏，方可迄及。

根據人類歷史的記載，兩千五百年前曾有一位出生於印度的王子——悉達多，為究明生老病死的生命真相，放下世間所有羈絆，一心修行。**在三十歲那年，他終於掌握到萬法萬物未生前的本來面目，和發生一切現象的來龍去脈，成為地球上的第一位覺者——釋迦牟尼佛。**體解宇宙大道之後的四十九年間，他以「答一切問」的方式，到處為眾生開演實相；同時藉由親示的言教與身教，闡明人類的提升之道與淨化之法。

這位覺者的開示與行止，被弟子忠實記錄，並集結成冊，也就是大藏經典，數千年來透過不同語文的翻譯流傳不輟。**大藏經典所揭露最為殊勝的訊息便是，人人皆可成佛，成為開悟宇宙實相、智慧福報圓滿、自由度無礙的覺者，而其方法盡在經中。**

儘管不乏有志之士自許，人類代代相傳的生命意義在於「為往聖繼絕學」，但真正躬親力行宇宙覺者實證之理的大丈夫，猶如鳳毛麟角；而顧老師，正是當前時空中罕見的一介實例。**他的生命旅程盡以「如說修行」亦步亦趨的緊隨覺者，更因其展現「有為者亦若是」的毅力與決心，成為足堪後人師法的大善知識。**

為什麼顧老師能？究竟是什麼樣的稟性與閱歷，為他的人生開啟了這扇覺悟真相的大門？

「喂，你來當班長！」

學名顧耀文的顧老師，本名顧俊芳，號大帥，一九五〇年代出生於南台灣，是一個父母膝下育有五子的家庭裡，排行第四的兒子。當時的農業社會物資匱乏、經濟困頓，稚齡孩童的生活內容，原本便非輕鬆的「上學、讀書、嬉遊」所能含攝；幫忙操持家務或田作，幾乎是這個世代童年共同的記憶。

不過，顧耀文的境遇更有甚於此。擔任基層公務員的父親，在他九歲那年便因散盡資財，不再能夠養活妻小；顧家的廚房裡因此常無隔夜米糧。母親雖然接到了些家庭代工的活計，仍遠遠不足支付五個兒子食指浩繁的學費與日常開銷。於是他與兄弟們早在十歲出頭，就必須利用寒暑假出外打工，以自謀下一個學期的生計。

國小時期的顧耀文，長得圓滾滾、胖嘟嘟的。他的個性樂觀開朗、天資聰穎慧黠，又特別喜歡幫助同學，因此甚得老師喜愛，經常被摸著頭指派任務：「喂，你來當班長！」老師對他多方賞識，除了讓他展露領導執事的才能，也給他機會表現其他才藝。例如，他自認「嗓音沙啞」，遇有歌唱比賽，仍因老師的薦舉而有機會引吭一試。

他猶記，並不擅長繪畫的他，亦曾應老師點召而參與賽事，過程中，正好被安排坐在平時畫得最好的同學旁邊。這位同學器具充足，備有專業級的一百支粉臘筆供其揮灑；他卻只有一盒十二支裝的。雖然資源短絀，但他的頭腦聰明靈活，運用敏捷的觀摩力，反而勝出了比賽，畫作獲選為「第一名」。不過，顧耀文並未因此陷入得獎的迷思。

「並不是我確實有這方面的才華。我模仿別人的畫還會拿第一名，自己都覺得很奇怪！」他就事論事的捫心自省：「這樣的第一名，又能算得了什麼呢？」

以發明家「富蘭克林」為標竿

其實，無論幼小的他是否廣具多方才華，不爭的事實是，這個聰慧的孩子敏於學習、長於領悟，並且十分喜歡閱讀。他可以僅憑上課時專心聽講，就把學校的課業保持在全班前幾名的水準，其他餘暇，便用來廣泛閱讀自己更感興趣的課外書籍。而打從小學一年級起，教室後方的閱覽架上就陳列著《科學新知》等等期刊，他藉由閱讀，認識了放風箏導電、開啟電學研究時代的發明家**班傑明．富蘭克林**（Benjamin Franklin）。

身居美國獨立革命時期重要領導人之一的富蘭克林，並非只是發明家與科學家。他一生不斷求知、戮力從政，把他所擔任的每一項公職——美國首位郵政局長、駐法大使、賓州州長、共濟會成員（慈善事業）……，都提升到可為全民增益福祉的最高層次。**此人的景行，成為童年顧耀文一心仰望的角色楷模**。

除了一般書刊之外，他也很早就已讀完好幾大部中國歷史上的經典名著——《三國志》、《東周列國志》、《封建春秋》、《施公案》……。其中《東周列國志》，描寫春秋戰國時代五百多年的歷史，是古今中外跨越的時間最長、人物囊括最多的一部演義小說。書中敘寫中國由奴隸制度轉向封建，社會的經濟和文化蓬勃萌動，由於政經發展不均衡，形成諸侯大國——春秋五強爭霸的局面，出現了管仲、子產、曹劌、孫武等忠奸智愚殊異的歷史人物，與像越王勾踐這樣臥薪嚐膽、發憤圖強的諸侯國王。中國歷史上著名的儒家學派創始人孔子、道家學派創始人老子，亦皆是在這個社會變革下產生的一方之擘。波瀾壯闊的大時代雖已化作煙雲散，透過歷史故事，讓顧耀文這個小小讀者**得到了超越年齡的人生啟蒙**。

年少打工，心智加速成熟

而實質上促使他更早一步「轉大人」，並接觸到「人活著，一定要工作才能有口飯吃」的生命現實，是從他小學畢業要升初中的暑期打工經驗開始。

顧家的景況拮据，為了籌措自己一年好幾百塊錢的學雜費用，幾位兄長已然做出打工的示範。念師範學校的大哥兼家教，二哥做零工，他也不能例外。自食其力的工讀生活，一方面開拓了他的眼界，另一方面，也讓他的人格與心智透過工作歷練，快速發育成熟。

就讀中學時期的顧耀文，因面向多元的打工生涯，已一腳踏進了社會百態。平常的日子裡，他可以騎著腳踏車送早報，七點鐘以前結束工作，仍來得及趕回學校上課。到了每年寒暑假，他就得四下探尋機會，期能藉由全時間的打工，備足生活所需。

他在住家附近的派出所做過工友，也到台灣啤酒廠的台中分公司搬送過啤酒。印象殊為深刻的是，一位當時結識的打工伙伴，後來竟搖身成為商場上的大老闆，在二十二歲的早發之年，就賺進了兩億台幣的巨額財富。不過，這人的生命猶如一顆滑過天際的閃亮流星，僅只短短三十載，便夭折殞落了。

其時台灣的中、南部以務農為本，商業活動自不若貿易比較發達的北部之都繁茂；為了找工作，十三歲的顧耀文不得不離鄉背井。對於稚子首度隻身出遠門，受過日本小學教育的母親所諄諄叮囑的，仍舊是平常對他叨唸的幾句老話：「**我們人啊，有機會就要多幫助別人；要做好人**，不可以害人。你千萬不要做壞事，去參加黑道幫派噢！」

他帶著母親的告誡，獨自搭乘有站必停的北上列車，來到了陌生地台北。從台北火車站走出來，茫茫人海中，唯一可以依恃的目標便是「傭工介紹所」；不過人生地不熟的他，總得先找個落腳處。眼見天色已暗，他無可選擇的回到車站大廳，準備在廳內的長椅上借住一宿，但一到夜半十二點，便被值勤的警察攆了出來。他只得就近在站前的水池邊和衣而臥，卻因不堪其上的韓國草皮尖銳刺人，又在漆黑中沿路摸索到國軍文藝館，最後就在館內的走廊上睡了第一覺。

一覺醒來，他開始浪跡台北街頭，直到一個禮拜之後，才終於找到第一份差事——在公路局西站旁的東泉麵包店裡打雜，每天從早上七點工作到晚上九點半。從此，他逐漸進入就業的市面，還會特別爭取可以為外地人提供膳宿的打工機會。他待過的店家不知凡幾：露天的麵攤、書報攤、帽徽公司、大飯店……。儘管打工是為了填飽肚皮、繼續升學，這個非常喜愛閱讀的外地少年，卻運用台北重慶南路的書局一條街，無限延伸了其中的可能性。

熱中閱讀，最愛「書局一條街」

一個人寄居異鄉，打工之暇做什麼好呢？自然是鑽進「看書免錢」的書店，蹲在僻靜的角落，恣情盡意倘佯書海，沉浸於「多看就是多賺」的快樂裡。如果店東的態度不太友善，他便轉移陣地，到隔壁的書局繼續閱讀。就這樣從初中讀到高中，從高中又讀到考上北部的國立大學，約莫十年來的每一個寒暑假，他幾乎天天都到書店逛一逛，聞一聞宜人的書香味；除了打工以外的時間，便這樣大多奉獻給了閱讀。

他回顧，「那時我覺得看書就像在看卡通影片一樣，十分好玩！除了教科書之外，**我什麼書都看，對什麼樣的內容都有興趣；光是醫學方面的書籍，我便看過不下五百多本……。**」

儘管閱讀的環境未盡安適，多部當時他喜愛的中外文學名著，諸如英國作家夏洛帝．勃朗特的代表作《簡愛》，俄國作家托爾斯泰筆下視野寬闊、氣勢恢宏的歷史戰爭小說《戰爭與和平》；中國清代章回小說家吳敬梓所撰，描寫科舉制度下讀書人功名和生活的諷世小說《儒林外史》；以及蒲松齡所撰，內容多談神仙、狐鬼故事的《聊齋誌異》等等，即便讀來本本動輒數十萬字，亦都在侷促於書店一隅的情況下，一一被他盡收眼底。

他是如此熱中閱讀，以至於不僅利用白天的空檔，就連每晚就寢前，也會讀上兩個多小時的床頭書。這個習慣維持了四十餘年，直到他年過半百，視力漸衰。另一個相關的行止是，多年後他經常帶領學生出國旅行，**每到一個國際大都市，他總會安排時間走逛書店，藉以了解在最新的出版品中，是否揭露了不同的思想與趨勢。**

雖然顧耀文一向嗜讀的均為課外書刊，對於學校的課業，他應付起來始終遊刃有餘。因為沒有多餘的空暇詳加複習，他端賴上課時專心聽講，考起試來便可名列前茅。

他的母親不太過問孩子的成績，倒是父親，比較不脫重視學位的士大夫觀念，甚至期望兒子能夠就讀名校。

顧家的長子原本已自台中師範專校畢業，為了滿足至親所願，服完三年教育役後，連續兩年參與大學聯招，終於成為台灣大學機械系的新鮮人。金榜題名日，父親在家門口大放鞭炮，肯定兒子光宗耀祖。等輪到了顧耀文考大學，選擇的則是商學院。

他依然記得：「老爸叫我讀商，說是家裡沒有錢，將來做生意賺錢會比較快。」儘管少年時期曾經以科學家與發明家富蘭克林做為人生標竿，但父命終究難違。放榜時，他名登排行第二的國立大學企業管理系，心中因此有幾分懊喪：「我考得不夠好，因為老爸認為，沒有考上台大就失了面子！」

他的大學生活一如往昔，還是要靠打工自籌生計。這時他開始兼家教，或和三、兩同學一起替人清理房舍，一個月約可賺到五百元之譜。因為仍舊入不敷出，他幾乎不太參加社交活動，寧可去書店看免費的書，去台大旁聽同系的課程，或者出席精采的演講會，吸收講者的思想之菁。和別人的多彩多姿相較，他則是一貫過得清淡與平實。

渾然天成的生意頭腦

從商學院畢業時，正值台灣經濟起飛的年代，他的謀職之路果然十分順暢。一家代理工業用品的歐洲貿易公司，要找中部的業務代表，已在產業界工作的兄長為他牽成，上任後，他便由台北重返彰化老家。對於從商做生意，坊間有此一說，「**生意頭腦多半不假天成，做生意的訣竅很難被人刻意教出**」；既有機會一試身手，他很快就發現，自己正是一個本具生意頭腦的人。不過他仍對商務世界的進階學理懷有幾分好奇，便又去申請母校的在職進修班。在這裡，他第一次肯定了學校教育的啟發性，「**課堂上點到經營的觀念、人脈的重要，我吸收轉換企業管理的整個理論架構，做起生意來更能得心應手、面面俱到。**」他如實剖析。

一個天生會做生意的新手，累積財富的速度究竟能有多快？二十三、四歲的顧耀文，在三年之內居然徒手賺到九百多萬新台幣；以四十年前的價值估算，足足可以買下一整條大街的房產。此外，他的頭銜也從業務代表躍升成為「經理」。這樣名利雙收的大躍進，對他方才起步的人生有何衝擊呢？結果恐非一般人所能想像。

三年的業務生涯中，他自有阡陌的循序漸進。第一年，先廣結人緣；第二年，深耕的人脈效果漸彰，訂單紛至，也有一些小額交易；第三年，生意大量成交，他依約抽取佣金，是辛苦經營後的豐收時節。至於如何才能投客戶所好、建立互相信賴的共生關係？當時流行上酒家、舞廳談生意，他經常出面請客吃飯，然後再主隨客便的到台北、台中等地的風月場所續攤，在鶯聲燕語、酒酣耳熱的氛圍中交際情誼、商討業務。業績蒸蒸日上的同時，他的生活型態也大幅轉變。

少小及長的十多年來，因為家境貧寒，他已習慣了每早睜開雙眼，就要為張羅生活所需費心勞力的日子；家人既不過節慶，也缺乏休閒與娛樂。他們幾位兄長為農曆大年初二出生的么弟慶生的方式，只是切下一塊蘿蔔糕，禮輕情義重的聊表心意。反觀目前的他，已然成為歐洲貿易公司的業務代表，往來酬酢的對象，多半是大企業課長、經理級以上的人物。他沒有能力和某些同行那樣開名車、戴名錶，用之取信於人的，僅剩下儀表與談吐二途。於是，他經常晨起即赴理髮店修指甲、整儀容，身上穿著的西裝褲，總像褶紙一般被熨燙得堅挺筆直。而隨著交易入帳，他的手頭日漸寬鬆，以往連做夢都不敢奢想的「吃喝玩樂、悠哉度日」，如今正橫陳於眼前。

舞廳裡，「最斯文的顧金龜」

他的生活作息裡已滿是吃、喝、玩、樂；每天聽歌、跳舞、打保齡球、上酒家、吃宵夜。其中為做生意的成分相當稀薄，十之八九均出自於他從未接觸過的好奇心、因之養成的樂趣，以及長久以來忍受清苦與貧窮的急切補償作用。

早先他是為招待客戶出入舞廳，經由舞女的傳授學會舞藝後，便對跳舞產生了狂熱。他每天吃過午餐跳茶舞，晚飯過後跳晚舞……，並且把台灣南北跑透透，跳遍了每一個不同的舞廳。這樣的行徑，除了說明他的確樂在其中，也彰顯了他異於同儕的人格特質：只要真正投入了一件事，就會過濾所有資料，全心全意、打破沙鍋還掀開

鍋底的把它弄個清楚明白。

他熱中此道，泰半緣於這樣的個性特質，因此，舉止行為自然與一般舞客大相逕庭；兩、三年之間，便在歌臺舞榭間闖出了響噹噹的名號：**「最斯文的生意人」、「最斯文的顧金龜」**。

為什麼稱他「最斯文」？分明是燈紅酒綠的催情場所，在這個血氣正盛的年輕人身上，卻很難找到「荷爾蒙」作祟的痕跡。即便來到放眼望去淨是裸女陪酒的北投酒家，他也總是坐懷不亂，並不為之所動。他自我表述：**「我一向很尊重女性，對女人不會有什麼侵犯性的想法，雖然她們從事這個行業，我依然保持非常尊重的態度。」**因此，他跳起舞來中規中矩，幾乎從不曾對舞小姐動手動腳；要離開了，甚至還會禮貌的道謝。但群芳們難以理解，前後便有三百多位舞女連番對他以身試煉，「妳不行，是因為妳長得不夠好看，換我來！」殊不知，結果仍然不行。歡場上的姊妹淘最後終於認證：**顧金龜乃是如假包換的正人君子**。

舞廳因緣終有盡時。當他因情況轉折不再於此頻繁進出後，竟有心儀於他的舞小姐隨逐前來，想要委以終身。這是一位某大舞廳紅透半邊天的頭牌舞女，曾經點她坐檯的客人不知凡幾，卻始終獨缺「顧金龜」的青睞。不過，她從姊妹淘的口中認識了他，也暗自觀察傳聞是否屬實。眼看在這個逢場作戲的歡場裡，稀有難得的「正人君子」就要消失無蹤了，她決定主動爭取，以免錯失良機。

這位女性誠意十足，挾著當時足可買下六棟房產的兩百萬妝奩，找到了正在彰化的冰果室裡坐觀行人熙來攘往的顧耀文。她把他帶到燈光美、氣氛佳的咖啡廳，對他娓娓告白。但撫平驚訝與不安的情緒之後，他當即婉謝了對方的美意。「花舞女的血汗錢、給女人養，這跟我的本性不合，」他解釋：「萬一把人家的兩百萬損失掉了，該如何交代？」

從「好好玩」到「好無聊」

其實並非只有這個歡場女子眼光獨到，二十四、五歲的顧耀文不乏異性緣。他常到銀行存款、到郵局寄包裹，主事的女職員對他難掩好感，往往表現得特別殷勤周到。不過，他從來不敢跟人認真交往。「我只是一個一無所有的無名小子，」他這樣剖析自己的心態：「我認為每個女孩子都應該擁有她美好的歸宿，而我並沒有把握。如果傷害到對方，那可不好啊！」

但既然人稱「顧金龜」，又如何會是一個沒有什麼東西的男人呢？事實上，當顧耀文做生意累進的財富加值到數以百萬計算時，他便開始恣情盡意的花錢如流水。他搬進旅館長住，和友伴出門的標準裝備，是西裝上衣的左右口袋各裝有一萬元現金，褲袋裡再揣一份萬元鈔票。他們一旦展開聽歌、跳舞、打保齡球、上酒家、吃宵夜的行程，每日開銷動輒上萬，所賺的錢誠然是來得快、去得也快。除此之外，為了彌補成長過程中生活寒愴的遺憾，他從不吝惜花錢嚐鮮。舉凡遠洋漁船成功號運載回來的第一批「南極蝦」，市場上首度推出了「北海鱈魚香絲」，他都一馬當先成為主顧。

這樣日復一日重複過著內容相同、步調統一的生活，況味便逐漸從「好好玩」變成了「好無聊」。他不再興致勃勃的鎮日吃喝玩樂。每當他推辭夜宵提早回到常年下榻的飯店，躺在床上對著天花板發呆時，這句熟悉的日語慨嘆就會浮現腦際：こんな人生（**這樣的人生啊！**）

對無常的人生深有所感的他，又走回了埋首閱讀的熟門老路。他開始到出租武俠小說的店家，大量搬書回來看。那時，由台灣第一家專出武俠小說的真善美出版社所發行的武俠三劍客——臥龍生、司馬翎、諸葛青雲的作品，以及獨孤紅和其後的古龍等各方高手之作，全被他以一次十數冊的火速傾讀殆盡。他浸淫在「群雄逐鹿」、「正邪大會」、「靈丹妙藥」、「奇門陣法」、「俠客仗劍江湖、眾女垂青」的武俠世界裡，也隨逐筆者之思，探索書中人性以及對自由的追求，什麼樣的人值得信賴、人生的真實意義又是什麼……。

他已讀到一無新書可供租借。無聊的心情揮之不去，倒是武俠小說裡夾雜的書刊廣告，成功吸引了他的好奇。「修仙祕典」、「成佛之要」、「性命圭旨」、「悟道錄」、「無為靜坐法」……，這些佛、道養生書籍，恰是真善美出版社在武俠小說之外，另一個市場專賣的路線。他二話不說，直接寫信去郵購。隨著新知、新識的引發，他這揚帆未久的人生，便碰到了一扇已備開啟的體解大道之門。

探索最究竟的修行路

無論是中國道家煉精化氣、煉氣化神、煉神還虛的內煉成仙理論，或是人可以修行成佛的禪門之說，甚至有關科學氣功的種種，對他而言，都是一連串的不解與問號。「這是真的嗎？還是假的？……」他邊讀邊困惑，邊問又邊編派，試圖從中理出個頭緒與次第來。於是綱目漸舉，他逐步識別出什麼樣的認知和修習，只能含攝較低的層次，什麼樣的見地與心量，可以開發出比較高段的境界。這種權衡，有點類似武俠小說裡的武功競比，高手見招拆招，技不如人的自必無所遁形。

正和童年時期一心渴仰的發明家暨科學家富蘭克林一樣，顧耀文的血液裡，也流**動著一股濃稠的實驗精神**。他從一無所知出發，約莫耗費了兩、三年的時間「盲修瞎練」，透過一次又一次的嘗試錯誤，才終於認清了那終極而究竟的人生路頭。

在初期的探討中，他純粹按書索驥。人類能否超越肉身的限制，像武俠小說人物那般飛簷走壁、長生不老、羽化登仙……？因為既沒有老師指導，也缺乏口訣可供依循，他以「倒頭栽」等步數自修自練，未克其果。不過，**即便初試身手，在他的行為舉止**

與思考脈絡間，已可嗅出異乎常人的修行稟賦。

位於彰化市民生路、興建至今足有兩百五十年歷史的元清觀，被市民稱為天公壇，是台灣一座主祀玉皇大帝的廟宇。這個年初，顧耀文有如尋常香客一般，為祈求諸事順遂吉祥，而來點光明燈。不同的是，他不只繳納了點燃一盞燈的經費，而是大器的統包元清觀全年的水電費，非但整個掌握光明的源頭，並且惠及十方。這樣恢宏的思想與氣度，預告了他何以能在不久的未來有緣深入源底，照見人生以及宇宙的真實相。

宇宙之間到底誰最大？是一般道觀供奉的玉皇大帝，抑或是寺廟裡尊仰的西方教主釋迦牟尼佛，還是……？多方評比的結果，他覺得理當由「佛」勝出，佛比道高，喜愛閱讀的他便開始研習《心經》、《金剛經》等佛教典籍。他依文唸字，儘管經典裡絕大多數的字眼他都識得，卻對整體內容一知半解。

接觸佛經的來由是，他在台北的新公園碰到了一個占卜易卦的相士，閒閒無事的他用調侃的態度詢東問西，問得相士面紅耳赤，只好討饒的說：「我教你啦，你自己去算！」這位粗通《易經》之學的相士，聽到眼前的年輕人問國事、問財運、問感情……，並且對佛經感到興趣，而有關修行，自己尚還略知一二，就與顧耀文分享了這個禪門裡「**和尚揹新娘**」的故事：

萬法唯心所現

「老和尚攜小和尚遊方，途遇一條水及腰下的河流。正要涉水而過時，看見岸邊站著一位妝扮十分美麗的新娘，因無法渡河憂愁不已。老和尚自告奮勇，揹起新娘過了河；新娘再三道謝後，便與和尚分道揚鑣。

師徒二人沉默的繼續前行，途經一座大山，小和尚心中的困惑與不滿也愈來愈高。他們又行經第二座大山……，直到爬上第三座大山的峰頂時，小和尚終於按捺不住的開口質問了師父：**『您一直告誡我們出家人不可接近女色，可是您明明就破了戒，卻為何毫無交代，也沒有開示？』**

老和尚對小和尚壓抑的情緒了然於心。他面帶微笑說：『沒有錯，為師的我的確犯了戒。只是**過了那條河，我就把這個女人在岸邊放下了；難道你的心中還一直揹著她嗎？』**」

這個故事揭櫫了一切唯心所現的禪門實境，初聞其意的顧耀文，自此常來走動。於是相士又進一步傳授他：「你要修行的話，就要唸大悲咒；你能把大悲咒背起來，求什麼就會有什麼。」

真是這樣嗎？他心想，背書自己最在行，不妨姑且試試看。他每天勤唸四十九遍，七天之後，終於可以背誦全文了。饒富實驗精神的他，迫不及待的依教而試：先持唸大悲咒數遍，再禮謝諸佛菩薩，讓他能夠有錢進帳。他等了兩天，到第三天，果然遇到曾經倒了他兩萬元貨款的紗廠老闆。他開門見山的當場追討：「阿雄，你欠我的錢拖太久了，還給我吧！」

這只是第一次的嘗試，他有幾分以「巧合」論之，並不真正信服其中的準確性。但他又一試再試，當屢試不爽時，就產生興趣了。這個引薦「禪」的相士還告訴他，佛經裡面至為殊勝的首選之作就是《金剛經》。而他第一部請到的《金剛經》，是偶然路過台北市的南門市場，一個擺檳榔攤的婦人所寄賣的唯一那本。帶回家後雖然「有看沒有懂」，卻是一個美好的起步。他繼之涉獵了一些講述因果報應的經典，其中的故事性猶勝一般小說，他因此建立起「**讀佛經就像看小說那樣有趣**」的初階印象。

骨子裡滿是「Find Out」的血液

小說情節多屬杜撰，佛經則是真實記錄一個在地球上修行成佛的人，其掌握的方法、經歷的過程與獲致的結論。他相信，如果並非「確有其事」，兩千五百年來怎還能夠代代相傳、屹立不搖？應該早就煙消雲散、回歸塵土了吧！這個「人能成佛」的可行性，啟動了他先天性格裡 Find Out 的鮮明特質——一旦對一件事情產生興趣，就會全心全意投入，尋遍所有資料，徹頭徹尾把它弄個清楚明白。

Find Out——二十六、七歲的顧耀文已下定決心，要鑽進禪門的思想殿堂裡，去一探從人成佛的究竟了。當此風華正盛的黃金之齡，這個超脫世軌的尋根決心，究竟只是突發奇想的一時興起，還是因緣和合的水到渠成呢？

表面看來，這位適才正式就業的年輕人恐尚涉世未深，性格驅動的穩定性亦有待觀察。深入了解，長期打工、遍覽群籍，並已觀賞過千餘部電影的顧耀文，對於輪迴不已的種種人生歷程，甚至於人類整體命運的必然趨勢，早已多所領會。這樣的決心實屬其來有自。

他提早的社會歷練——打工經驗豐富毋需贅言，其中直接影響到他對世態看法的，是分別在台北、台中的大飯店裡工作的那幾段過往。由於出入飯店的人物形形色色、數量眾多，「**我看到了人性的複雜面**，」他回憶：「**那些外表光鮮亮麗、一呼百諾、一擲千金的貴客，到最後還是得兩手空空的離世**。」

而他打工時期的消遣，除了流連於重慶南路櫛比鱗次的書局之外，就是趕場看電影。

至今仍然縈迴腦際的，是幾近半世紀前，他所看過的幾部美國大型史詩影片：「賓漢」、「十誡」、「羅馬帝國淪亡錄」……。在觀賞氣勢磅礴的場景、嚴整有序的故事布局同時，他也看到了**人類歷史的必然性：總是在興衰與分合、戰爭與和平之間輪迴反覆**。至於最為普及的個別人生況味：尋找愛侶、結婚、育子……，**透過大量閱覽**

反映人性的小說和電影，猶如不斷親歷實境般，他對男女之間因荷爾蒙產生的化學作用，已少有不明所以的憧憬與遐想。

隨逐覺者的思想教化

雖然意向歷歷分明，但該用什麼樣的方法來深入其要呢？他憑直覺設定了初期的自修功課，內容就是研讀佛經與閉關打坐。**「既然要追隨佛陀的腳步，」**他說：**「你不直接看他所開演的思想與教化，又怎會知道何去何從？」**於是，他花費了一萬七千元請來一整套的佛教大藏經典，就在自己的家裡坐擁書城。

曾經總是聽人怨嘆佛經讀來艱澀難懂，他發覺，其實這與閱讀者是否具有足夠的驅動力相關。**「如果看懂一部經典可以讓你年收入一百萬，你一定會想盡辦法去看懂它！」**他一針見血的評斷。

不過就他的狀況而言，勤於研讀經典和閉關打坐，的確衝擊到他腳下正夯的「錢」途了。那時恰值他財源廣進、但賺得快散得也快的業務生涯高峰期。有一回，他正安排妥當要去打禪七，便有客戶來電相談一筆五十萬元的生意。「可否一週之後再聯絡呢？」答案是否定的，他必須當下取捨，結果他選擇的是「打七」。因為依照參考書上所說，打坐可以「百日不食不飢，一日百餐不飽」，有朝一日倘若修行成就，他很可能便不必再為供養五臟六腑而操心，也就沒有賺錢的問題了。

他慨然決定辭掉工作專致習禪。數數口袋裡的鈔票，三年所賺的九百餘萬財富，幾都已花光散盡，僅剩的寥寥十萬元，是他面對來日方長的有限資糧。他把它一分為三，規劃自己每個月用三千塊來租屋、吃飯，這筆錢尚可支應未來三年的修行生活。於是一天二十四個小時全被他排進了讀經、打坐的進度表裡，有整整一年多的時間，他每天都按表操課，規律的撥出八個小時來閱讀佛經。

而他是如何讀經的呢？這個自小就善於讀書的禪修者，面對足足整一百冊、廣博精深的大藏經典，更是卯足全力，試圖整理出一條會通的道路。**骨子裡滿載的 Find Out 性格，有助他嚴謹的抽絲剝繭，詳審每一部經典的思想次第。**他總是一邊看、一邊彙整，並不時參考前人記述的閱藏脈絡與系統架構，而這一切的努力所為何來？

「我想要勾畫出一張完整的禪修地圖，」他表白：「**如果不清楚修行前途的整個布局，又如何能順利進行呢？**」

「我要修行成佛！」

修行地圖始終拼湊得不夠完整，嚴格說來，甚至還零零落落的有如一盤散沙，但卻是考驗先報到了。一家英國紡織機械零件公司聞名他在業界的實績，想找他出任台灣的總代理商。這個旁人眼中的大好機會，倒絲毫沒有讓他三心兩意，因為他的目標已然相當明確：**「我要修行成佛，對賺錢著實沒有什麼興趣了！」**他直接推薦了一位昔日的同行，這位先生把握住全球第二次石油危機前的有限榮景，短短時間內，便賺進了兩千萬元的可觀財富。

家人得知他放棄送上門來的工作機會，甚至於不打算再謀職就業，均感匪夷所思。憂心的母親要求長子出面，對他力行勸說。「不去找工作要幹嘛？是頭殼壞掉了嗎？」大哥的表達已有幾分疾言厲色。他搬出兄長的朋友——一位早已不工作、專事修行的易學博士，來封堵哥哥的嘴。「人家很有錢喔，你哪兒有呢！」這是兄長與他協談後，無奈的終論。

或許當時並沒有人看得出來，**顧耀文所獨具專有、旁人幾乎付之闕如的寶貴特質——Find Out 宇宙與人生整體來龍去脈的熱誠，其力足以撼天動地，價值遠遠超越來去無常的物質與金錢。**也正是這股動力，力挺他在僅有最基本的生活條件下尋師訪道，為會通真理發憤精勤。

佛經上載明，閉關禪坐是驗證實相的必經之路，他對此徑自亦興味盎然。初始的閉關，就在彰化市他租賃的斗室中進行。通常他會把一天的食物先行準備妥當——一杯豆漿、一杯牛奶，六餐份的十二片吐司；一只大同電鍋，以及多個分裝單份餐飲的內鍋。食物放在他伸手可及的地方，他每天從晨起六點坐到晚間九點，除了偶爾下座喝水、經行之外，有時就連聊賴果腹的簡單飲食，也都直接坐在蒲團上解決。

當人在蒲團上結跏趺坐，腦海裡的妄念卻如瀑流般傾注不休時，該如何來對治呢？他根據經典，自行彙整出五官不再向外攀緣交涉的最佳打坐心態：沒有理它。

《金剛經》——不取於相如如不動。

《圓覺經》——居一切時不起妄念。於諸妄心亦不熄滅。住妄想境不加了知。於無了知不辨真實。

《楞伽經》——無攀緣則出過一切虛偽。出過一切虛偽則是如來。

《楞嚴經》——都攝六根。淨念相繼。得三摩地。

《維摩詰經》——夫宴坐者。不於三界現身意是為宴坐……心不住內亦不在外……不斷煩惱而入涅槃。

《大乘起信論》——住寂靜處結跏趺坐端身正意。不依氣息不依形色。不依虛空不依地水火風。乃至不依見聞覺知。一切分別想念皆除。亦遣除想。

讀經、打坐之餘，成就心切的他不時也會騎著摩托車，四下去探聽是否已有前輩先進，明瞭修行成佛的本末究竟，可供他就教諮詢。他參訪的處所多是寺院，相與問答間，內容幾乎如出一轍：

「成佛的方法為何？您認為這輩子有希望成佛嗎？」

「唉呀！問成佛做什麼？這是我們出家人的事情啊！你又不出家，不用管這個！」

他期期不以為然，於是更加的戮力奮發，有時甚至為求速效而躁進盲修。一次他為遠離塵囂，特地來到彰化八卦山，借住在一棟四樓的樓頂閉關坐禪。一位學道的友人表達竭誠助陣之意，送給他一小瓶行氣的補藥，並囑咐他一次吃半湯匙即可。但他滿心期待功效倍增，某個清早，服用兩湯匙半後坐上蒲團。大約坐了兩個半小時，在運功散的催化下，他從頭到腳能量已然豐沛充滿；沒有想到樓下人家突然拉捲鐵門，嘎嘎的巨響不僅劃破寂寥的晨朝，也震撼了他平沉飽合的身心。他登時能量潰散，受驚的心境久久難以回復。

距離開悟成佛，還有多遠？

隨著功夫的日積月累，這位摒除外緣、全力投入的專修者，身心的變化與覺受已愈來愈微細而深入了。但對於種種的現象與狀況，他也愈來愈無能解讀。譬如這一回，他坐到「身心泯然」，**自己的身體竟完全空掉了！這是什麼樣的境界，又代表了何等次第呢？**他距離開悟成佛到底還有多遠？

這個疑團促使二十啷噹歲的他，為了尋訪足以指點迷津的老師，再度負笈北上。而直到數年之後，透過深諳此道的過來人印證，當時坐得身心泯然的顧耀文，禪定的功夫實已「相當了得」——**這是超越人間所在的欲界，直抵色界三禪天，但尚未通過四**

禪的善境界。自古以來，熱中修行的人非得具有四禪的功力，才算初步掌握了邁向開悟成佛的入門卡。

會直接帶著自己的疑難造訪南懷瑾，是因為諸多報章雜誌稱譽他為當代的「禪學泰斗」。然而初次來到座落於台北國際學舍對面的講堂求見他時，並未能夠親謀其面；透過他的學生「老古」傳訊，一個星期後，正在閉關的南先生間接回應了他的提問。

「我搞不清楚打坐時身體的反應；身體坐空掉了，是怎麼一回事呢？」

「這一切的變化，都在正常的範圍之內……。」

這個問答的因緣，讓顧耀文決定留在講堂上課。他的想法相當直率：「你要跟一個老師學習，凡是他講的都應該去聽；不然又怎能了解他的思想呢？」也正是這樣的一念，他足足花了六、七年的時間，完整的聽滿兩輪南先生所開的課程。

這位盛名在外的「禪學泰斗」，開講的內容廣及儒、釋、道三家之說。諸如宋朝永明延壽禪師的巨著——《宗鏡錄》，《唯識論》、《圓覺經》、《維摩詰經》、《楞嚴經》、《楞伽大義今釋》；以及《論語別裁》、《孟子旁通》、《老子他說》等等。至於講授的風格，則十分近似依文解字的國文教學。由於南師善於言詞，並經常舉述一些新奇特異的實例，剛開始他覺得十分有趣，在班上和同學相處，也不自禁流露出從小就熱心公益、樂於助人的天性。

當年聽課時，數度坐在顧耀文身後的林錦貞，回憶起這段同窗之誼，最深刻的印象便是：「他很關心大家，常會主動問我們聽懂了沒有？如果你有問題，他就滿懷熱誠的幫忙講解；同學都知道，這位顧先生的見地相當不錯，而且是個性情中人！」

事實上，心思細膩的林錦貞同時也注意到，身材瘦削、不修邊幅、腳下的鞋子幾乎穿得開口露趾的顧耀文，「經濟狀況一定不太好」。她的觀察一點兒也沒錯。辭去工作後，顧耀文準備用以支撐三年的十萬元生活費，在兩年半間便告用罄；而上南老師的每一個講次，均需月繳四百元場地清潔費的負擔，已經使他捉襟見肘，又哪還有餘力來打點自己呢？不過**儘管資糧難以為繼，未曾變遷的，是他視「開悟成佛」為此生唯一目標的決心**。為了直趨標的，他只有不時向二哥請求金援。

那時他的二哥開西藥房，並做國防部軍醫院標單的生意，財務根底十分雄厚。對於經常開口借調的弟弟，他從來沒有質疑，彼此心照不宣；甚至總是要一千給三千、要兩千給五千的支應弟弟日常開銷。這份手足深情，適足緩解了顧耀文修行路上的掣肘之憂，於是來台北後，他幾乎每晚都到南懷瑾的講堂上課；白天的時間裡，則一如往常的讀經、打坐，尋師、訪道。

和聖嚴法師亦師亦友

閱讀經典的自修時段，他就像在直接面對釋迦牟尼佛請問法要，並親蒙這位先覺者的思想薰變。遇有不明之處，他會在筆記本上予以登錄，以待不同經典的啟發與會通。經年累月下來，他已整理得日益分明，不過仍有幾個關鍵性的根本問題，一直還沒有找到足堪就教的前輩來做確認。

打坐的情形也是一樣。他始終無法確定，自己摸索出來的過程和方法，是不是有幾分流於閉門造車？一九七八年底，科班出身的聖嚴法師蒞臨北投光明路上的中華佛教文化館，主持在台灣舉辦的首次禪七；由於場地局限，只能受理四十個名額。顧耀文早在館方公告周知的第一時間，便完成了報名手續，因此有幸趺坐其中。他觀摩禪師的專業安排，原來晨起先做一段柔軟操，可有助於打坐時放鬆筋骨。不過緣於自己深入經藏的心得，他並未如禪師所教，用方便初階者的「數息法」降伏妄念，而仍是持守足以直趨佛地的心要：沒有理它，來坐完七天的禪訓。

七天的專業訓練頓時讓他眼界洞開。他有感而發：「原來外行人盲修瞎練三十年才有的功夫，在一個禪七裡就能坐得出來。我這才見識到什麼叫做真正的『禪七』！」

既已食髓知其妙味，他便滿心盼望農禪寺能如期開辦其所允諾的第二期禪七。不過事與願違，他在苦等半年後終感不耐，致電詢問方知，因為經費無著，寺方已決定取消。在震驚與錯愕的同時，他力圖挽回，立刻領出自己的五千元生活費贊助盛舉。他的廣施發心不僅促成了禪七的相續綿延，也因此結下他和聖嚴法師之間長達三十餘年「亦師亦友」的特殊情誼。

兩度禪七之後，他幾乎每個星期都會和禪師相聚餐敘。一方面固然請領開示，另一方面，誠如佛陀訓諭的精進之道「深入經藏，智慧如海」，對此久下功夫的他，亦如實演說自己的見地與心得。**聖嚴法師有緣得知他的實力，便在自己必須赴美期間，請他代為教授寺中子弟。**

既蒙師父交代，顧耀文便老婆心切的分享了比「數息法」更直接而究竟的坐禪口訣：「沒有理它」，沒有想到因此挑起反彈的聲浪。他見因緣不濟，便立刻急流勇退。而身為住持的聖嚴法師展現的心量與格局，畢竟寬廣無礙；事隔數十年後當他已老病交加時，曾經對身邊親近的心子這樣開誠布公：**想要參究成佛之道的人，可以去找「顧居士」……。**

雙腿總是緊緊的黏在蒲團上……

開悟成佛的至理終需親體實證。走在這條一步一腳印的修證路上，「坐禪」確實為其必經的履歷。繼與聖嚴法師因禪七結緣，顧耀文便努力把握每一個打禪七的機會，其中亦包括南懷瑾先生所舉辦的「長七」。

所謂「長七」，在此指的是七個七、為期四十九天的活動。南師為方便有家累的學員能夠同步參與，禪堂的規矩定得比較寬鬆；因坐禪者晚間不一定要留宿，交織成來來去去、川流不息的場面。不過有心之人終究會以「沒有理它」，應對禪堂裡的浮動。和顧耀文一起打過長七的禪友，至今仍然歷歷在目的一景便是，**「他就像是莊嚴禪堂的中流砥柱，雙腿總是緊緊的黏著在蒲團上；你很難看得到他下座。」**

然而，這個在別人眼中精進不懈的禪修者，其實也經歷過對修行產生疑慮的「反動期」。原因出自，他在現實生活中屢遭困頓。就像韓劇「曼陀羅」中，那位在酒肆中飲啜黃湯的師父反覆的呢喃：「什麼是佛陀？什麼是菩薩？為什麼在我最需要的時候，你們都會請假呢！」劇中的出家師，展露出自己已一無可恃的徬徨與無奈。

顧耀文的迷茫亦然。經典裡言明，**「菩薩為眾生的不請之友、不捨之友」**，他質疑，在他碰到無法解決的困難時，「不請之友」怎麼並未即時現身呢？他的腦中因之興起一念，「這些說法都是假的！」接著便把一尊尊佛像反轉面壁。不過，總當這斷信起疑的關鍵時刻，他的電話就會叮叮響起，來電對方所欲提供的，正是可以解決他問題的方案。

修行路上的境遇本來便會順逆交織，回憶起來，顧耀文不禁幽了自己一默：「一無所有的人，通常對於逆境比較不會太過在意，因為一向以來都是這樣的嘛！」他的尋師過程亦復如此。雖然每週有四個晚上，他都如時去南懷瑾的講堂上課，多年下來，仍未真正能夠請益決疑。尤其是當他見到南師在課堂上一隻手捧著經典，一隻手擦拭眼淚，對著觀世音菩薩的聖相徒呼負負：「該怎麼辦哪！」深入經藏多年的他心知，他能提問的適當因緣尚未到來。

柳暗花明又一村。這是一位一同打過禪七的朋友，在得知桃園大溪和平老街的百年中藥鋪——再生堂裡，住著一位能以「能量質」、「空無有」、「性心身」的多重架構，開演宇宙實相的簡老師後，特地叫他「也去看看」。他聽到這位先生彙整出了此番創建性的說法，心中便已先行認同：**「他的內容相當值得參訪！」**

明師與高徒的惺惺之會

一九八〇年顧耀文首度見到簡建德，這是他百尺竿頭、更進無限步的開始；為了證悟究竟真理，在旁觀者看來，明師與高徒就要展開一場惺惺之會了。

唐朝的黃檗斷際禪師，在其「唯傳一心，更無別法」的**傳心法要中指點學人，「不逢出世明師，枉服大乘法藥」**。顧耀文潛心研讀佛典的意旨十分明確，他早已決志這一輩子必定要開悟成佛。**佛經出自開悟之人的經驗談，直接引領讀者往開悟的方向走**，六、七年來，他持續透過佛經的內容，來勾勒從人修行成佛的藍圖。這幅藍圖必須百分之百的精準——不只是如何到達彼岸，還包括如果發生問題該如何調整改進；一旦這條路走不通，是否還有其他路徑可供選擇。他在自己整理出的藍圖中規劃了許多假設，這使得藍圖的面貌變得相當複雜，因為它是立體、多次元而可以迴轉的。

而自號「樂禪居士」、「大溪雲遊子」的簡建德，因修行過仙家、道家，也被人稱為「台灣的仙人」。這位遁世的道家，跟「禪」又有什麼樣的關聯呢？原來身為前外交部長簡又新親伯的簡建德，早年曾經留學日本，就讀於早稻田大學；此時此地的因緣際會，讓他結識了已修證到與佛同等覺的金剛喻定高人——真覺妙照禪師。他幸遇明師指導，對於修行的內容頗有實質掌握。臨別前，真覺禪師還親口為這個徒弟授記，「你回到台灣以後，會發明出自己講述的實相架構。」而簡建德所發明的這套架構：「空無有」、「性心身」、「能量質」，其實得自他已經把一百冊的大藏經典，反覆閱讀過整整三遍。

於是，同樣都致力於會通經藏的簡建德與顧耀文，就在八〇年代之初的台灣相遇了。而簡老師倒一向並未大張旗鼓的開班授徒，平時僅以自由發問的形式，回應穿流往來的各界訪客不同的需求；唯逢他的生辰以及過年前後，才會正式升座來講經說法。一般人會請教他的事項多半不外乎：我的兒子什麼時候可以結婚、對象是否理想？買哪一支股票才會賺錢？不過，這一天的來者，居然提出了一個半世紀以來，他首度聽到「正格兒」的問題：發生宇宙萬法萬物的第一因，究竟為何？

「佛陀在《楞嚴經》上所說的『覺明為咎』，實際的狀況是怎麼回事？」顧耀文思惟多年猶未決疑的大哉問：「清淨本然，云何忽生山河大地」，多年來總算第一次有了申訴的對象。

敬奉上師，如僕事主

雖然簡先生的回答仍屬「間接而側面」，他已十分確信這位老師值得追隨。正有如**他一貫的做事態度，一旦確認「值得」，便會全心全意的投入**。自從決定跟簡老師學習，他就搖身成為上班族，每天早上都去大溪報到，並把自己當做侍者，悉心詢問老師：「要不要買什麼東西？有沒有需要交辦的事宜？」此外，他亦經常幫老師清洗貼身衣物，幫他泡他喜歡喝的濃茶、做他最愛吃的麻糬，同時還載老師出去吃飯，在用餐之際，才伺機提出自己需要請教的問題。

和其他蜻蜓點水式的同學相較，他敬奉上師如僕事主的求法心態，誠可謂稀有鮮見。「**你要了解他的心思、他的慣性，配合他、跟他交心，他才會真正教你**；」顧耀文觀察大多數人入寶山而空手回，不吝分享心得。而他更依照禮數拜師皈依，以成為簡建德的入室弟子；雖然手頭拮据，總是以最大的誠意，把鈔票用熨斗燙過後如實供養。

事實上，當時已修學多年的顧耀文，本身掌握的證量自是不容小覷。利眼的簡老師心知肚明，對這個頗具對等實力的弟子說法時，往往特別小心翼翼，並經常予以不同的磨練與對待；不經意間所流露的，比較傾向於師對徒「留一手」的道家種性。例如他會故意講錯或誤導，問東答西、在外圍兜圈子，而非直接明示課題的核心。他似乎也希望學生能夠「見過於師」，卻又還懷有幾分畏懼與妒意……。顧耀文挖寶心切，對於這一切的種種，表現出逆來順受的堅定意志。

因此，他有諸多的學習都是在老師為其他同學講解時，拉長了耳朵旁聽得來的。一次他在廚房幫老師做點心，炒菜鏟子碰觸鐵鍋，發出了比較強烈的聲響，簡師不禁疾言相向：「幹什麼！你是要學法，還是要炒菜？」他立刻放下鍋鏟跪衝向前報告：「我要學法！剛才老師講述的《心經》內容，我可以百分百的複誦給您聽；三個月後我可以講出百分之九十九，兩年之後我還講得出百分之九十。」老師確認了他有在聽、有在學，這才噤聲不語。

其實他們師生二人的互動微妙，早在相遇未久就已埋下伏筆。簡建德曾經告訴顧耀文：「你要多看密勒日巴的傳記噢！」在古今中外的史蹟中，**西藏的密勒日巴大師亦是以一個薄地凡夫，透過刻苦修行而獲致殊勝成就的範例**。他的磨折與淬礪，有相當部分來自於上師馬爾巴為洗淨他的業障，而設計的百般刁難。這使得密勒日巴既得承受肉體的痛苦，又要因應心智上的考驗。例如上師命他建造經書房，但足足經歷了八次蓋好又拆、拆了再建的無理要求，以致他的身體因搬磚砌石而傷痕累累，背部也盡是潰爛膿瘡。

日後密勒日巴的弟子懇請他慈悲教誨，並賜予修行口訣；**這位尊者揭露了自己背後的傷痕，無言教示弟子：為法忘軀。**

在顧耀文所經歷的「師考」中，最讓他百味雜陳、印象深刻的，是自己曾遭受不白之冤，人格蒙塵、心靈受創。起因出自有位同學對他為頗為倚重，凡事都會請教他的意見；一天簡老師請這個同學居中傳話：「他把我師父的東西拿去了，叫他盡快還給我！」這話聽得顧耀文丈二金剛、摸不著頭腦：「我從不曾踏進那個房間，又怎可能拿師公的東西呢？」不過，同學遍傳了老師所言，兩人的好交情也因此告終。這個無妄之災讓顧耀文暗自神傷，直到想起密勒日巴所受的重重磨難，他才得以平伏順忍。

「什麼事都不能抱怨哪！」他這樣期勉自己。

他是非常會學之人

儘管學習的過程崎嶇多舛，重要的是，為法而來的顧耀文究竟有沒有收穫呢？答案當然是肯定的。他闡析，佛說的經典是曠世絕學，其中內容並非一般世俗的以管窺天之見；**大藏經典涵蓋了整體法界的物理學、生理學、心理學、政治學、經濟學、社會學……，唯視學人能否看出端倪。**因此，「讀經、打坐要有明師教，否則會在一個不甚清楚的觀念上滯悶很久。明師告訴你實際狀況是什麼個樣子，你就轉過去了；不然你是看不懂的。」

能夠突飛猛進的斷疑解惑，是因為這個發了大心的學人，微細洞察明師的習性和喜好，心無二用的尊師與請法。「在簡老師這裡，比較能夠證實我一向的探討方向並沒有錯，」他說：「他有東西可以教我，但就看他要教、還是不教；如果他不想讓對方知道，就會問東答西。我從一開始便可慢慢趨近，不過過程迂迴曲折。當我問到核心問題，他大多會把焦點移到旁邊來，而我總是一問再問，直到最後他告訴我為止。」

除了追根究柢式的勤學好問之外，不爭的事實是，顧耀文亦是一個非常會學的人。他請教老師研究實相的方法，一旦發現其師對於一切相關的學問都「普遍而完整」的涉獵，從小就無書不讀的他，更是這樣的亦步亦趨。簡老師以隨順因緣的心態傳法，生日、過年例行講經，有人登門請求開示，他就應機而講「三法印」、「六大」或「八識」……，因此並無一完整的系統與架構來貫穿其要。但這個會學的學生在聽講之餘，已自動串聯多年來參訪和自經典所整理出的梗概，並設計成既可相互關聯、又便於一體全觀的十二個講次，期能為來者「揭開宇宙實真相，啟示人生安樂門」。

而他在自我期許中，早已設定了終將能夠回應有志向學的人一切的疑難。他給「會學」釐訂的標準是，真正了解實相的來龍去脈；懂得該如何開演給別人聽，以及要怎樣教學生才聽得明白。因此向學之初，他便立定了這樣的目標：今生開悟成佛，並堪能解答眾生提出的所有問題。

有本有據的答一切問，除了釋迦牟尼佛外，在人類可考的歷史上一無他人。雖然西元五百年前亦曾有古希臘哲學家蘇格拉底，擅長以一問一答的方式與人論真理、求智慧，但其並非為開卷宇宙的「答一切問」。如何才能答一切問、無所不教呢？顧耀文確知先決條件在於：**必須要把整個宇宙實相以及生命的來龍去脈、事情的本末始終，還有法界如何發生、如何結束，全部都弄得清清楚楚**。此時一切了然於胸，自可直溯問題的源頭，究竟作答。

以往他遇到疑難，總是埋首佛經尋求解藥；成為簡老師的入室弟子後，更能因其提點，而把佛經的內容確切的會通與掌握。若要再進一步的趨於「答一切問」，就得透過禪坐究竟體證宇宙實相，方能畢其功了。

為徹悟實相閉關坐禪

其實依照佛說的方法閉關打坐，一直是他不曾間斷的功課，只是早期未明修行的詳實地圖，數度仰仗勇猛的企圖心來盲修瞎練。在彰化八卦山的那一會，他已坐得「身心空亡」，卻茫然不知箇中意旨；後經簡老師認證，這是「入三禪，未通過四禪」的境界。因為急切的想要成道，直到參加南懷瑾主持的禪七前，他都還曾依循報紙廣告，被一個自稱能替人開天眼、打通奇經八脈的江湖術士，騙去一筆學費。他不諱言：「我付他錢沒有關係，遺憾的是，他根本沒有內容。」

如今，再三閉關打坐的顧耀文日益會通實相，已真正在為證道而坐。這一回，他透過友人借得天母近陽明山腳的一座幽靜宅邸，準備長期閉關修行。他攜入關房的配備，樣樣具有關鍵性的必要考量，並還包括了數部闡述禪定次第以及修行口訣的經典。其中要旨如下：

《楞伽經》：「彼於一切眾生界皆悉如幻。不勤因緣。遠離內外境界。心外無所見。次第隨入無相處。次第隨入從地至地三昧境界。解三界如幻。分別觀察。當得如幻三昧。度自心現。無所有。得住般若波羅蜜。捨離彼生所作方便。金剛喻三摩提。隨入如來身。隨入如如化。神通自在。慈悲方便。具足莊嚴。等入一切佛剎。外道入處。離心意意識。是菩薩漸次轉身。得如來身。」

《楞嚴經》：「彼佛教我從聞思修入三摩地。初於聞中。入流亡所。所入既寂。動靜二相。了然不生。如是漸增。聞所聞盡。盡聞不住。覺所覺空。空覺極圓。空所空滅。生滅既滅。寂滅現前。忽然超越世出世間。十方圓明。獲二殊勝。一者上合十方諸佛本妙覺心。與佛如來同一慈力。二者下合十方一切六道眾生。與諸眾生同一悲仰。」

《圓覺經》：「一切眾生種種幻化皆生如來圓覺妙心。猶如空花從空而有。幻花雖滅。空性不壞。眾生幻心還依幻滅。諸幻盡滅。覺心不動……一切菩薩及末世眾生，應當遠離一切幻化虛妄境界。由堅執持遠離

> 心故。心如幻者亦復遠離。遠離為幻亦復遠離。離遠離幻亦復遠離。得無所離即除諸幻……知幻即離不作方便。離幻即覺亦無漸次。一切菩薩及末世眾生依此修行。如是乃能永離諸幻。」

透過經典內容長此以往的薰變，他在座上就這樣的思之無思、思之無為，盡次還原。其中有一支香他坐得能量源源不絕，足足有十四個小時不曾下座；**身心頻率轉換，實已迴脫根塵**。這正是打坐修行之樂，他說：「**當你坐得很舒服，就算有人拿了一百萬塊錢要換你下座，你也不會同意。**」不過，修行也一定有所悲哀，當雙腿痠麻痛楚，自亦難免升起悲觀與徬徨之見：「這樣還得痛多久？若一直不停痛下去怎麼得了？」但無論歡樂或是痛苦，這位深具決心和毅力的禪修者，都會遵照「沒有理它」的口訣調整心態，持續深入禪定後，把實相證明出來。

士別三日，刮目相看

就在頻頻入關與出關之間，較常跟他接觸的二哥發現，弟弟有所不同了；不！更精確的說，簡直令人刮目相看。倒是他自己並不以此為然，「別人看起來或許會覺得我的氣質變好了一點，其實我還是跟以前一樣，一樣會開開玩笑，一樣的樂觀豁達。」

然而，真正讓人見識到他不可以道里計的「有所不同」，是他在三十歲那年決定公開所學所證，四處為需要的人講授**「揭開宇宙實真相，啟示人生安樂門」**十二堂課的起始點。

蕭誠忠，這位二哥的同窗兼好友幾個月前才和他碰過面；兩人談論的話題不離修行，但也僅只圍繞在學禪持咒過程中身心的變化打轉而已。這次再見，蕭誠忠問顧耀文最近忙些什麼，方才得知他已升座說法。因為自己亦正遊走在人生的疑難上尋求解答，有一天閒來沒事，就踏進了他的講堂。

「我感覺到他在講臺上所散發的含攝力，再聽聞他所講述涵蓋宇宙整體的內容和觀念，真正是嚇了一跳！」蕭誠忠的印象相當深刻：「**關鍵在於，他做足了準備功夫，碰到好的老師，一點就通了！**眼前的他已和我們聊天時判若兩人，我立刻從朋友的態度，轉而尊他為老師。」

事實上，當時來到顧耀文講演會所的聽眾，的確不乏曾經和他並肩齊步的同參道友。大家對於服膺真理的立場並無二致。更何況，這位當年的「同學」顯然是先一步的把實相弄清楚了。**他說法的熱情鋪天蓋地，直可從傍晚興致勃勃的講它個通宵達旦，並且任運問答，毫無遲滯。**隔天晌午，他又仍然以弟子之禮去桃園大溪服事簡老師；一個星期有四個晚上，甚至還繼續去上南懷瑾所開的課。

年輕的他，似乎在教學相長間鎮日精力無窮。但第一次為自己的學員主持完禪七

——術科的實驗課程後，他終於因為營養不良體力透支，蒙受病苦了。情況是，那一陣子他經常感覺胸部悶痛，到醫院照過X光並檢查了肝功能，均未發現異狀。於是他決定閉關打坐深入禪定，以和身體同步的立場來「自內視」，同時再進一步對實相做更微細而通透的掌握。

歷經數個月，他神采奕奕的出了關房，不僅已然照見自己身體的實情——肝臟無恙，是胃酸過多引起了十二指腸潰瘍，**也把飲食如何影響人類的生理與心理狀態，相當有系統的整理了出來**。

他印證了生理、心理與物理（食物、氣溫、濕度……）現象本出同源、相互關聯的實相，因此給自己開出的食療處方是：要多吃五花肉（素食者可用起司）與過油燉煮的紅蘿蔔，以滋潤並修復受損的腸黏膜組織。他除了當即便把這項獨門絕學供養給簡老師和聖嚴法師，親自為其調整飲食內容外，亦在往後的數十年間，不斷以此嘉惠所有和他接觸的有緣之士，期能讓更多人掌握健康的鎖鑰，身心益發安樂自在。

來聽他講課的學員愈來愈多了，數量正以千位數累進。簡老師有所聽聞，曾經不只一次面諭他：「學生不能收得太多噢，最好在一千個以內；也不要教得太多噢，講到初禪就可以了。」但這番限制違反了他的初發心。「**如果我會了，卻又不能教給別人，那又有什麼意義呢？**」他極力說服自己的上師，以為有志向學的眾生解套：「我要教多少，是不是同時參考這個學生的根性？認為值得教的就多教些，不可以教的就不要教。這樣對不對啊？」直說得簡老師點頭認可，終才讓尊師重道的他，不必因此劃地自限。

除了「揭開宇宙實真相」的初階十二堂課程，繼之普遍而深入的閱讀經藏、再佐以打坐實證的中級班禪教室，也一期接一期的開班了。剛開始上課時，通達經典的他是以「翻開第幾頁第幾行……」，直接背誦出這部佛經的重點，來提獎學生，但卻把大家給嚇壞了：「老師如此的天賦異稟，我們怎麼學？如何才能跟得上！」於是他隨順眾生的腳步，改以開放問答的方式回應疑難。此後再面對中級班學員，他的開場白便都是：「今天各位有什麼問題啊？」

而他 Find Out 實相、開悟成佛的工程，仍在與時俱進。學員常會發現，連續好幾個月老師都沒有現身；不過禪教室裡已有共識，「老師沒有來」也是一種課程。他去哪兒了？自然是閉關打坐，以邁向究竟圓滿的大徹大悟。站在制高點上看，他已愈來愈趨近於，為人類真正的文明寫下歷史的新頁。

新科覺士的證悟

一九八四年，苗栗縣大湖鄉的深山內，時年三十四歲的顧耀文已在此潛修了半載。

繼打破時間與空間，超出了三界以外，他終於證得與佛同等覺的金剛喻定，而這正是他勾勒在修行地圖上的終極目標。

但一切的發生是那樣的悄然寂靜，既沒有鑼鼓喧天、鞭炮聲轟隆，亦缺乏鎂光燈閃爍，媒體爭相的報導與追蹤。原因很簡單，從人開悟成為通達宇宙實相的覺者，對芸芸眾生而言，就像要螞蟻學習微積分那般「不搭軋」。螞蟻渴望的只是蜜糖，人類亦難以返照自己與生俱來最大的可能性，多半只能隨波逐流，在眼下執取的名利權情之中輪轉不休。

令人期待的是，這位覺者對於生命與實相的內容，究竟有何證悟？

「本來的一切存在都跟真的一樣，本來就沒有任何真實的存在。了解一切法如真，便可隨它變化，毋需自我執著。宇宙全體無一而非『如是、如是』。世間相本來即為清淨、圓滿、安好的，是自己主觀意識的分別、抓取與執著，產生出了對立和所謂的『問題』……。」

再回到講堂教授學員，顧耀文不異舊時行履，依然每天初級班、中級班的接續不斷，也依然不時會去給簡老師請安問訊。而他的學生最常聽到的一句金玉良言，便是他夾雜著國台語所說出的：「安心吧，一切好勢、好勢，本來就如是、如是啊！」

但就像稍稍減除了依戀蜜糖的螞蟻，上課時間日久，有些學員逐漸體驗出這位老師的「不同凡想」。他似乎從來沒有固定的格式，為了教導根性各異的學生，他可以前一分鐘大動肝火，現出生氣憤怒的樣態，轉眼間卻又朗聲開懷大笑，了無恚礙。「他並沒有把事情往心裡擱，你根本找不到他的餘怒與情緒，」凡云企業總經理林博宜觀察：「也不曾見他因個人的喜好，而對人有心的差別。」

另一項超乎常人的舉措，是他不斷強調「重利當重天下利」。他的所作所為一向不為自己，總是福利別人；他亦沒有什麼「據為己有」的財產觀念。出錢買講堂，他把產權直接登記在法師名下；曾經體驗過資糧匱乏的修行之難，辛苦建立深山道場後，他即不收取任何費用，隨時開放給真心向道的學員使用。

「有錢拿出來讓大家享受，這不是精神不正常的瘋子，就是對於實相透澈了解，完全開悟的覺士！」旁觀者不禁竊竊私語。

其實顧耀文的心態，正和他的言行舉止一般的清澈透明。他曾經無以數計的反覆昭示學員，眾生一體不可分割，自當互相依存、彼此供養。當有門生請他進一步開演「覺士人生觀」時，他則是這樣說的：

「一個大徹大悟的人，他的『我』必然變成了『大家』；所有的物質本來皆是大家共有，並非為我個別資產，拿給別人用又有什麼關係呢？這樣的開悟之人做什麼事情都會瞻前顧後，思慮得清清楚楚，而且明快執行。他的人生隨遇而安，處處為人著想，不會跟人斤斤計較。因為執著減少了，他也比較少有一般人情緒上的高低起伏。他知道人生必然經歷生老病死，當病、死到來，並不會覺得特別悲傷，也沒有什麼快樂與不快樂可多言，就這樣平淡的體驗活著的味道……。」

精勤修習的學員們紛紛發現，當自己愈加深入的閱讀大藏經典，就愈能聽得懂顧老師的循循開示，也愈能印證他的身教與言教，幾乎與釋迦牟尼佛一無二致。換句話說，**這位老師根本就是一個從大藏經裡走出來的活榜樣！**

為什麼會如此這般？

「因為大藏經典是開悟之人講出來的，實相內容就是這樣，」顧耀文為疑者解惑：**「當你一旦開悟，就會跟他完全相應。」**而他的相應歷程清晰可辨，有三分之一或將近一半，是閱讀經典所產生的薰變效果，其餘部分則是如影隨形那樣自動變化出來的！

他所謂「自動變化」的結果，就受者而言，顯然含攝了超越人類一般能耐的「神通」：他能不問而知他人心思，能知眾生過去世的生命與所為何事……。不過他一向淡化神通之力，**「大禪師的確會用六通去幫助學生，但也只是為了助人，隨意拿出來用用而已；出世明師的整個教化，一定是以智慧為導向，智慧才是真正最大的神通！」**他總是這樣強調。

可嘆的是，如此的人中瑰寶──無論名之以「宇宙覺士」或是「出世明師」，都遠遠超越一般人的認知限度；即使親如父母手足亦不例外。

想當年，他的父親曾因長子考上台大而鳴炮致慶；他亦曾為沒能如父所願的擠進這所第一學府，而心生歉疚。待么弟大學畢業想要赴美攻讀博士時，他和兩位兄長都以贊助學費來共襄盛舉。弟弟順利取得學位後，一度力邀他來美複製自己的成功模式。

但兄弟們並不知道，**即使讀到博士後或雙博士，亦如天地懸隔般，未可與顧耀文所追求的「宇宙覺士」相提並論**。

父親過世時，他的學生湧現靈堂，恭敬肅穆的送「師爸」走完人生最後一程；引人側目的是，其中還包括五十位專為尋求真理剃除鬚髮的法師。**而他，正是法師心目中那位「能教自己開悟成佛」的大明師**。若父親有知，實當含笑九泉。

他的母親則以「師媽」與「學員」的雙重身分，較能近距離的接觸兒子南北奔波、有教無類的弘法生涯。見到同學們日有增長，疑難雜症亦多在兒子的開導指示下圓滿解決，低調的她曾經滿心歡喜的對人讚嘆：「我怎麼不知道我生了一個孩子這麼厲害！」不過身為人母，她真正在意的終究是，兒子奉獻給學生的時間，遠比陪她的時間多出許多！

只是相較於世間人情，這位覺士的報恩之心，已非僅限於生身父母與親近的師長，更溯及自己的「智生之父」。

「我是看大藏經典才開悟的，可以說直接傳承了釋迦牟尼佛的特別訓練，」他豪氣萬千的宣誓：「我這一生的使命似乎就是，要用親身經歷告訴世人，佛法的確真實不虛，而且確實能夠做到。每一個人都可以透過禪的訓練，讓生活過得更美好，生命更有意義！」

三十四歲那年，顧耀文終於證得與佛同等覺的「金剛喻」大定，成為宇宙覺士。
（黃飛 恭繪）

第四章

舉世獨一的禪教室

開演實相、有教無類，答一切問、無所不教

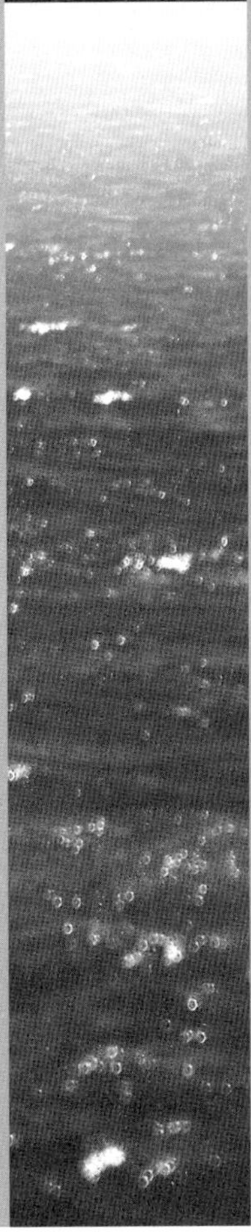

這個禪教室的外觀、設備，一貫素樸平凡，但其以開發心智、契入實相為導向的教學內涵與方式，卻獨步寰宇，十足展現平凡中的不思議境界。堪稱全球首見的是：

顧老師採用百冊大藏經典為教本，任由學生開卷提問；應答的深淺、時機，可因人而異。

從個人的食衣住行，到國家的政經、文化……，他無所不教。

不論學生根器如何，他都能予以拉拔、提升。教材活活潑潑、俯拾即是；教法則千變萬化、靈活無痕……

數度獲得金曲獎「最佳樂團」肯定的台灣搖滾天團「五月天」，在其全盛時期——二〇〇六年舉辦的「離開地球表面」演唱會 MV 中，曾以「人類的最後一個願望」引發訴求。

主唱阿信不時彈跳著身軀，字字清亮的點燃萬千觀眾的共鳴：

「丟掉手錶，丟外套，丟掉背包，再丟嘮叨，丟掉電視、丟電腦，丟掉大腦再丟煩惱。衝啥大，衝啥小，衝啥都有人唱反調；恨得多，愛得少，只想愈跳愈瘋、愈跳愈高，把地球甩掉。一顆心噗通噗通的狂跳，一瞬間煩惱煩惱煩惱全忘掉，我再也不要，再也不要，委屈自己一秒！我甩掉地球，地球甩掉，只要愈跳愈高！Come on, jump! jump……！」

這首歌曲巡演四方，果然所向披靡。成團以來表現一向亮眼的「五月天」相信，搖滾樂足有力量改變世界；但假如人類著實想要凌駕日常生活中層出不窮的煩惱與無奈，是否真得「離開地球表面」？

古今中外，幾乎沒有哪個機構可以授理這種超越現實框架的「人類心事」，除非你來到宇宙覺士——顧老師的「禪教室」。

全部都在這裡啊！

禪，是靜慮，是極善思惟；它像一把打開宇宙實況的鑰匙，足以深入萬法萬物的本源，在一切立場印證無住的真相。圓滿證悟的顧老師主持禪教室三十餘年，最震撼人心的經典開示，就是那輕輕的彈指一比：「全部都在這裡啊！」換句話說，不必離開即可超越。只要人類能夠翻轉頭腦，突破因為執著而衍生的滯礙，「如是、如是」的倘佯於當下的情境中，自可相應本來無生、一切唯心所現的宇宙實相。

浸潤在這樣的實相教育裡數十寒暑，學員接受的啟發日積月累，紛紛展現出受教成果。「無論境遇是否順遂稱心，我隨時隨地都很歡喜，」在中山醫學大學執教的劉樹玉，洋溢著認知實相後的自在如如：「我怎會這般的幸運，竟然在此生學習到了！」

自小個性比較閉鎖，但又力求完美，一向不願屈居人後的常超法師，如今認定自己是「**全天下最快樂的出家人**」。她細說箇中原委：「我在人生中做得最明智的一件事，就是追隨顧老師學禪。起初我還不知道這條道路如此美好，而每次去上課，都會讓我開發出不同的視野和見地；這樣一步步的成長，就像倒吃甘蔗一般，我的觀念愈來愈豁達，禪修的況味也愈來愈甘甜。」

於是禪教室的學員們，開始傳唱一首若符合節的校歌——改編自樂聖貝多芬第九號交響曲的「**快樂頌**」：

青天高高白雲飄飄，太陽當空在微笑。
樹上小鳥吱吱在叫，魚兒水面任跳躍。
花兒盛開草兒彎腰，好像歡迎春天到，
我們心中充滿歡喜，人人快樂又逍遙。

儘管近一世紀來禪風崛起，星羅棋布的禪修中心日漸普及於歐、美、亞、非等世界各大洲，不過，顧老師的教法始終舉世獨一。即使回溯歷代祖師大德，自釋迦牟尼佛以後，便幾乎不曾有禪師像他這樣興化實相教育。

平凡中的不思議境界

他是這個地球上唯一使用一百冊大藏經典做為教本，自己不用準備，即可開卷任由學生提問的明師。經過數十年來的教學過程，已有愈來愈多人印證，這位導師不僅述說的內容與大藏經毫無差別，就連本身的行為舉止，亦與佛陀一無二致。

他已圓滿證悟實相，無論眾生根器如何，都能有教無類的予以拉拔、提升。他的教導並非偶爾現身發表一篇宏論或開示，而是責任性、每週定時定量的在各地教室裡不斷深耕。甚至於只要有機會，他就隨時隨地都在教學，教材則活活潑潑、俯拾即是；

教學目標無他，啟發學生開悟實相而已！

他的教法採取開放性的問答方式，問題的範圍從不設限，應答的深淺、時機則因人而異，所傳達的觀念亦是隨機量身打造。更奇特的是，這位覺者幾乎無所不教，從個人的食衣住行，到國家的政治、經濟、社會、文化、藝術、風險管理……，他不但開**啟全人教育，也兼及了全民幸福的教育**。

多年前，顧老師曾經來到基隆大武崙的一棟老舊公寓給學生上課，師生一邊泡茶，一邊對談。他突然出招提問：「你們可知道這個教室在地球上所扮演的角色？」一陣靜默之後，有人回答：「**這裡是在平凡中現出的不可思議境界**。」他聞言不禁會心的拍案激賞：「這個說法很不錯！」

大不同於一般學校的教育系統，在這個覺者的禪教室裡，年齡、文憑與資歷條件並**不構成入門的藩籬**。八十歲和二十歲的祖孫可以結為同窗好友，只有小學程度的老嫗和擁有博士學歷的高知識份子，常一起參閱同樣的教材；當老師諮疑答問時，他們也各自有所心領神會，都能聽得笑逐顏開。

儘管學員來自地域殊異的五湖四海，背景亦廣被三教九流，顧老師的禪教育所觸及的，正是人人心中共有的需求：希望把現實生活過得更美好而順遂；希望找到生命的真相，進而相應回歸於，無分國籍和男女老幼、貧富貴賤，每個人與生俱來便與佛平等的「**覺性**」，此生終能「**明心見性**」。

這等「全世界只有顧老師在教」的課程內容，悄然寂靜的一貫進行著，自有因緣具足的追求者近悅遠來。因其啟發思想與提升智慧的效果卓著，形成一股磁石般的緊緻吸引力，遠遠超越體制內的傳統教學。

這樣的想法，是誰教你的？

四十二歲移民阿根廷的林佩蓉，八年後兩度花費三十七個小時的機程回台打禪七，以便追隨顧老師繼續習禪。她和夫婿雙雙為此重返故里，先生卻因罹患帕金森症而纏綿病榻。養病期間，丈夫唯一清楚記得的一件事，就是「每個星期四傍晚，要去上顧老師的課」。

曾經在某跨國企業擔任顧問的賓能，一度躍上國際舞臺。他彙整數十年來承襲於顧老師的教導，每當發表和「創意思考」相關的講演時，總有悉心聆聽的中外人士趨前向他打探：「你的老師是誰？這樣的想法，是誰教給你的?!」

自小在花蓮長大的謝明昌，在父母師長眼中是一個「不愛讀書」的孩子。但來到顧老師的禪教室後，從事水電工作的他大幅改變。除了每週會把落落長的經典如數閱畢之外，他還經常為思索顧老師所拋出的震撼彈而鎮夜不眠，想一個新觀念可以想到天明。「我只聽人說過『舉一反三、聞一知十』，」他舉例：「而如何才是禪師告訴我

們的『舉一反無量』呢！」

雖然這個禪教室並沒有查勤的制度，因顧老師的教學魅力驚人，「盡量一堂課也不缺」的自發性要求，相當普遍的流布著。就像邱建雄，他一向在台北工作和上課，有一段期間，定居高雄的父親中風住院，他必須奔波南北經常探視，但逢上課日必定兼程趕回。「我對先生的這股學習動力感到十分好奇，於是乾脆也跟著進來了解實情，」他的太太胡採華直言。

比起「盡量不缺課」的自我規範，李春福和周曼琦夫婦**「風雨無阻全力投入，言談之間頻頻是道」**的表現，就益發引起家中高堂的關注了。

一次學員們為謝師恩籌備了一場同樂會，曾為法院書記官的八旬周父亦得便參加。他和顧老師一樣，被精采的節目逗弄得不時開懷暢笑，但當他看到一位年逾半百的精壯男子身著緊身衣、腳蹬芭蕾舞鞋，以黑天鵝之姿樸拙的旋轉軀體，一心一意奮力獻舞時，不禁感動得濕了眼眶。「父親自此不再擔心，並對我們的學習產生了較為深入的認識。」周曼琦的妹妹周聖妮指出，不僅雙親如此，自己當初亦曾因為起疑，而踏出了跟顧老師學禪的第一步。**她想要了解，究竟是何等的課程，會把姊姊、姊夫變成這等模樣？**

至尊園邸的禪意版畫

縱然有多番「舉世獨一」的課程在身，但要找顧老師，倒一點兒也不難。

三十餘年來他自為表率，總是風雨無阻，一週七日按時出現在遍布於台灣北、中、南的數間禪教室裡。大禪師的教學素來強調思想的啟發與智慧的提升，對於軟體的重視，遠超過室內的裝潢和擺設。不過一切在演變，三年前，當位於台中市五權路「至尊園邸」三樓的新講堂正式啟用時，潔白的牆壁上，竟史無前例的懸掛了十四幀連幅的陶磁版畫。

這是一位馬來西亞陶藝家的作品，**禪師親臨其個展，見他刻劃出值得玩味的禪意而予以收藏**。人、鳥、瀕臨破繭的蛋殼與朦朧的山景，對話式的構圖既簡單又俐落；無論作者是畫以載道或者無心插柳，這十數幅有故事的版畫，如今正在被往來學人同參共賞：

At the beginning it was only whispering
起初，只是呢喃低語

Who are you, what are you saying? I can not hear you
你是誰，在說什麼？我聽不清楚

You have awakened my dream
你驚醒我的夢
You intruded my privacy
侵擾了我的隱私
Who are you? And who you are may I ask
容我請問，你從何而來？
Wings that appeared and disappeared
羽翼飄臨，稍縱即逝
Let us go to a better place……
Endless whispering
讓我們一起去一個更好的地方……低吟不已
Let us go, Please leave me alone & go away
動身吧！請走開，不要打擾我
A soothing space & convulsion that passed
一處舒適空間，一陣快意貫穿
Slowing we merged together
我們逐漸融為一體

You are me, and I am you

你就是我，我就是你

Now we can go. What is so good about the place that we are going?

現在我們可以出發了。將要去的地方有什麼好呢？

There are new kinds of happiness, new kinds of love & sadness…

Many, many more

那兒有嶄新的幸福、喜樂與憂悲……

好處不勝枚舉

Fly away!

遠走高飛吧！

Away from the limited constricted & fragile world

離開這狹隘侷促、脆弱不堪的世界

版畫家的心筆和搖滾天團五月天演唱的「離開地球表面」，兩者是否異曲同工？未必盡然。禪師之所以高懸此作於講堂，是因為它的意涵顯見深幽：人類先要打破無明殼、突破眼下的時間和空間，才有機會認識本自具足的清淨、美好與圓滿。

破無明殼，讓頭腦翻轉

一分分打破固執堅硬的思想窠臼，讓頭腦翻轉，逐漸變得聰敏、靈活，進而能以更多的創意和彈性處理人生問題，這正是顧老師在初階禪教育裡，所展現的「第一類機用」。

事實上，如果不是幸遇明師，許多人窮其一生都未必親嚐過「頭腦翻轉」的滋味。七十餘歲的苗栗通霄人士李悟，回顧自己曾經在海海人生中不斷打滾：大學畢業的父親是苗栗第一屆縣議員，她便也跟自己打下「一定要唸大學」的契約；談過轟轟烈烈的戀愛而結婚生子，婚後生活無虞，卻仍一心「向錢看」，看到什麼都想拿來販售牟利。先生在四十五歲那年突然告疾，住院四個半月仍不知其所患為何。他受盡病苦的折磨便撒手人寰，留下一雙稚齡兒女，和一味追索「人死後到底是跑去哪裡」的她。

「我的欲望很多，前半生一直執著於名利和感情，賣力追求自己想要的東西；我經歷了人生的種種翻轉，卻從來沒有翻轉頭腦。」李悟深有所感：「這二十幾年來，我終於找到自己真正應該要體認的『禪』；只有學禪才是最究竟的人生路，但也沒有比『認識禪』更具挑戰的事情了！」

假使你一向依恃自己的慣性做為思想和行為的枴杖，初次遇到「翻轉頭腦」的棒喝，勢將十分震撼。即使考題早在國民小學的課本裡即已曝光，聞者被情境所縛的短路現象，仍然比比皆是。

這裡是座落於金山的慧明禪寺。來到寺裡打禪七的初級班學員，每天都要上一堂顧老師親授的「禪之法脈源流」；不過，話題卻是透過這個現代公案展開的。禪師問：「**樹上十隻鳥，我有一隻槍，砰的一聲響，結果怎麼樣？**」乍聽之下，他似乎在帶動一個「**腦筋急轉彎**」的現代遊戲。但臺下一片眾說紛紜，舉凡作答，幾乎無一不被不動如山的顧老師捉住馬腳。其後答案揭曉，**因為時空條件未明，結果根本沒有定論，智者自毋需隨問起舞**。例如，槍在台北、鳥在高雄，槍聲於鳥何有哉？又如，我雖有槍，卻非開槍之人，鳥也不在槍擊現場……。

「這是認知上很大的盲點。時空觀念的大突破，讓我顛覆了原本的想法；」任職於會計師事務所的葉麗惠，多年後仍然清楚記得禪師發人深省的提點：「我所想的並不一定正確，因此，**最好不要用自己的認知去設定一切**。」

此一公案餘波未平，禪師手中斬斷慣性思維的智慧之劍，又已指向講桌上那只保溫鋼杯。命題是：十秒鐘之內，得說出杯子的五種不同用途。只見學員個個費盡唇舌，但說來道去，總是在一、兩個項目之間打轉；即便多舉出了幾個例子，亦見其內容重複的困境。例如做為容器，裝水、裝茶或果汁，其實是同一類目；鋼杯可用來打擊、植栽、造型或碾物，方為種種不同的用途。足見大多數人的思想貧乏，稍遇考驗便盡顯瓶頸；殊不知**人類的頭腦本可不斷突破既有，透過細膩度的開展再開展，而將思想**

的範疇擴大到無量無邊。

由薄地凡夫修行成為開悟覺士的顧老師，實已親身體證人人皆具無量無邊的智慧與覺性，它和學校裡的名次、社會上的身分地位一無關聯，只要自己有心開發並堪能受教，便可透過啟蒙邁向提升之路。因此，當十數年前他應明志科技大學校長謝龍發邀請，向該校教師發表講演時，曾經這樣回應聽眾對他「思想體系已建立完備」的讚嘆：「人類使用大腦的平均數值，約略只在百分之三左右，其餘部分猶待開發。而你我大腦整個六、七、八、九識的共同結構，都是完全相同的，只是依著個別的習慣性、執著性、抓取性，執捉了自己比較喜歡的那個部分出來而已。所未開發的，每一個人都本自具足，都是一樣的！」

世尊拈花，迦葉微笑

兩則類似腦筋急轉彎的現代公案，就像一段暖身的序曲。顧老師深入禪的法脈源流，真正要介紹的主旋律，是由釋迦牟尼佛親自主導的舉世第一公案——「世尊拈花，迦葉微笑」。

大梵天王來到靈山，以金色波羅花獻佛，請佛說法。世尊拈花示眾，並無所說。一時百萬人天皆不解其意，唯獨迦葉尊者破顏微笑，佛因此有云：「吾有正法眼藏、涅槃妙心、實相無相微妙法門，不立文字，教外別傳，任持總持，凡夫成佛第一義諦，咐囑摩訶迦葉。」

這則開演究竟真理實相的公案，正是禪宗的源起。迦葉尊者默契佛之「以心印心」大法，地球上的首位覺者，便對迦葉尊者和盤托出自己證悟的實相內容：法界的任何一點、任何一個角度、任何一個次元都本來清淨，無論過去、現在或未來，此理含攝不變；一切現象皆為本自寂滅之心體的妙用，不住、無著，任運騰騰。毋怪乎覺者在夜睹明星大徹大悟的當下，會如斯宣揚，「大地有情，皆具如來智慧德相，只因妄想執著，不能證得。」而禪，不僅涵蓋宇宙整體的內容，亦是證入「心、佛、眾生三無差別」的工具。

對於絕大多數「第一類接觸」的新參而言，此番前所未聞的至理實乃如此的精深、廣博而遙遠。懵懵懂懂中，幸有顧老師活用其理，逐日剖析「直指人心、見性成佛」的禪宗公案。他唱作俱佳的把歷代祖師對參逸事演說得栩栩如生，讓大家在笑得前俯後仰、來不及擦乾快樂的眼淚之餘，逐漸與「佛性、實相、本體」建立起自身的聯結。

這種能耐源自開悟實相

當時仍在電子公司擔任工程師的石志仁，憶及這段彷彿重回禪之大唐盛世的學習過程，直呼不可思議。他說：「老師教的，就是可以讓你立即相應的心法。多年後我才知道，要把祖師的境界徹底弄清楚了，進而還超越他們，方能掌握其精髓，做這種比布袋戲還要鮮活的演出。」

同樣也從事教學工作的東吳大學會計系教授李春成，則因和顧老師的「第一類接觸」，對學禪產生了深厚的興趣。「禪怎麼會這麼好玩，這個地球上又怎麼會有這麼靈活的老師？不同背景的人提問，他瞬間接到即可活潑變化，提供你從未想過的答案。這些人又為什麼不去唱歌、跳舞，而在這裡痛苦的拗腿打禪七……？」一連串的好奇，把李春成留在了顧老師身邊。二十餘年稍縱即逝，如今的他，信念已無可動搖。

「人生真正可靠的不是金錢與地位，而是智慧。我所認識的顧老師，正是全世界最有智慧的人！」李春成充滿愛敬的說。

他口中所言的「智慧」，並非世智辯聰。和許多學員一樣，打從一開始，他們就發現顧老師有一種特殊的能耐，「任何問題不用事先準備，就可以提供你從來沒有想過的答案」。但他們卻並不知道，這種能耐源自開悟實相——究竟通達宇宙運作的原理，啟用自然任運騰騰。

例如，打禪七的新參難忍拗腿的痛苦，上課時不禁提問：此痛是否無涯，如此痛下去怎堪承受？只見顧老師隨口脫出，就把腿痛的來龍去脈解析得絲絲入扣、精闢見底。原來此痛起自於能量正在雙腿的皮肉筋脈骨髓之間滲透，通過之後，身體的運動頻率便會轉換，逐漸進入不同次元的時間、空間。腿的痛感有幾種，如果不和「痛感」相應交涉，這感覺便和你不相關係……。聽他從不同角度娓娓道來，就像一篇渾然天成的論文報告，讓久坐卻不曾受痛的同學，甚至羨慕起別人口中那「幾乎被痠痲撕裂」的雙腿來。

剛從大學畢業的竇能，家族素有心血管病史，父親因此英年猝逝。打禪七時他感覺胸悶，便有幾分擔心是否會步上先人後塵。一問顧老師，得到的解方既簡單又有效：「去喝一杯 500c.c. 的柳丁汁，就不悶了！」

結七時，他又覺得腰痛，禪師照見其因為缺乏鈣質，交代他下了山去吃一客「蚵仔煎」，結果一經服食即不藥而癒。

「這個傳說中的人物實在太酷、太玄妙了！」百聞不如一見，竇能深深被顧老師的宏觀格局與究竟犀利所吸引，從此「哈」禪至今。

在禪寺裡為學員護七，第一次擔任燒洗澡水執事的常超法師，蹲在一堆劈好的竹柴前已經許久了。她三次生火燃柴，總是屢起屢滅。從旁經過的顧老師看在眼裡，十分低調的輕聲探詢：「我來教妳好嗎？」結果法師依其所教：先放竹子再放木柴，置滿灶龕後點火關門，如此反覆兩、三回，便能如期的把水溫燒到六十度。

「他教導我如何用大灶燒水的步驟清晰、成效精確，就像日後告訴我們要怎樣再怎樣做，才能成佛一樣，」常超法師的感佩之情溢於言表。

分班分級教導中階禪訓

事實上，全心投入的顧老師無論是在開演學科的講堂裡，或是打禪七的術科訓練中，對待學員無不淨是同事、關愛、無微不至的照拂與義無反顧的庇護。為了培養學員的興趣，他幾乎有問必答，甚或不請自說；而其教學的態度，亦極盡熱情、親切和幽默、風趣之能事。這位宇宙覺士站在引介的出發點，門戶洞開的廣招來者；上課既不收取費用，也沒有其他條件制約，實可謂開放性的「公益講座」。

但若想要進一步追隨明師繼續學禪呢？顧老師創設的中級班課程，真正寫下古今中外教育史上「**查無前例、舉世獨一**」的一章。有意報名的學員會先被徵詢，「**每天是否能撥出兩個小時閱讀大藏經典？**」進而抽問初階講座的內容大要。這個門檻實際篩選的，是來者學禪的真心誠意。因為不僅使用全數的大藏經典做為教本史無前例，在寰宇數以千計的禪中心裡，也沒有哪一個可以分班、分級循序漸進的持續進行禪訓；不像這個教室，在彼此經過一些了解與互動而進入中級班後，就不再接受插班新生。顧老師純粹以對實相負責的立場，布施「**責任性的教導**」，長此以往、不離不棄。

「誠如當初釋迦牟尼佛所發的弘願一樣，他亦期許自己透過這樣的禪教育，真正拉拔與提升眾生；除了讓學員活出更為安樂的人生之外，還至少能長成某種樣態的堪用之材。」留學美國時，累積不少參訪經驗的毛奕凡觀察。

事實上，環顧世間的教師族群中，似乎也沒有哪一個是跨越不同地區，可以同時帶領十六、七個班級，每班學生數十或上百位，而他一視同仁，答一切問、無所不教！**顧老師之所以「能」，正因為他是一位沒有固定格式的宇宙覺士，是地球上最究竟的大教育家和心理學家。**他的教學方法獨步古今而隨時變化，受教者浸潤其中，往往在不知不覺間便由白蘿蔔被薰變成了黃蘿蔔。當驀然回首，其震撼力無以復加。「真正的震撼和啟發，是在改變你的生命，而且是無痕的，好像你本來就當如此。」毛奕凡現身說法。

這位以一對千的大禪師，以佛經為教學素材，雖然課程內容相同，卻仍耗時費力的分班、分級上課，是他在開悟之初即已設定的方案。「學禪的終極目標，就在開悟，」他引用個人的證悟經驗：「**而佛經正是宇宙大覺者親口說出的開悟內容，再沒有比深入經藏更能讓人快速成就的方法了！**」

至於他寧可勞心費力的每週往返南北，為各地學生不斷重複開演同樣的內容，則是先行顧慮到「不同期別的學員攝受不同，教法也要不太一樣；而每個班級學習的次序略有先後，如果全都一起上課，每個人學習的角度會有相當大的落差；分期上，聽到和學到的差異降低一些，偶爾缺課的同學才比較容易補得上！」

禪教室各就各位。既已顯見做為指導者的顧老師發心深廣、思慮周密，為了增益學習效果，學員又該具備如何的前置心量呢？

深入經藏，智慧如海

今生以習禪為專務的常超法師，皈依顧老師門下數十載，期勉於後進的，終是學生份內的基本功。「認識實相是一種最為現實的考驗，縱使有明師指引，還是要主動自發、努力學習，才會達到預期效果。」她說：「老師交代的功課，舉凡讀經、打七、護七，一定統統都要做。如果可以深入經藏，**智慧力的爆發無量無邊，將讓你取之不盡、用之不竭。**」

其實在深入經藏的過程中，顧老師早已依照修行觀念的次第，編纂出涉獵經典的優先順序。因此，不僅是他提供給學生的階段性閱藏經目異常珍貴，連其傳授的讀經方法，也是能否會通的關鍵。他規定學員在上課前，應把每本經典依照原文讀過五遍（其中包括查生字、彙整參考資料……），極善思惟後，如仍不解其義，才就教於師。因為自己已對問題詳加琢磨，一經明師指點，往往便能一點即通，並且永誌難忘。

相對於世間眾口鑠金的人云亦云，這番親身驗證的過來人真實語，反倒並非主流言說。知名的日本東京大學文學部教授末木文美士，一度傾力研究日本佛教史；他曾以學者立場，公開宣揚此一斷語：「要把大藏經典全部看完，根本是不可能的事！」一群在台灣中山醫學大學任教的老師，對學禪深感興趣，他們組成一個讀經班，但從不相信靠自力便可看懂經藏。「讀經是一件相當困難的事，非得要由法師講解才行！」

自嘆弗如的學者，始終劃地自限。

禪門本無門，不得其門而入的，往往是被卡在自己先入為主的觀念上。顧老師座下的首期學員，現任國際禪友會會長的吳文正，就常這樣提醒來者，「主觀太強的人與禪不相應，很容易在某個轉折點即被自我淘汰。你們去上中級班，最好不要帶著自己的答案來問老師！」

而一如顧老師所云，禪教育主要教的，即是「把智慧調整一下，把頭腦的姿勢調整到往極正向——與實相相應的立場去發展」。若能淡化主觀，抱著空杯心態進入這個教室，從中級班的第一堂課開始，便可聽進這位明師如此無遮的開示：「讀佛經貴在直接相應，其實這只需要能識字的小學程度；不認得的字查字典，不清楚的專用術語查佛學辭典，不懂的地方再提出來問……。」

問問題，是學禪的大學問

當著大庭廣眾舉手發問？這對長期接受填鴨式教育的大多數學子而言，的確是險阻重重的考驗。其一是，素來沒有思考的習慣與學養，甚至還不會發掘問題；其二是，萬一問得很「白目」，難免會被同學取笑。其三，分明準備良久，一站起來腦筋卻常呈現空白狀態。面對智慧如海、反應捷疾的顧老師，拿著麥克風的手總是不自禁的打顫；即使順利道出問題，又無法即時參究老師的回答，進而追問得更深入些。

這樣的挑戰或多或少，幾乎無人完全自外。曾經留學美國取得博士學位，返國後同在雲林科技大學任教的陳國亮與羅斯維，因十分珍視幸遇明師的學禪機會，兩人常在課前即抽出時間先行切磋，並作沙盤推演。陳國亮不僅恪遵師囑，把當週功課讀過五遍後極善思惟，還會用電腦將問題工整的打字並列印出來，以免臨場失常。

即便是從小接受啟發式教育的美籍人士聶道升，在不同的文化背景和語言環境裡追隨禪師，並經歷過一段期間的「鴨子聽雷」後，也能同步感受到「**問問題，正是學禪的大學問**」。

「**這就跟打仗一樣，一旦出聲，對方就知道你所處的位置。**」聶道升形容：「你花了五分鐘的時間做準備，老師即以等量的心思來回應你；你表達出想要更進一步學習的意願，就會得到再往高一層提升的思想與觀念。」

歷來參禪者多是**大疑大悟**、**小疑小悟**、**不疑不悟**。劉樹玉至今仍然記得，二十年前她在開課前期討論《心經》時，曾如此請教過其中奧義：「《心經》內文中述及的三個空：照見五蘊皆『空』、色不異『空』、『空』不異色和諸法『空』相，這三空的意涵和層次，各有如何的異同與差別呢？」

禪師回答，五蘊（色、受、想、行、識）「空」和諸法「空」，都是表明法界本體畢竟無性的空，而此空性能隨心所現生出萬法；色不異空、空不異色，即是現象界的森羅萬象，無一不由空性所出，非為實體，只是如幻般的存在。

對於上過初階課程，並至少有過兩次禪七體驗的學員來說，顧老師開演的內容耳熟能詳，此番只是透過《心經》更加確認。而宇宙運作的真實法則，亦便是禪教室裡的開宗明義：一切在演變（一切如幻）、一切無實體（一切唯心）、畢竟空（一切如意）。顧老師證入與佛同等覺的「金剛喻定」，實已照見法界真相，了解到一切法如真，可隨其變化；因此他一如佛陀所說的揭櫫了「如是、如是」的行門。

「安心吧！世間相都是圓滿的。如幻的變化本來清淨，會有好與壞的覺受分別，不過只是自己主觀意識的抓取！」他揭開真理的言語，一貫是這樣直截了當。

而親蒙禪師釋疑的劉樹玉，多年後終於對這種問答式的教學有所發明：「老師的教法完全就是佛陀的教法，這個教室真是太神奇了！」而當下即令她鼓舞至今的則是，那晚下課顧老師行經她的座位，還曾輕聲提點她：「問題問得不錯，記得也要如說而行呦！」

有問有答的教育方式，向為世間所稀有，卻是著實能夠讓人提升的真格兒的教育。一向勤學好問，如今已如顧老師般帶領學生的毛奕凡，不吝提醒同參道友，「學禪者會問問題與不問問題，長期下來，結果將有天壤之別。」

她這樣闡釋其理：法界本來一切都是圓滿無礙的，如果你覺得不安好，到底是哪裡不好了呢？其實很多人在開口提問時，對自己的疑難僅只知道一個大概；隨著一面講、一面建構，才愈來愈加清楚化，以致逐漸能夠界定自己知道什麼與不知道什麼。當這整個世界建構完畢，就禪師的眼光看來，便可立即得知如何來提升你。如果你還沒能把問題成型，建立好一個溝通的架構與平臺，也表示尋求解答的渴望仍不夠充沛，縱使禪師備有提升之道，亦尚不具其著力點。

「一個善問的人，可以縮短很多學習的時間。」毛奕凡再三強調：「但真正的困難恐在於，你根本不知道自己的問題出在哪兒，一旦掌握住問題點，答案往往也就呼之欲出了。」

是習氣加上抓取的慣性……

毋庸置疑，互動式的問答參學，正是這個禪教室最具爆發力的引信。顧老師究竟是一體全觀的出世明師，他的教法活活潑潑，不僅順觀個別因緣而時出新招，連答問的內容也沒有固定版本。有時他會針對問題提出反問，或者置而不答；有時所答卻使問者更加困惑，甚至覺得莫名其妙。長期追隨的門生心知肚明，「倘若他不是真心要教你，就不必把你衝擊到這個地步！」

這是近年甫開班的某一課中即景。同學的讀經進度，適由《心經》、《金剛經》、《藥師經》、《淨土五經》、《法華經》、《圓覺經》……，進行到黃檗禪師著作的

《**傳心法要**》。穿著淺色POLO衫、頭戴棒球帽的顧老師，一派輕鬆環顧著百餘位莘莘禪子。而泰半在結束例行工作後即趕來上課的各行各業上班族，混搭著退休的歐吉桑、持家的歐巴桑，和少數在校的大學生，組合成此時此會的提問隊伍。

傳心法要直指人心，闡明「**即心即佛**」，「**心、佛、眾生三無差別**」的至理。只見一位中年女性學員首先發難，她舉手就教：「**為什麼我一向認定自己是芸芸眾生，而實質上，我的本心卻與諸佛同等不二呢？**」

此言發出所有具縛凡夫的共同迷惑。自有知以來，人類的語默動靜，便無不隨逐當下的心念而行。殊不知心如流水，生滅不住；心去如風，不可執捉；心如燈焰，因緣聚合；心如獼猴，貪著所欲；心不一定，惟依種種客塵煩惱生相。但能夠發生次第不斷心相的本體，卻是從來不曾變異、不被障汙，清淨圓滿、無動無搖的。

「**是習氣加上抓取的慣性，讓你不知道那個就是這個，讓你『不二』不起來！**」顧老師言簡意賅的一語道破。

而人類無始劫來最深重的習氣，莫以執著有「我」為甚。為了彰顯因由，禪師隨即開出淡化「我相」、「人相」的兩帖處方，要大家親身體驗，如何讓習氣重生，再活現成。其一，話語中不要講「我」。其二，言談中沒有「你、我、他」。

現場不乏躍躍欲試之士，但無論性別、年齡與職業背景如何，只要一開口，少有人能夠三句話不離「我」字；更不消說在脫離「你、我、他」的框架下，如何表達思之於心、脫諸於口的內容。雖然這兩種嘗試都非即知即行的易事，不過經此實驗，學員算是少分見到了一直習以為常的「堅固我執」。

顧老師觀機逗教，忽地即興唱起這首名為「夜空」的老歌：「忘了吧！再想它又有什麼用？還不是煩惱多一重，還不是有始無終。來匆匆，沒想到去也匆匆，忘了吧……」然後，這位明師慈悲祥和的為禪子們安心境：「本來都是好好的，一切處如是如是；所有的萬千煩惱了無實體，根本就執著不住啊！」

這一晚，思想的激盪百轉千折。「禪是nothing, something, everything；禪是一切。」直到走出教室、坐上捷運，許多學員的耳際間，仍迴旋著顧老師提綱挈領的囑咐：「學習禪道是講真理，要看大藏經典、要極善思惟、要參訪明師……。」

老師似乎在為我而說

聞道有先後。早在二十餘年前，便聽進此囑的法學博士李春福，和太太周曼琦組成「一切以上課為重」的雙人家庭後，恪遵師教的潛心讀經。如今他已把百冊大藏經典從頭到尾看完兩遍，更反覆閱讀前二十一冊不下十數回。至於參訪明師，較無後顧之憂的他專為就教於高明，也曾整整把台灣跑過兩圈半；結果是，他遍尋高人不著，倒是發現了顧老師的「獨一無二」。

李春福詳實述說：「我以《**楞嚴經**》的內容做為外參的要旨，被我問到的人，幾乎不約而同的感嘆，這個世界上讀大藏經典的人已經很少，能夠深入《**楞嚴經**》的更是稀有難得。但比之猶勝不知凡幾的是，在顧老師門下，閱讀大藏經典乃為基本功課。他的教法系統分明，是這個世界上唯一同時能夠有教、有修、有證的禪教育。」

深受佛陀的思想及其言教、身教薰變的顧老師，開悟之後，從《**佛經**》裡鮮活的走出來，日常的一言一行，皆已不啻為佛典的現身說法。佛陀在《**大寶積經**》裡揭示，「**當曉了眾生性行，應病與藥，方能廣為開化。**」顧老師教導門生，便淋漓盡致的彰顯此一妙用。和他經常互動的人觀察，顧老師的確深諳人性心理，知道不同的人該如何啟發：有的要先放著不理，讓他自己慢慢發酵；有的必須對他嚴厲些，以便讓其上緊發條；有的人則得和顏悅色、好言相向……。有趣的是，儘管方法不同，大多數學員都會覺得，「**老師的法，似乎就是在為我而說的！**」

怎樣對來自五湖四海、背景三教九流的學員同時開講，而能讓每個人都各得其所，覺得自己被照顧到？顧老師明言：「**我教的方法有深入、有淺出；知識份子喜歡聽深一點的，歐巴桑喜歡聽淺一點的，我兩種都講。**」與此同時，他仍掌握所有眾生共同的心理。當講到要點的關鍵時刻，禪師不是放大音量，反倒是輕聲細語；「但無論如何你會有一種感覺：重點來了！」全心投入的毛奕凡如此觀察：「一般人的心態總是，你愈不想讓他知道，他愈覺得有什麼機密和玄竅在裡頭。為了吸引大家的注意，禪師往往故意講得很小聲、很戲劇化，眾人的耳朵就自動豎了起來。連本來在打瞌睡的，也會發現這種怪事，好像如果沒有聽到這一句話，就會蝕了大本。」

聽話，還要聽得懂話

即使有深諳人性心理的明師指導，剛強眾生能否調伏受教，變數仍多。假設禪教室發出這樣的問卷：「當你遇到問題，願意依照老師的指示行事嗎？」相信百分之九十以上的回答都將是肯定的，因為人盡皆知，學法重在信心與聽話；歷代祖師的傳聞逸事中，**會學的人總是「上師叫其往東即東，叫其往西就西」**。不過真實的現代公案顯示，要主觀意識強烈的學生放空己見，本是難上加難。

生問：我去打禪七好嗎？

師答：你去護七啊！

生應：我要去打禪七。

師問：你會不會聽話啊？

生答：會呀！

其實此生心裡已有定見，拿真主意來假商量，腦中執持的，終究是自己的心意。而能否如實受教的背後往往同時反映出，眾生多樣化的個別心性以及思想的精微度。

顧老師曾經以這樣的事例啟發學生。要把一個機器的螺絲帽完全鎖緊，必須鎖十圈後再回到第九圈半。習於馬馬虎虎，又愛賣弄小聰明的台灣人以為，鎖到十圈再回九圈半白費了力氣，就直接鎖定九圈半；殊不知一定要轉到第十圈，螺絲帽才會產生一種足以擴張的彈壓力，此時再折返九圈半，方能完全鎖緊。如果讓敬業、龜毛的日本人來做，他們必定一絲不苟，細膩的依規奉行。假使換做思慮縝密、行事嚴謹，並饒富實驗精神的德國人呢？他們很可能會打破沙鍋一再檢驗操作原理，以便精益求精、更上層樓。

在這個禪教室裡，「聽話」與「信心」的考驗，時而以不同的情境與當事者，反覆更迭著樣貌。顧老師開課的第六年，有一位來自南投埔里的比丘尼走進了禪教室，並在金山慧明禪寺安住下來。那時禪師每個星期都會撥冗上山，特地為十幾位常住法師開班講法，而這位新參法師也對宣說正法的上師，表現出無比恭敬的態度。不過在私下的行持裡，和她共同生活的其他出家眾觀察，她對於打坐求定的興趣，遠高於深入經藏、開發智慧。

這樣度過了四、五個春秋，禪寺的師父們先後察覺到，這位法師的言行逐漸偏離了初衷，甚至有些令人費解的脫序。她開始向周遭的人散播自己的「胡思亂想」。「最近我常在禪坐中突然感到缺乏氣力，然後就會看見顧老師的臉孔浮現在半空中，」她歷歷如繪的形容：「一定是他來吸走了我的精氣。他教的根本就是邪教！」這番話聽在不明就裡的初級班學員耳中，產生了相當的嚇阻作用，不少人因此取消中級班的報名申請，這位法師終也倖倖然離開了慧明禪寺。

而顧老師全然依止大藏經典的教學仍依軌進行，未曾須臾稍歇。事隔五年後，禪師意外接到一通致歉電話：「老師，我是××呀！**以前我的頭腦亂七八糟想，非常對不起！**」這份遲來的覺醒雖已無法讓一切回到從前，卻引發了同儕之間的深自惕勵。

年齡較輕的慧明禪寺常住慈文法師以此為鑑，並因而成長。她感觸良深的說：「既然追隨上師，有任何不清楚的地方都應該隨時請教，而且問完一定要聽話，還要聽得懂話；否則見地不真，一個觀念過不去，就產生偏差了！」

學禪路上的寶貴教訓

這個世間一樣米養出百樣人，來自三教九流的禪教室成員，恰正是大社會的小縮影。就在上述事件發生未久，即有不同狀況的人事紛擾尾隨於後。當事的雙方，一為禪師門下資歷最深的「首期學長」，一為教室裡甫自大學畢業、猶尚單純的「**社會新鮮人**」。

在顧老師受聘擔任東吳大學淨智社指導教授期間，他曾調派過幾位第一期的門生蒞社交流，因此，一位林姓學長便有機會結識這群對習禪初發心的青年學子。歷經數輪初級班講座與禪七的訓練，東吳班學員已分別進入中階課程的起步階段。一九九一年初，他們方才讀完二十餘部經典，正值對外參訪、自行討論的「自我訓練」期。這段期間，顧老師的角色是旁觀者，並不一定每堂課都出席參與。

二十出頭歲的年輕學員，還未十分領會禪師隱身，由彼此間相互切磋的意涵。而這位外表帥氣、口才便給的「林學長」，即乘勢以「老師很忙，請我來幫他教」的妄語，駕御了一小撮引頸企盼上師的學子。他不僅假借顧老師的威德，帶領大家討論經典，亦仿傚其禪風，在吃喝玩樂、遊山賞水之際，提升評鑑的見地與品味，形塑出他足堪任教授師的氛圍。但未經許久，他便以修行需要資糧為由，展開了圖謀私利的連串騙術。兩名對學禪滿懷憧憬的年輕男眾不疑有他，甚至交出祖厝的房地契來抵押貸款，供其買名車、賃豪宅。

他們逐漸形成一個密行的小圈圈，為了防止風聲走漏，連同行蹤也常被掌控。其中雖有人察覺事情變調，自己已身陷困境，卻又不知該如何脫困，只有鎮日以淚眼向觀世音菩薩訴苦求援。

顧老師聽到了這樣的求救聲。他一方面震怒於這個老生欺詐尚無財力的社會新生，一方面亦十分痛惜這些涉世未深的幼子，因判斷力不足而遭逢法難，於是親自出馬找學生來談。「這件事明天就要解決，你們自己去討論該怎麼辦！」老師這樣交代。

自東吳大學法律系畢業的周耿生，堪稱當時頭腦較為清楚的受害者，他以其術業專攻，一一點醒同學。第二天凌晨，他們出其不意的叫起學長來對質後，雙方攤牌；而顧老師也突然現身。他當場大聲喝斥：「**你有困難可以跟我講，沒有必要欺騙這些學生！**」如此一來，這位「學長」總算交出了存摺、印章與車鑰匙。雖然與事者每人至少因此承擔了二十萬元的債務，但也因此**買回一個學禪路上的寶貴教訓**。

在顧老師的禪教室裡，這不啻是另一則「不來跟老師求證，任由自己亂想，以致衍生問題」的案例。如今已在馬偕專校執教多年的周耿生，和慈文法師不謀而合，亦因此得到增上的領悟。

他現身說法：「學禪、求正法，對上師一定要有百分之百的信心，觀念不能有任何的偏差與背離。**老師怎麼說就怎麼做，腳踏實地一步一步來**；我再也不會懷有一絲一毫的僥倖，或抄近路的心態。」

你醜，會比祕雕醜嗎？

身為數千人的禪修上師，顧老師亦是地球上最為歡迎學生提問的教師。他在修行過程中所發的弘願——要為眾生答一切問，並非只限大藏經文。他總是告訴學員，「遍一切處都是禪。在宇宙所有的生命與生活狀況裡，又何曾有哪一個人、哪一樁事，會跳脫出大藏經典的範圍呢？」

換句話說，這個禪教室無時不在展現「**答一切問，無所不教**」的絕對教育。不僅上課時間必須提問，上課之前，也總有人在老師休息室前排隊，依序等待「**小參**」；此時唯有師生二人相對，是傾談私事的好機會。如果非上課日，有事求助的人，則可致電辦公室掛號，由輪值學員記錄後交給老師處理。若是情況緊急，就算在三更半夜，行動電話一向保持開機的顧老師也會及時答詢，一如白晝般的濟度眾生離苦得樂。這位門下學生數以千計的覺者既沒有隨行祕書，也不用電腦或筆記本，就靠電話通訊，便幾無差池的回應了千奇百怪的各種需要。

「這個世界上還有誰會對我們這樣，一年三百六十五天，天天都坐在那邊給你問，提供你所需要的安心、協助與答案？」自宜蘭縣土場國小畢業後即失學的宋秀蓮，三十年來就在顧老師的啟智教育提攜下，不斷成長蛻變。她從一個自稱是「沒帶腦、不長眼」的鄉下土包子，變成了在生活裡腦筋靈活不打結，具足判斷的智慧，有思想、有方向、有自信，處處找得到為人服務舞臺的「**快樂歐巴桑**」。

宋秀蓮生來雙眼細小、鼻梁平短、嘴唇開闊，因自覺容貌醜陋，鮮少願意攬鏡自照。學禪後有一日，她向老師如是告解自己的心理障礙：「我長得好像不太符合社會的審美標準？」

顧老師一向擅用譬喻與類比導化眾生。他立即舉出九〇年代風靡全台、家喻戶曉的電視布袋戲「雲州大儒俠」中經典人偶——常將仁厚俠義的史豔文逼至絕境的「**藏鏡**

人」為例。這個擅使陰謀、心狠手辣的一代梟雄，每次登場時，總是威風八面、氣勢蓋天，但其毫不諱言，「吾乃萬惡的罪魁！順吾者生、逆吾者亡。」**藏鏡人心靈的醜陋，實已蓋過帥氣的外表。**

話鋒一轉，禪師接著又說：「**你長得醜，會比祕雕醜嗎？**只要電視演他的戲碼，有千萬人都是看完才做事，連計程車司機也一時停開的唷！」在「六合三俠傳」裡，大家爭相競睹的「祕雕」背駝、嘴歪、牙暴、眼斜、腳跛，**長相五不全，但卻膾炙人口，深得觀眾喜愛。**

人要心清、心明、心好

這番入情入理的開導，讓宋秀蓮的心裡從此不再有美醜問題，取而代之的，是顧老師經常提點的**為人心法：人要心清、心明、心好。**

她身體力行，數十年間，總是在學員打禪七時投身於供應餐點的大寮。儘管雙手常需同時鏟動兩百五十人許的菜量，晚上回到寢室多已累得全身僵硬，她依然處於渾然忘我、因護持他人而感到喜悅的狀態。日漸累積了扎實的護七經驗後，她即開始對外分享「吃出健康」、「烹調美藝」等禪入生活的智慧。演講舞臺上的她，一貫是容光煥發、妙語如珠。「**我們每天都生活在禪的世界裡，但蟬、纏、饞、慘、禪，你所相**

應的到底是哪一個呢？」此語一出，她和聽眾之間往往很快就能打成一片。

「老師不用任何化妝品，卻是最成功的化妝師；」宋秀蓮因此由衷讚嘆：「他美化我的思想，點點滴滴的從轉習氣開始讓我改變。他是生我智慧的父母，如果沒有他，此生我很可能會在人間的地獄裡遊蕩。」如今她的人生目標則是，只要氣力充備，她便要把每一分力氣都用在對人有利的地方；她願意一直這樣做到肉身不再堪用。

蔡光第從高雄到台北來唸大學，初識顧老師時，還是經濟系研究所的博士生。他長得高大魁梧、相貌堂堂，可謂一表人才。而在他內心的某一個角落，似乎亦如失衡的翹翹板般，是自覺「高人一等」的。他並不諱言，學禪之前的他性格驕傲自負，講話經常未經大腦便隨口脫出，就算有人指正這些缺點，他也總是嗤之以鼻，不予認同。

成為禪教室中級班的學員後，他興致勃勃的主動出面，想要為師生聯誼辦一場聚會。歷經一番籌謀，他用西元、新曆寫下幾個時間點，請老師挑選，為此進入了小

宋秀蓮：顧老師美化了我的思想，
他是生我智慧的父母。

參室。只見顧老師屈指輕點著一個日期，問他：「這天是農曆幾號？」看他沒有反應，就淡淡的笑了笑，目光移至牆壁懸掛的月曆上。但蔡光第被震懾住了，他未能隨老師視線的指引，去牆曆上一探究竟，只是唐突的杵在那兒，心裡叨唸著：「以前做事，總是可以就可以，不可以就不可以，怎知還會被這樣盤詢！」

當晚回家後，蔡光第相當沮喪；因為他一向以為自己的反應能力甚佳，原來卻是如此不堪一擊。而在以往的生活經驗中，他的確沒有碰過這種事情，心情難免震盪波動。他開始反省，這件小小的、簡單的事，為何不能如預期般圓滿達成。其一，他準備的資料未盡周全。其二，他十分敬畏於顧老師的威德，以致無法用平常心及時應變。其三，他的思考慣性顯然成事不足，必須打破重組。其四，他的行動力也尚有待加強。

然而，這次的經驗亦加速讓他領略到**禪教室的教學要旨：對於學生的盲點，禪師會給予當頭的指導和棒喝**。否則，顧老師又何需深究一個無關緊要的「農曆日期」？

蔡光第領略到：對於學生的盲點，
禪師會給予當頭的指導和棒喝。

唯當事人心知肚明

事隔經年，蔡光第又有機會和禪師私下照面。這一次是同學為了表達謝意，延請老師到遠東飯店享用法國餐。無巧不巧，他和老師同時先行抵達。在樓高三十八層視野開闊的小房間裡，老師憑窗遠眺，似乎無意攀談；而他則一味想法子打破這有些尷尬的沉寂。終於，蔡光第找到了話題。

「請問老師平常做什麼運動？」

「就是打高爾夫呀！」

這句話看似稀鬆平常，但聽在蔡光第耳裡卻無比震撼。因為顧老師發話的語氣，竟是如此罕見的兇悍與不耐，似乎對他有所不滿；他不禁懷疑，自己是否做錯了什麼事。然後，老師便移步至餐桌前，不再搭理他。當同學到來，師生之間的互動，又呈現了夙昔般的親切熱絡與談笑風生。

究竟發生了什麼事呢？其實**這樣的個別教育，唯有當事人心知肚明**。而此番衝擊更甚以往，其力足以使蔡光第自願把己身攤開在陽光下，毫無覆藏的加以檢視。他一如旁觀者般，羅列了自己行事為人的顯見風貌：驕傲、喜歡誇大其詞，講話不經大腦、常使對方受到屈辱，脾氣不佳，自以為是……。

能夠認識問題，往往便是解決問題的開始。當他如此透澈的看清自己的習氣，「我也就在禪師和經典的潛移默化中，逐步展開了調整。」他懇切的分享。

東吳商數系畢業，二十二歲起就跟顧老師學禪的江妙珍，結婚的對象——王永安，亦為講堂學員。她常看到某些同學舉凡家裡大小事件，每事必問禪師，心裡總有幾分不以為然。她的想法是，應該等問題成熟、模糊點具體呈現了再去求教，才是學習的道理。但這一回，她實在是「ㄍㄧㄥ」不住了。

江妙珍出生在一個一板一眼的家庭氛圍裡，從小到大都是乖乖牌、模範生，各方面的表現一直相當符合父母的期待。而她對自己嫁作人婦以後的生活方式，也有心中既定的藍圖。她是國中老師，收入穩定；夫家在北市大同區經營麵店，是每天都會有一筆現金進帳的家族事業。因此，在相繼生下兩個兒子之後，她便成為一個出入常以計程車代步、以百貨公司和舶來品商店為購物中心的光鮮職業婦女。

但一切在演變，她所習慣的生活型態並未長久。夫家驟然結束了麵店的生意，她和丈夫還沒有自己的房子，只好花錢賃屋而

江妙珍：只要淡化執著，人與生活，原來都可以具有偌大的彈性。

居，同時得兼及丈夫重新創業的辦公室費用。眼看以往的安逸和闊綽面臨挑戰，她的內心深感惴惴，夫妻因此漸生口角。「為什麼家裡的擔子，都要我來扛？」江妙珍無處可訴這份心裡的苦，便走進小參室，把顧老師當成父親一般，直白的向他數落了對方的不是。

禪師聽完他的抱怨，笑一笑，輕鬆的說：「好啦，我會跟王永安說的。我看你們倆都是很有福報的人，不用擔心這麼多呀！」關於家裡開銷和孩子的教育費，她又得到了一顆定心丸：「那就當用則用嘛，毋需為這點擔憂的！」

另外一頭，顧老師見到王永安，則用一句貼切的日語來指點他：「**經營夫妻關係要不吝於講窩心的話**，即使是胡說八道，對方還是很喜歡聽。」王永安領會禪師教他學習柔軟，兩人相處時便大方的讚美，並什麼都說好，以逗妻子開心。

本來也沒什麼大不了的事！

有一回過農曆年，個性拘謹嚴肅的江妙珍見婆婆和小姑們一派天真自在，似乎不知家中處境早已今非昔比，自己身為大嫂實在是壓力沉重，就泫然欲泣的跑去找禪師。隨即，她像遇到了一位知己好友般，顧老師心有戚戚焉的對她唱起這首本土歌謠「**祖母的話**」：當人的媳婦要早早起、晚晚睡……煩惱小姑要嫁沒嫁粧，煩惱小叔要娶無眠床……。江妙珍自覺難處被理解，忽然豁然開朗，「其實，本來也沒什麼大不了的事！」她的心念這樣轉了向。

事實上，她一直忙於家務和教職，雖然每個星期都去禪教室上課，但並沒有時間好好通讀經典，以致雖受教於禪師口傳的諸多法要，一旦境界現前，仍如隔靴搔癢般，未能真正內化後予以活用。而她亦知這種表象的「知」，只是深山裡相似的那隻「獅」，實非禁得起考驗的「真知」。眼看自己就要邁入四十歲的人生關卡，她毅然決定跟學校請兩年事假，以便專精閱讀六百卷的《大般若經》。「否則我好像錯過了心內薰修的因緣，此生會空留許多遺憾。」她這樣告解。

潛讀《大般若經》期間，她感到愈是深入體悟「實相畢竟清淨圓滿」，自己的問題點以及根本深沉的執著，就愈能清楚的浮上檯面。以往的盲點已歷歷可辨，到上課時再舉手一問，老師所給的當頭棒喝，便忽地打通了她的任督二脈。進入小參室，她向上師如此頂禮。

「老師，我覺得我好執著喔！」

「對，你就是這麼固執！」

「對不起，我的確是。」

她忽地哭得很傷心，但卻也感到好輕鬆。一方面，她知道自己完完全全被眼前的上師所了解；另一方面，自己這四十年來內心非常深層的無明，就在這一瞬間被打破、消融了，生命煥然一新。「我從沒有見識過這樣的心理醫生！」她恍然驚覺。

放下執著，即生創意

再去面對舊時事，江妙珍展現出新觀點。雖然家計依然短絀，說也奇妙，當她像以往那樣安排全家泡湯、旅遊，開銷的缺口很快就會由一筆意外收入所補回。而她對「當用則用」的體會，也比以往來得寬廣靈活。**她會依照需要和場合加以取捨，不一定買菜市場的便宜貨，也不一定非用舶來品不可，該怎麼做就怎麼做，不再執著在慣性的框框裡。**

一旦放下執著，對於夫妻間的相處之道，她亦萌生了創見。因為丈夫每天都要忙到晚間九、十點鐘才得空，兩人便常泡一壺好茶，或沖一盅香醇的咖啡，先在住家附近的公園裡散步運動，繼而坐在涼椅上品茗談心。如此一來既有約會的甜蜜感，又能幫助回家後一夜好眠；更何況，這樣的安排根本毋需花費多少銀錢。於是她幡然有省：**人本來幸福；一味要去追求自以為是的幸福本身，恰是造成不幸福的源頭起因。只要淡化執著，人與生活，原來都可以具有偌大的彈性。**

「如果不是領受顧老師之教，我仍會懷著一顆不安的心，不斷汲汲營營去追逐；」江妙珍說：「但現在我會享受生活，面對困難不再恐懼、無助。我不知道如何去形容這種心安的感覺。」

顧老師能勘破眾生內心深處的無明，並針對個人特質給予藥方，使他成為講堂裡超人氣的「顧來瘋」。幾乎每個學員進入小參室請教他，出來後都會滿心歡喜，覺得禪師最關心、最疼愛的，非自己莫屬。其中甚奇甚特的是，無論任何種類的疑難雜症，只要經他之口，往往在隻字數語間便能迎刃得解。**這位智者似乎總有神來之筆，筆鋒掠過之處，足使學員跳脫慣性的思考，換個角度再活現成。**「他就是有那個力量拉拔、提升你，讓你的心智擴量。」久隨於他的大弟子吳文正親身體證。

究竟怎樣做才圓滿？

而一九八〇年正和顧老師在台灣開創禪教室的同時，美國文理科學院院士邁可・桑德爾（Michael J. Sandel）開始在首屈一指的哈佛大學，擔任通識課程「正義」（Justice）的主講。課堂中，他引導學生透過自由、人權、民生等議題，理性思辨是非公義。這位教授總是提問、回答、反駁、再提問，在尖銳的追問中，把學生逼上反省與思考的道路。未經許久，該門課程的註冊人數便打破哈佛校史所有紀錄，成為高等教育的傳奇。英國《經濟學人》**雜誌更撰文稱許桑德爾，「善於處理兩難問題，顯然具有教學天才」**。

「正義」的上課實況透過網路傳播與電視錄影，無遠弗屆的重現於千萬世人面前。某個週日午後，一位禪教室學員，在課堂上對顧老師提出了適才觀賞的「正義」個案。她想就教的是，以一個開悟生命實相的覺士所見，**倘若置身於如下的處境，究竟應該怎樣做才算圓滿？**

一八八四年夏天，四名英國水手被困在南大西洋的一艘救生艇上，距離陸地千里之遙。他們的船「木犀草號」因遇暴風雨而沉沒，四人靠救生艇脫身，但此時只剩下兩個醃蘿蔔罐頭，沒有清水。其中杜德利是船長，史迪芬斯是大副，布魯克斯是船員，十七歲的孤兒帕克則擔任艙房雜役。

三天過去了。四名受困的水手吃掉部分的白蘿蔔，其後捕到一隻海龜，靠著海龜肉與剩下的蘿蔔又撐過幾天，接下來的整整八天便什麼都沒得吃。此時帕克躺在救生艇一角，別人叫他別喝海水，他偏不聽，喝下去果然病倒，看來是活不成了。

船難後第十九天，船長建議抽籤決定誰先死，好讓其他人活命。布魯克斯不同意，所以這天沒抽籤。但第二天依舊不見他們所巴望的船影，船長要布魯克斯把頭轉開，並向大副示意，是時候了，已非殺帕克不可。**他用小刀刺進帕克的咽喉血管，接下來的四天，三人便靠著帕克遺體的血肉維生。**未久救援出現，第二十四天，當他們正在用「早餐」時，這三名生還者被搭救上船，但一回到英格蘭就被捕受審。**辯方力稱，在那種悲慘的狀況下，殺一救三是必要的，**如果沒人被殺來吃，四人都會死掉。**帕克**

反正活不了多久，他是孤兒，不像其他人必須養活妻小；他的死，並不會留下哀傷的孤兒寡母。

案情至此，被《華盛頓郵報》定位為「也許是全美最知名大學教授」的桑德爾，即以其術業專精，引導學生進入西方道德哲學中，最複雜難解的「正義」思辨：道德，難道只是人命多寡與成本效益的評估？功利最大化的處世與立法準則，的確會為人類帶來長期幸福的最大增進？

明師之解，涵蓋整體宇宙

相較於聲名赫赫的學者，正在悉心傾聽的禪師、明師，又將如何應對四名受困水手的生死之爭呢？「不用抽籤，也不要殺人，」顧老師明確回答：「平等靜待四人之中，何者率先自然死亡。」

法律的立場與道德的尺度，都可能隨著時代不同而產生變化。儘管學者和覺士皆從事教育工作，兩者見地的差異恐在於，學者即便再出類拔萃，亦是站在人類見思的慣性範疇內籌量；覺士卻是以穿越過去、現在與未來，涵蓋整體宇宙、掌握眾生慧命的觀點來盱衡，該怎麼做，才能避免眾生因現世殺業流失後世福報，才是此生最圓滿的幸福與快樂。毋庸置疑的則是，生命現象貫為人類的大哉問，自禪教室開辦以來，亦是顧老師回答最多的問題。三十年間問題此起彼落、層出不窮，但他從未被問倒過。

「一般人總是碰到現象才開始煩惱和疑惑，很少會想在前面，而我對這一切早就了知了。」他如實宣說：「一旦能夠涵蓋全體，從總體看來人類的範疇有限，所能問、會問的，就只在固定的框框裡頭；要我在地球上回答這一切問，根本沒有什麼問題。」

茶話泡，泡出禪的血脈精髓

做為一個宏觀實相的大教育家，顧老師一方面為煩惱眾生解答困惑，一方面亦全面啟智，為提升禪林學員的思想觀念而南北奔波。**他不僅開授閱讀大藏經典的課程，同時還設計了放下經典，讓禪的智慧能融入現實生活的泡茶課**。泡茶課的時間、地點與對象皆具彈性，只要因緣具足，他便邊教泡茶，邊就上談天文、下論地理，同時遍及食衣住行、政治、經濟、軍事、國際現勢、理財、藝術、災難管理等，和大家聊將起來。

而足有十年光景（一九九六至二〇〇五年），他持續運用南下高雄上課前後，約集雲林科技大學的五、六位教授泡下午茶，茶敘間無所不談。受邀參加的機械工程系教授羅斯維深蒙其惠，銘感五內的說：「上輩子我不知道做過什麼好事，居然如此輕易就享受到這樣豐厚的受教機會。」而比之更甚的還有曾長貴，他毅然從金融界提早退休後，和班上同學每週足可和顧老師泡兩次茶，時間常由初晚的七、八點鐘一直延續到子夜過後。這樣的福澤一連二十餘年，師生雙雙都由黑髮的壯年人，日漸泡到了如今的銀髮叢生。

此外，亦有一批出自禪教室各個期別的中小企業主，他們以「禪友」之名組成一支高爾夫球隊，每個月都會和顧老師球敘、聚餐並泡茶。這些經營管理者所需不同，禪師為其開演的茶話內容，也就相對有別。

無論泡茶的話題為何，屈指算來，顧老師有限的時間，便幾乎被台北、台中、高雄各班期的學員，如此分割殆盡了。而明師開課既非一時興起，必定行之有年。值得深究的是，**這位覺者為什麼要備極辛勤的不斷加成自己的付出呢？**

他解析，泡茶課談的是變化多端的生活內涵，上過經典的課程再進入泡茶課堂，方能真正把大藏經典融會貫通，在生活中靈活啟用。換句話說，**泡茶課是應變的權智教育，如果運用得當，足以得到禪教室課程的血脈精髓。**

「一旦能夠在生活裡啟用大藏經，生活的層次會提升，智慧的力量會增強，應對環境的能力會長高；」顧老師如此昭告：**「當一個人被擴量到什麼事情都懂、什麼狀況都能處理得很圓滿時，自然也就變成一個『全人』了。」**

於是，時光像是回流到兩千五百年前，佛陀在《金剛經》裡所展現的禪入生活那一會。「飯食訖。收衣鉢。洗足已。敷座而坐。」而禪教室學員用完餐、各就各位，是接下來就要與老師泡茶聊天了。

一種啟發權變智慧的訓練

茶禪一味，最早出自大唐盛世，始於僧眾的飲茶風。常住趙州觀音院的名僧從諗，一次與學人參禪論道，但無論來者如何發言，他皆以「喫茶去！」應答。如今在顧老師的課堂裡，**泡茶的確成為啟發權變智慧的一種訓練**。

禪師深諳台灣地理環境，所選用的茶葉，素為平均海拔兩千兩百公尺高冷氣候的福壽山、天池達觀亭下茶園栽種出的極品烏龍茶。和一般茶道不同的是，禪師教泡茶，十分重觀察。泡者不僅要觀照當時的天候、氣溫、濕度，更要了解飲用人的狀態：他是剛吃完大餐有待解膩，還是飢腸轆轆、身心耗弱？這樣**全盤性的仔細考量，方能泡出濃淡合宜的好茶**。而當一個人喝到恰能滿足身心需要的那泡好茶，必有舒爽暢順的美滿體驗。

曾在台中講堂為禪師泡茶的羅斯維，因親蒙指點，甚至還會進一步同理茶葉的狀態。「**泡茶沒有一定的規則，你得看顏色、聞香味，品評後再微調，一步步弄清楚其中的來龍去脈**。」他說：「沖泡的水溫不固定、時間有長短，同時包括一些碰撞而讓茶葉釋放；你要想像壺裡的茶葉被逼急、悶壞了，需要發洩、需要復甦一下！」

靈活掌握此一要訣後，只見福壽山的清心烏龍在壺，學員已能奉上前後十二泡，每一泡都品質相當、色澤翠綠帶金黃的頂極好茶，以待眼神清亮的顧老師，舒心愜意的打開話匣子。

這一會是和理工背景的雲科大教授茶敘，有人問起現代科學與禪的思想如何關聯，顧老師這樣回答：「**科學可以做為禪的註腳。如果繼續發展下去，科學家會發現以前所未知不解的現象，在大藏經裡早就講明白了。**科學會一步步去驗證，禪所揭櫫的宇宙實相的確精準無誤。」因此，他指定這幾位門生去看一本原文書《*The Elegant Universe*》（中譯：優雅的宇宙）。

兩週後，美國柏克萊大學電機博士陳國亮讀完此書。他指出，較新的物理研究果然漸如佛經所示，不再以物質角度出發，取而代之的正是「性質」。師生亦一同討論八○年代解釋宇宙現象最夯的「超弦理論」（Superstring Theory），獲致的共識是，從**有相的物質做研究，並無法追溯到發生萬物的源頭。**

時隔多年，陳國亮的記憶猶然深刻：「老師甚至告訴我們，目前科學觀念不足的地方在於分類太過簡單粗糙，還沒有看到更深沉而微細的部分，距離佛陀在《楞嚴經》裡所揭示、一切物質的根本——鄰虛塵，仍差得很遠。而不管討論任何理工方面的問題，他都懂！」

和禪師定期泡茶的科學人珍視學習良機，有時也會準備一些和政治、時局等相關的資料，主動挑起話題。顯而易見，在台灣從戒嚴終至解嚴，從一黨專政轉進政黨政治的民主化過程中，關心時政之士不分朝野，已然遍及各個階層。但其中大多數人幾乎都心懷定見，因背景差異而有預存立場；因此在顧老師的泡茶課堂上，熱中於解讀政局的景況南北皆同。不過多年下來，學員終於了然於心，選舉的爭戰與議題畢竟是一時的，**禪師真正要讓大家開發出的智慧，是用更澄明的頭腦、更縝密的思慮，「看清詭譎多變的國際形勢，看懂如何才是圓滿的政治」**。

「台灣只是一個小小的彈丸之島，人民本來很容易就能取得溫飽。我們所應當支持的，並不是哪一個黨派或哪一種色彩，而是言行如一照顧這塊土地，讓所有定居於此的人都過更好的生活，並活得愈來愈幸福的人物和做法。」以上所述的「全民幸福哲學」，透過顧老師泡茶課的教化，逐漸成為大家朗朗上口的共識。

你是空杯，還是滿杯？

而學員的見地能否轉化與提升，端繫於一己之心態：你是一只渴望注入新知的空杯，**還是故步自封、慣於炫耀所長的滿杯？**就像日本明治時期，聲名遠播的南隱全愚禪師留諸後世的教化。一位禪學教授自謂要去跟他請益，面見南隱後，卻滔滔不絕宣揚自己的宏論。緘默的禪師未發一語，拿起茶壺就往教授的杯裡不停的注茶。「滿了、滿了！不要再倒了！」教授倏忽驚覺。南隱禪師這才開口說道：「你充滿自以為是的觀念，我如何還能告訴你我的禪法呢？」

在金融界工作期間，曾經為華僑銀行規劃改革藍圖的曾長貴，對自己的專業領域一向信心滿滿。其實這份自信不僅止於專業，說得直白些，他天生的個性本就有幾分「不知天高地厚的不可一世」，總認為自己的才能獨具，十分了不得。

於是當禪師在泡茶課上和其他同學聊到了他的專長，他便不禁想秀出強項。但無論是金融、財務，或是他曾在大學聯招拿下高分的中國地理，令他震驚不已的是，顧老師不用準備，隨口說出便遠比他的知見更加專業、更為微細，讓他獨具的才能一次就被「蓋」掉了。

曾長貴折服於禪師廣博的智慧，其後逐漸放下我慢，凡事聽從師旨。他描述其中歷程：「老師一直用如此方式調整我的心性、削磨我的貢高，教我去補充不足的地方；我的自傲與自負，便隨著課程的內容一點一滴慢慢隱沒。如今我已不再逞強，人也變得愈來愈謙和。」

而早在二十多年前曾長貴就見識到，台灣中學生必背必考，但在生活中了無大用的中國歷史，如何透過禪師活脫脫的智慧與創意，展現新價值。那一會大家正全神貫注的聆聽中國各個朝代的風貌，老師話鋒一轉，立刻便把唐、宋、元、明、清等不同的生活文化與建築風格，引用到發展台灣觀光業來。顧老師指出，台灣從北到南，每個城市都可以建立足以回顧某個朝代歷史的特色；國際觀光客自然會因台灣成為中國歷史的旅遊帶，而到此一遊。當學生再讀中國歷史時，亦能超越時空限制，萌發活化知識的新點子。

事實上，浸潤在禪教育下的學員所被活化的，不只是舊資訊、老觀念，長此以往，連同生活品質與人生境界，也一併被轉化、提升了。實況歷歷在目。

珍貴的「心安」和「心鬆」

為了尋求理想的教育環境，周聖妮隻身帶著兩個兒子移民美國。她十分擔心下一代變成黃皮白肉的「香蕉」——忘記了自己出身的背景，因此謹守著「落葉必當歸根、不可數典忘祖」的傳統教諭，一直往華人聚集的地方靠攏。這樣偏處於異地一隅，她的生活故步自封，與外界格格不入，心情也愈來愈鬱悶。某一日，姊姊周曼琦在泡茶課上聽到老師提及移民的正確觀念，應是「落地生根」，而非「落葉歸根」，立刻致電相告。周聖妮得此新解，當下豁然開朗。她開始朝融入當地社會的方向移動腳步，因心量已不同於以往，非只學習的空間驟增，視野亦變得更加寬廣。

正值兒女叛逆期的父母，該如何善處親子關係？這是禪教室眾多家長共同的煩惱。自己一心「望子成龍、盼女成鳳」，但總得不到兒女善意的回應，就連對服裝儀容的基本要求，也常落得各說各話，了無交集。智慧圓滿的顧老師提醒父母們放下執著，他強調：「只要孩子健康快樂的成長，不吸毒、不賭博、不參加幫派，並毋需強加約束；如此大家像朋友般融洽相處，反倒可以互交其心、無話不談。」

膝下育有三名子女的曾慧娟，同時身兼職業婦女。她謹遵師囑，充分尊重孩子們的自主空間，多年下來不僅兒女從未逾越「三不」原則，親子之間也並無「叛逆」與「代溝」的問題。**雖然操持工作和家務難免辛勞，這位學禪的母親卻享有世間難得的「心安」以及「心鬆」**。

如果人到中年面臨轉業，必然患得患失、舉棋難定。一般人可能會去找算命師，把自己後半生的命運交託到相士手上。不過這位想要開一家早餐店的學員，請教的則是顧老師。

「我想去賣早餐，做得起來嗎？」他的聲音細小，聽來滿布怯懦。

「你做不起來！」禪師回答得鏗鏘有力。

「我為什麼做不起來？！」學員似乎被激將了，整個心神集中起來。

「你做得起來！」命運無他，唯心所現而已。禪師從他的聲音裡，讀到了成功的願力。

「他懂，他什麼都懂！」

泡茶課的場景轉至高爾夫球場。打十四歲起便在球場做桿弟，遇到顧老師時已有十五年職業球手資歷的呂志成，受禪友隊之請擔任教練。他在台中縣的鄉下長大，自小便有拜神明求保庇的習慣。然而當他發現智慧通達的人比神明還要厲害，就恭敬的興起請益之心。

「對我來說，顧老師比天還大。他懂，他什麼都懂；任何種類的疑難雜症都可以問。」呂志成一片赤誠的形容：「而你所拜的神明並不一定懂！」

他的心意如實的被解讀。某一次打球，顧老師只輕輕提點了一句，「打高爾夫要有思想」，便讓這位專業教練如獲至寶的陷入沉思。他慎重其事的咀嚼禪師的這句話語，日復一日，逐漸推敲出幾分意涵：打球要懂得回溯推桿擊球的力學原理，找出每一個力量的根本源頭。教練的功能本就在於溝通揮桿的方法，以前他一直是用自己主觀的想法在教球，今後他應該傳達最正確的推桿原理，讓球員不只愈打愈好，還能減少運動傷害。

禪友隊的球員平日工作繁忙，雖為運動健身而撥冗擊球，另一方面，也有藉此多親近顧老師、增加就教機會的用意。一日，大家正揹著「Zen Club」的球袋徐步下場準備開球，座車正需要汰舊換新的覺士企業總經理羅文彬，趁機趨前請教禪師的看法。

「你去牽一臺 Land Rover 來開，」禪師說：「做生意要開這款車才會賺錢！」

Land Rover（荒原路華）是世界頂級的四輪驅動型休旅車，因風格低調而相對安全，獲得英國皇室所御用，但其價格自亦不菲。當時羅文彬還是首度大手筆的砸下

陳百宗「人車一體」的融入了與其相稱的行事理念。

三百五十多萬元購買代步工具，不過牽車沒有多久，就接到了宏碁電腦的生意。

覺士企業是小型電動聲像設備的供應商。這一天，他開著「荒原路華」和宏碁的業務主管同赴會場測試機器強度，這位經理對當時台灣仍十分鮮見的 Land Rover 大感興趣，相談的焦點始終環繞在車系上。**結果經理相當認同羅文彬鑑賞汽車的獨到品味，就放心的把視訊會議和簡報系統交付給他。「這輛車果然是發財車！」**羅文彬開心的和球友分享。

而七、八年前，年營業額尚不及億的特群機電公司董事長陳百宗，也因為聽從禪師的指示，橫下心來購買了一輛 Land Rover。他一直親自運籌特群中央系統空調工程的業務工作，爾後再和業主接觸時便明顯感覺到，這輛車替他做出一些表達，並在微細的地方發揮了功能。

「特群」的客戶廣涉各個行業，自不乏習於刁難、等待奉承的倨傲之士。不過非常奧妙的，**「我們公司的氣勢和氣質，都因車改變了，」**陳百宗說：「業主甚至會用尊敬和羨慕的語氣來讚嘆我，『董座，你開這種車子啊！』那天談事情，自然特別順利。」

自是禪師善用了這款頂級車投射出的格調和品味，亦必是常年領受禪師教化的陳百宗「人車一體」的融入了與其相稱的行事理念，就在這七、八年間，特群的業績扶搖直上，不斷翻倍成長，工程品質的口碑也不脛而走。因此，便連素以台灣本土五星級飯店教父見稱的西華董事長劉文治，在大直進行宜華國際觀光飯店開發案時，亦擺脫了傳統競標方式，把這個總投資金額超過兩百億、勢將成為全台灣規模最大、機能最全的國際會議商務飯店中央系統空調工程，主動授予了陳百宗。

有趣的是，能教中小企業主換開 Land Rover 來做大生意的顧老師，同時也教駕駛人如何最有效率的駛達目的地。凡是負責載送禪師的學員都知道，他非常清楚每一條路徑在尖峰與離峰時間的交通狀況，往往一上車，便能快速組合出當下的最佳路線。若行駛於市內，還有一則通關口訣：速限每小時六十公里，輕踩油門到五十八的臨界點；掌握此一節奏，即可避開紅燈，一路暢行無阻。

更優質的生命境界

其實不僅是道路駕駛，三十年間在禪教室認真領教的學員，已整理出一則適用於人生旅程的通關口訣：「只要放下自己的成見，確實聽懂老師所說的話，直接相應並如說而行，就可以輕鬆克服生活中的各種困難；在利己的當下，亦能廣結善緣、利益他人。」

高商畢業未久即嫁作人婦，胡採華當初是為跟上丈夫的腳步而學禪的。她在料理家務之餘，每天都會抽出四、五個小時讀經打坐。雖然閱經之初領略有限，但隨從師教，她的知解漸深，益發篤定開發智慧即為今生努力的方向。而直到年逾八旬的父親生病住院，娘家人終才見識到，久違後，她那令人刮目相看的心量與處事能力。

她審慎觀察並詳實記錄父親的身心變化，態度沉穩的據此和醫生交換意見；當自覺死亡迫近的長輩放心不下智能不足的么兒時，一句「弟弟有我」的承擔，充分紓解了內向老父難以言喻的罣礙。「採華，你跟以前不一樣了！」這句話既代表雙親的肯定，亦意謂著多年來她實未虛度。

「以往碰到困境時，我可能會難過好一陣子，」胡採華說：「現在我知道一切在演變，所有現象都只是暫時性的存在；我也看得到事情發生的來龍去脈，會用正向的態度去面對問題，在處理完後，便就隨即放下了。」

環顧舉世的學校教育，幾乎無不強調培養資生技能，唯有顧老師的禪教室一貫致力於開發思想、提升智慧、調整品格，期能活出更優質的生命境界。一路走來，這位無所不教的大禪師濟度學員及其家屬趨吉避凶，甚至涵蓋了學校多未涉及的「災難管理」。

一九九八年，台灣首度暴發手口足症七一型感染大流行，至今方興未艾。除了勤洗手之外，顧老師教導大家在腸胃道初感不適時，即服食一顆鹹度十度的青梅或30c.c.十六度的清酒殺菌。就算是抵抗力較弱的嬰幼兒遭到感染，也可立即飲用鹹梅汁來處理。近年間腸病毒不斷突變轉型，用以對治的酒精濃度亦需隨之提高。

台灣的地緣戰略地位，一向被西太平洋霸權國家視為重要關鍵，千禧年來臨前世局混沌，顧老師曾經指導大家做過一次戰禍來臨的應變演習。一旦發生戰爭，中央政府所在地最易被攻擊，演習中台北學員紛紛疏散到南部鄉間。大家在當地儲水、存糧，並裝備應急用的救生包。二〇〇〇年有幸安然度過，但這一套處理天災地變與戰爭人禍時的標準作業流程，已深植人心。二〇〇九年，莫拉克颱風來襲，八八風災重創台灣中南部，造成半世紀來最嚴重的水患。當時即有高雄學員以常置性的戰備存糧，幫助家宅陷進土石流的友人度過難關。

二〇〇三年四月，台北市立和平醫院暴發SARS（嚴重急性呼吸道症候群）疫情。此症病毒大多藉由患者口鼻分泌物傳播，在群眾密集的密閉空間，最易被感染。禪教室學員平日出入不同場所，上課時又比肩而坐，顧老師在第一時間便規定大家進教室必須戴口罩，藉以避免群體感染，時至今日依然如此。戴口罩上課或有幾分不便，但禪師強調「預防勝於治療」，事實上此舉不僅能避免SARS重症，亦可降低罹患感冒或感染肺結核等傳染病的機會。

你可以愈變愈好

對倥傯多忙的現代人而言，打從成家立業以後，和父母、手足等至親之間的相處，便常是聚少離多、別易會難。縱使時隔千年之遙，唐朝詩人杜甫的名句「**人生不相見，動如參與商，今夕是何夕，共此燈燭光**」，依舊是貼切寫照。不過，究竟是何等因緣，禪教室的學員和顧老師數十年來總能定時定量的聚會；而他對每一個人都平等照拂，**不僅關護身體的健康，同時解答心理的疑難，許多學員早已視其為自己的「再生之父」**。

這是李希恭畢業二十五年的大學同學會。大家在不同的人生跑道上各自發展，今日重新聚首，似乎是一個繳交成績單、喜憂參半的敏感時刻。

始終保持單身的李希恭，在顧老師門下學習超過二十五年。由於長期接受禪的訓練，他的心量開闊、觀察力敏銳、行事周全果決，這種特質使得他無論應付何等處境，幾乎都能事半功倍、吉祥如意；因此，只見年近半百的他依然英俊挺拔、面色潤澤。更令人稱羡的是，在禪師提點下他安穩妥貼的管理資財，目前已毋需被朝九晚五的工作所綑綁。他的身心自由，過得正是世間至樂、安逸又安心的生活；而讀經打坐之暇，

毛奕凡的「寧靜革命」

九〇年代初始。當正在美國加州柏克萊大學攻讀建築碩士的毛奕凡，決定跟校方申請一個學期的長假，以便飛越太平洋，親赴顧老師位於台北的「禪教室」繼續請益的那一刻，她並不知道，自己正踩在此生的轉捩點上。

她擁有同儕渴慕的現況。雖然還在唸研究所，卻已成功集資，和朋友共創了一家動畫公司，剛巧趕上振翅欲飛的動畫熱潮；並且，他們的作品還得了獎。而建築的本業也難不倒她。她是全世界首屈一指的學府——美國麻省理工學院數學系畢業的高材生，擅用電腦、會寫程式，很容易就能為人類移來轉去的建築形式，架構出基本模式。她甚至已經設定了自己未來的設計路徑；她會建立一個圖書館，不論業主要求什麼，她都可以運用資料，輕易的把相關模塊組合在一起……。

而這種種化繁為簡的動力，其實緣自於她內心深處從未停歇的一份渴望：她要追求**快樂，要探索生命的意義**；這不僅僅關乎個人，**她要知道整個人類為什麼存在**，從哪裡來，會去哪裡？**宇宙的整體內容是什麼樣子**，該怎麼定位？其中的來龍去脈又是如何？因此，她需要更多屬於自己的時間。

所有快樂，為什麼都會變質？

在一般人眼裡，要追求快樂的毛奕凡，似乎並沒有讓她不快樂的理由。她在家境優渥的環境裡長大，父母對她的教養態度十分開明。十二歲那年她就隻身赴美，成為獨立自主的小留學生。她的生活資源一無匱乏，大多數時候都能過得隨心自在、無所迫迮。

不過，「當眼前的一些困擾都被照應妥

顧老師的一句「不用解脫」，
讓毛奕凡的生命重新定位了錨頭。

當，別人想要的你都擁有時，便凸顯了一件最糟糕的事，那就是：死亡、疾病、無常、變化……，這些你無法掌控，也並不喜歡的不速之客。到底為什麼會這樣？」毛奕凡回溯自己的所思所念：「凡人都想得永生，都希望自我的意識能一直存在，但不知所以的，**生命就是沒有頭也沒個尾。這種情況讓人困惑得像一場夢**，夢中的你不知自己為什麼在那裡，也莫名其妙的就得繼續往前行。」

其實在她所經歷的學校教育裡，老師定義過「**快樂**」的道理：**快樂就是追求心中的理想和渴望**。她還記得高中時的運動教練尤其深諳激勵之道，會不停的振奮學生掌握成功。「但是你再怎麼努力，就算得到多方面的成功，也只能享有一段時間的快樂；**你本來以為要到會快樂的東西**，它就改變了，無論是一杯咖啡、一臺電視、一個學位……，**都會變質，為什麼會這樣？**」毛奕凡的深刻觀察與困惑，在一般的教育體系裡，似乎難有酬答。

因此，她從十幾歲在紐約入學、打工開始，就不斷為了尋道四處參訪，即便到了加州唸研究所，仍以此為生活的軸心。她曾經追求過神仙道，成天想做仙女，不過很快就自我質疑：「就算你長生得像個石頭，飛起來像隻靈敏的蒼蠅，那又如何呢？你會比較有成就感嗎？」反思求學過程中，她在高中時期遇到一些智商很高的聰明人，大都競爭心強烈、殺伐氣濃重，但進入頂尖大學後，她逐漸發現，**在少數表現優異、更**

加聰明的同學身上，貪欲、瞋恚、愚痴等人性中較負面的傾向，反倒慢慢熄滅；他們待人非常和善。毛奕凡開始思惟人類昇華的可能性。

一年冬天，她自美返台度寒假，經朋友介紹，旁聽了顧老師禪教室初級班的一堂課。過程中有問必答，已讓她大開眼界，又得知上完學科即可上山打禪七，實際印證學科內容，她不禁喜在心頭，當下自我許諾了跟禪教室春季班的約會。約會的代價，是她得跟柏克萊大學的建築研究所告假。幾個月後，她不假猶豫的如期回台上課，就在上山打禪七的對參時段裡，首度見到了顧老師。

「不用解脫！」

對生命充滿困惑的毛奕凡舉手就教，發出的第一個問題，何其直截了當：「請問如何解脫？」而顧老師言簡意賅、平鋪直敘的回答，卻把她震撼得有如平地響起了好幾聲轟天雷：「不用解脫！」

正是這一句「不用解脫」，讓毛奕凡的生命重新定位了錨頭。

「我已經用這個問題參就過許多人，其中不乏各方名師；我能夠分辨，顧老師的答案是非常完全性的。他讓我了解到，**所謂的開始與結束，其實是同一個點**。這個新認知打開了我之前諸多的不解之結：生命的目的何在，終極點又是什麼？這裡是什麼地方，可以有更好、更長壽的去處嗎？……」

她萬般雀躍。既已尋他千百度，便不想錯過這位可以帶領她深究宇宙實相的「明」師。毛奕凡完成了初級班學科與術科的課程後，如願成為顧老師門下中級班的學員。因少小離家，她的中文早已荒廢脫節，初讀大藏經典，遠比大多數同學更為吃力。不過為了習禪，她不但全心投入，幾乎廢寢忘食的把每週經典依約熟讀五遍，還恪遵老師為她開出的個別處方，以《古文觀止》為補充讀物，因此迅速提振了語文能力、有效排除了閱讀障礙，成為班上「總是做完功課，最能踴躍提問」的學生。

「我對展讀佛經有一種難以言喻的熱愛，因為這股狂熱，什麼樣的挫折都打不倒我；嚐到一點甜頭，就覺得特別有滋味。」她甚至整理出自己的閱藏心得，希望透過分享，提獎同參道友。只是這番用意雖美，多數同學仍因生活負擔與經濟壓力等個別條件的限制，未必能抽出足夠的時間參究經典。一位電子公司的品管工程師就無奈的說：「我也想要這麼用功，不過每天的工作朝九晚五，不時還得熬夜加班，一個星期下來，我經常連一遍都來不及看完！」

而真正讓同參道友雨露均霑、同蒙其惠的，是毛奕凡為追求真理實相，鍥而不捨的請法態度，和她善於發問的天賦本能。**「我喜歡追根究柢，反正就一心一意的一直問、**

一直問，直到我滿意為止。但我很少覺得心滿意足，因此還會不斷的問，問到我的頭腦卡住了；這時我會再想一想，然後又開始問。」她自我剖析：「因為我相信，如果所有的東西都和宇宙本體是同一個，只要老師願意回答，不管它是快是慢，我三不五時總會知道！」

顧老師教禪，即便在同一個班別裡，也無礙的同時展現普世教育與精英教育。不遺餘力與禪師的教法相應的毛奕凡，自是同參道友眼中「A等級」的學員。她切身感受到：「**老師所要提拔的，正是真的想追根究柢的學生**；從你所提的問題，老師就知道你進步到哪兒，如何來提升你。他有時反問你，甚或不回答你；有時還會讓早就墮在五里雲霧中的你，變得更加困惑、更莫名其妙。但如果不是真心要教你，他不會把你衝擊到這個地步！因為根本的關鍵倒不在於你並不懂，恐怕是，你根本不知道問題點在那兒。**他讓你深入根底，碰觸到自己的問題，一旦問題昭然若揭，解答也就變得非常清楚。**」

有問、有答，才是真教育

觀察人類的慣性，在一個群聚的學習環境裡，發問的人往往會因為在乎別人的眼光，而隱匿了心中的疑點；例如，只問令人激賞的「好問題」，或是讓聽者皆大歡喜的「熱門問題」。好問的毛奕凡面對顧老師，一步步超越了人性的藩籬。

「在老師的教育裡，不論你問什麼，他都會很認真的回答你，只要它是真正的問題，」她逐漸發現：「有時我們會為了某種原因而牽拖出問題，但老師的回答終究讓我移轉到我所真心想問的。或者他會弄一個引子，引領你往前再走一步，問更深沉一點的東西；有時則跟你對答。**他善用撥、挑、陷等等類似不同的拳擊手法啟發和開拓你，來到不曾想過的境界**，你若是回應得好，他會高興得不得了。**然而不論你問什麼樣的內容，他終將歸導你入實相。**」

例如有一回她請教老師，「如何才能萬德莊嚴？」老師反詰道：**「是哪裡不萬德莊嚴了？」**她本期待能挖到些什麼新的頭緒，**但老師只用了這一句話，就把她的心念擴量到與「不垢不淨」的宇宙本體同步相應的境地**；她已不再有下口處。和自己過往的學校經驗相較，毛奕凡深切體認到：顧老師的禪教室是真正的教育場域；禪師的所有施為，無一不是以提升學員為出發點；她十分肯定，**能夠真實啟發並提升學生的教育，正應該像顧老師這樣**，有問、有答，無所框限。

猶記小學一、二年級時，她曾因追根究柢，被歸類為「問題兒童」。那是一次期中考試，是非題中有一則如下的論述：「水煮過能喝」，她打了「×」，標準答案則是

「○」。她認為自己沒有錯，就去跟老師論理。當時正在下雨，她跑出教室捧回滿掌雨水跟老師說道：「現在我們煮一煮，請你馬上喝！」老師生氣的回應：「這是雨水，怎麼能喝呢？」她就順勢請老師修正試卷的分數。老師東張西望，要求她：「我給你對。但我只改你一個人的，你不能跟別人講。」她不以為然，「如果是真的，就應該全部打『×』的人都對；如果是假的，就應該全部都不對。」老師有些無奈：「雨水煮過還是能喝的！」她又問：「那陰溝水呢？」老師開始不悅……。

直到進入美國麻省理工學院唸大學，她終於感受到一個「全然歡迎問題」的學習氛圍。「你問愈多，大家愈高興；老師尤其喜歡多方捉對廝殺，甲攻乙、乙攻丙，他則在一旁搧風點火，『你怎麼回答呀？』」不過毛奕凡發現，即使辯證是探索真理的重要方式，但因各方均已先行設定立場，思路常易流於唯心所造，以致論述只為尋求相關立場的解釋。**因為不能超越個別立場，真理未必愈辯愈明。**

生命之錨已今非昔比

顧老師的實相教育，直讓渴仰真理的毛奕凡舉身投入、流連忘返。她依稀記得曾經跟柏克萊大學延展假期，然而等她真正回神，已是自美來台兩、三年後的事。

「我根本忘記了還要回去！」她說。返抵家門時，房間裡滿布灰塵與霉漬，車子報廢了，廁所的抽水馬桶也已乾涸。因為始料未及，她並沒有請人幫忙照顧，「真的已經過這麼久了嗎？我絲毫不覺得。朋友們也都奇怪，我究竟是到哪兒去了！」毛奕凡於焉察知，在顧老師的禪教育洗禮下，自己煥然一新，生命之錨早已今非昔比，便順勢束裝回台。

事實上，人類對於真正巨大的影響力，多半是無感的，就像地球時時刻刻在轉動、每一個生命都正趨向老化，你我渾然不覺，等到倏爾發現，便會瞬間大吃一驚。她體證，顧老師給人的震撼，並非只是一陣海裡突起的浪頭，打到了自己的身上；他是讓整個大海都踴躍起來，而你既沒有看到浪，也毫無感覺，但海邊的景物均已被海水含攝。**「真正的震撼和啟發，就是在改變你的生命，而且是無痕的，好像你本來理當如此。」**她這樣形容。

開悟之人，全然自由

一年之後，毛奕凡再度重返舊地，她是以曾為在地人的身分擔任嚮導，帶領顧老師及學長們遊覽美東地區。然而，這又是一次奇特的經歷。

她尊師重道，為了圓滿行程，行前做足準備，還特別找出當年標有註記的地圖；就這樣手握方向盤，一路按圖索驥。當行經一片荒郊野外時，初來乍到的老師指示她，要往另外一條路走；她回說，這兩條路並不銜接，況且，得照著地圖開才有路。但老師還是要她走另一條路；她也依然不從。再往前開了一會兒，老師舊話重提，並且掛保證，這樣開一定接得上她要找的路。她雖難以置信，這一次終於勉強遵從師囑，後來果然接到了地圖所標誌的那條路。「在美國開車，是我明顯能掌握的優勢，」毛奕凡心裡嘀咕：「老師真奇怪，第一次路過此地，認路居然比地圖還要準！」

從美東過境，一行人來到了加拿大。她在群峰環繞的落磯山脈中駕駛，老師忽然開口道：「你們看，這是象山！」頑皮的她這樣打趣：「我要說，這是駱駝山！」「不，這是象山！」為什麼呢？「因為這座山形就是一群象！」

何以見得？她從山腳往上開了半個鐘頭，老師指示，再轉個彎，就看得到象尾巴，象的屁股會湧出山泉……。轉過彎後，果有一叢瀑流倚著山岩傾注。開到高處從上往下看，老師高興的說：「就是這一群象啊！」這時大家已清晰可辨山形確如三隻大象，不僅象耳、象尾分明，每一隻大象的臀部，還都各有一撮水流傾注而下。之後顧老師不吝言明，**他之所以能得知山形，非是用平視，而是以超越時空的直觀，有如制高點的全景式俯瞰**。透過這個經驗，科學背景出身的毛奕凡幡然有省：一般人類存在於二維架構的平面空間裡；二維世界沒有上、沒有下，只能向前、向後，往左、往右。眼界鎖定於此的生物，自不會有三維、四維、五維……的時空概念，只能在一個單一的點上，思考下一刻可能面臨的處境。但顧老師不同，他通達實相，了知時空如幻，是**一個全然自由的開悟之人，當下一體全觀、毫無範限。而人類這趟生命之旅終究的意義，應該是要像顧老師這樣，從人的意識全面提升、淨化，進而成為與宇宙本體同步**的「覺士」。

再沒有比學禪更富貴的事啦！

如今，毛奕凡浸潤在顧老師的覺士教育中，正邁入第三個十年。她也已然從嗷嗷待哺的啟問者，晉升成為引領眾生體解真理實相的老師。走在這條重新**「認識自己、做回自己」**的禪者大道上，她是否找到不再稍縱即逝的快樂之恆了呢？

「現在的生活，跟我第一次進入禪教室的感覺完全一樣，又全然不同。」她形容：「我很開心。好比到戶外放風箏，風向可能飄忽不定，你一直想把風箏搞定。但有一天發現你不只是風箏，你原來就是那風。這是全然的自由。你不須掌控任何東西，一切原來就是自己千百種姿態的表現！」

然後，毛奕凡這樣歸結自己的「寧靜革命」：

因為遇到顧老師，我才能把以前所知道的科學、哲學、宗教等所有的世間學問，整個弄清楚。

也因為顧老師的啟發，我對生命的意義、人類的存在、宇宙的定位等極根本、最重要的問題，才能有全盤的認知與開展。

更因為顧老師的訓練，我愈來愈能相應，「本來無一物、遍界不曾藏」的實相本質。

我深感生命難得，再也沒有比學禪更富貴的事啦！

第五章

坐禪，打破我執、一體全觀

人間至大的潛能開發

坊間以「潛能開發」做為訴求的課程不勝枚舉，卻沒有一個可以比諸「坐禪」——只要放鬆身心、雙手相疊、雙腿交叉，五官不再對外交涉、念頭來時「沒有理它」……，即可不斷更新腦部潛藏的能力，並掌握健康快樂的人生鎖鑰，終至認識自己的本來面目，探索出整體宇宙的究竟真相。

在顧老師的指導下，這個教室的學員具足正確的觀念與方法，的確有人默然殊勝的超越了諸多古聖先賢，坐到……

豔陽高照。兩位穿著潔白襯衫、黑色長褲，一身素樸的美國摩門教青年，騎著自行車在台灣的新北市沿街陌生拜訪，期望有機會登門宣教。而這一回叩門，他們碰到的恰是一位**禪教室學員**。

聽完年輕宣教士充滿熱情的朗朗陳述，學禪的主人家依照本身學習過程，理所當然的追問了一句：「Can it be proved?」（你們所說的，**可以實證嗎？**）但霎時間，炎夏的空氣就和青年的表情一般，因此為之凝結。

在禪教室裡，人人都可以透過打坐來**實地驗證**顧老師介紹的**學科內容**；這是講者承襲釋迦牟尼佛的法脈，繼開演三法印、六大、八識、十法界、十二因緣等宇宙實相後，必為學員安排的實證課程。從八〇年代初期至今，禪教室已舉辦過近三百次為期七天的初級班禪七，以及四百多次七天以上的中級班禪七。曾經透過專業禪訓體驗「**人間至大的潛能開發**」的學員，累計已達六、七萬人次之譜。

打坐、靜坐、冥想、坐禪、禪修、打七……，自二十世紀中葉以降，禪風由東方漸向西方世界吹拂，不僅名稱不一而足，觀念與方法也未盡相同。不過因有愈來愈多人參與其中，「**禪風**」逐步發展成為「**禪潮**」；顯而易見，這個拿自己的身體做為工具的靜心活動，必有其值得一窺堂奧的內涵。

一位西藏喇嘛曾以「**人生最美好的禮物**」行文，向世人推薦打坐的諸多利益。而西方科學家早已對進入禪定狀態的喇嘛，為何能像冬眠動物般長久不思飲食，卻一息尚存的維持生命狀態深感好奇，便紛紛以對照組的觀察方式，摩肩接踵的把實驗儀器架設在打坐者身上。

素來享有國際聲望的美國**哈佛大學及麻省理工學院**，是進行這項研究的**先驅團隊**；兩校並曾聯袂合作，發掘打坐可能衍生的生理效應。早在一九六七年，創立「身心醫學中心」的哈佛醫學教授本森（Herbert Benson）即已測出，人在靜坐時消耗的氧氣和心跳次數，較平常為少；經過靜坐訓練，腦部反應會從「對抗或逃避」轉為「接受現實」，使當事人更能增加滿足感，益趨沉靜而快樂。換言之，以這個活動做為**抗壓或紓壓**的解方，將十分奏效。

較新的研究更進一步指出，**靜坐可以訓練人們的心靈，並改變腦部結構**。科學家透過精密的顯像技術，展現了靜坐如何確切的「重新調整」腦部，例如改變讓血液升溫的「交通堵塞點」，疏通腦部的血液循環；和動手術比較起來，讓血管阻塞的患者坐在墊子上，可是便宜多了！因此，美國政府已用健保資助打坐療程，也有愈來愈多的醫生推薦，以長期靜坐來防止心臟病、憂鬱症等慢性疾病，同時**強化免疫系統**。

靜坐的實用性經醫藥科學佐證後，二〇〇三年八月四日出版的《時代》雜誌，首度讓這個在西方文化發展中消失數世紀的話頭，以「靜坐的科學」為題登上了**封面故事**。根據報導，當時在美國地區約有包括各界菁英在內的一千多萬人，定期的靜心打坐。穿著白色露肩長洋裝，在海灘上席地而坐的封面人物——好萊塢女星海瑟·葛瑞翰（Heather Graham）並現身說法：「我們很容易把時間浪費在無謂的煩惱上，但是靜坐卻使我樂而忘憂。」除了個人之外，還有監獄用打坐來洗滌服刑人的身心，降低他們出獄後的再犯率；亦有學校把靜坐安排在正規課程中，以增進學習效果。

致力推動學習革命，期能開發更多人類潛能的英國知名教育家與演說家——肯．羅賓森（Ken Robinson），在其暢銷著作《讓天賦自由》（*The Element*）一書中，即援引靜坐為「訓練腦部加速製造新細胞過程」的方法。因為已有明顯的證據指出，即使年事已高，頭腦的創造功能依然十分活躍；只要刻意加以運用，便可重建或更新腦部潛藏的能力。就像身體運動足以重建肌肉一樣，腦部運動也能讓創造力重新活躍起來。

以自己的身心實證潛能

雖然同為探索身心的奧祕、開發人類的潛能而坐，但坐者的觀念足以定奪其深度與廣度，打坐的目的則能取捨心態和方法。和科學家用儀器來檢測打坐的實效相較，顧老師所安排的術科訓練，則直接以自己的身心做為實證潛能的工具。

早有智慧圓滿的覺者發現，打坐不僅只是健心整腦的運動；每一個人都具足發生萬法萬物的宇宙本體所含攝的物理、心理與生理條件，當本身的這個小宇宙透過坐禪和宇宙本體同步運動時，不僅可以了解自己的本來面目，更可探索出整體宇宙的究竟真相。而只要掌握住身體、心理及物理源頭與宇宙共通的「六大性質」，便能擁有此生的健康與快樂，以及超越時空的生命智慧。

比一般靜坐內容更為深廣的坐禪或禪修，即意謂著透過打坐相應宇宙實相，認識自己的本來面目。禪修本來叫做「打禪七」，七是指第七意識。我們每一個人都具有與生俱來的「我執」，我的來源是，眼、耳、鼻、舌、身這五官，跟外在環境互動、交涉，因而產生了「我」這種意識。但每一個人類本來的心識，其實都遍一切處存在，與整個宇宙同體，並沒有任何限制；一旦習慣抓取了一個「我」，這個框框便會限制住自己的心力、資源以及智慧。

如果不假修習，一逕慣用本位的立場去思考，行事時自會以自我為中心，比較不能考慮到別人，其觀照力更將無法普及於整體。禪修之「修」的第一步，就是要把第七識執著的「我」放下來。

身體的感官如何運作，實足影響人類對於世界以及本身的了解。顧老師在舉辦禪七之初所傳授的心法與口訣，即為閒置眼、耳、鼻、舌、身的「只管打坐」，一切沒有理它，終究連沒有理它也「沒有理它」。這個方法既究竟又方便，如今在他所印可的第一位傳承弟子——國際禪友會會長吳文正主持禪七課程時，亦一貫稟持師教，深入淺出的闡揚其中至理：

「坐禪的當下我們要收攝五官，不再跟外界交涉；當感官沒有這麼忙碌，心識就會沉寂下來。這樣的一直坐下去，身心會起變化。**我們心識的抓取性會變得愈來愈淡薄，因為原本執著的框框變淡了，你的心就會擴量。**

擴量的初步，是忘記自己有一個『我』的位置，呈現忘我、無我，所以『我』會空掉，**感覺這個位置沒有身體了。**但這個空掉是清清楚楚的，並非沒有知覺；因為知覺變成擴量，不再在身體上抓取執著。有這樣的感覺之後才知道，原來這個身體並不是永遠保持那樣的存在感，它是會變化的。

吳文正：
坐禪，是要開發我們本來具有的智慧和資源。

能夠擴量時，所涵蓋的整體，自己和別人，整個就在你的心識之中；再去處理事情，便會自動展現出更為圓滿的考量和智慧。**本來比較在意與執著的現象、人物或事項，因坐禪之後心放下了，著眼的角度也就不一樣。**一旦認知到要放下執著，人際關係的整個氣氛，自亦跟著改觀。

坐禪的目的不在追求神通或特異功能，而是要開發我們本來具有的智慧和資源。這個智慧與資源，和宇宙實相是一體而不可分割的。我們可以從中領悟出，**如何讓自己的人生達到最圓滿的結果，可以利益到更多的眾生。**」

只管打坐，沒有理它！

但回顧三十年前禪風未開，因為不明就裡，社會輿論提及打坐時，多少存有恐易走火入魔的顧慮。顧老師在為首期學員洽尋驗證學理的場所時，難免一波三折；後來是透過熟識雙方的林錦貞女士居中牽線，方才獲得金山慧明禪寺住持宏海法師的首肯。耐人尋味的是，好不容易覓得活動場地，開出借用條件的，居然是看來有求於人的顧老師。

「十分感謝住持成全，但要讓我們在這裡舉辦禪七，務請法師也親臨聽課，並和大家一起打坐才好；否則**雙方沒有共識，事情不會長久。**」深謀遠慮的顧老師直言相約。

宏海法師平素以唸佛來修持，在寺廟法會的唱頌領域裡已然聲名卓著。以往她只參加過「佛七」，自對參與禪訓感到有些為難；她說：「我是唸佛的，我辦我的事，你們去打坐就好。」儘管勸進之聲言詞懇切，在做最後決定前，她仍數度反覆。倒是顧老師始終相當堅持，他表示，「如果住持法師不坐，我們就打包回家。」所幸幾經溝通，法師終究接受了中間人的意見，「**你自己下去聽聽看、坐坐看，才會知道這是不是正法、值不值得相挺啊！**」

她跟禪教室就此結緣，只是初始是打七在先，爾後方才聽課聞法。

在一次閒談中，習於唸佛的宏海法師以顧老師傳授的坐禪口訣「**沒有理它**」，就教於曾任慧明禪寺首屆住持的前輩——賢頓法師。低頭盤坐的老和尚聽其問訊後，當即回應：「喔，對啊！**這就是日本曹洞宗開山始祖、永平道元禪師的修行法門——只管打坐！**」

創建日本永平寺的**道元禪師**，曾於南宋時期渡海來中國學習禪法，在天童寺長翁如淨門下得到印可傳承。修習期間他晝夜精勤，幾近兩載脅不沾席。一日如淨法師巡堂見僧打睡，他從旁側聽師尊出言斥責：「**參禪要身心脫落，何得只管打睡！**」當下即**脫落身心，廓然契悟**。返國後他開山弘法，便經常隨機開演逗教。

他曾對求教者說：「你要捨棄對過去的執著。當你從執著中解脫出來時，即使身在世俗，心境也會十分清純」、「**遠離無明的方法，除了坐禪，沒有其他路徑。只管打**

坐，是佛佛祖祖言傳心教的呈現」、「坐禪的目的不是開悟，心無旁騖、只管打坐，這本身就是開悟」；又有云，「春花秋月夏杜鵑、冬雪寂寂溢清寒，事物本來就是如此；能看到事物的本來面目，這就是開悟了！」

「這個年輕人有東西喔！」

賢頓老和尚雖為台籍人士，但在二十四歲時，便前往福建鼓山湧泉寺受具足戒，其後又再赴大陸遍訪名山古剎，參學見聞十分廣博。透過他的解讀，不僅使宏海法師對由「只管打坐」演進而來的禪修口訣「沒有理它」豁然有省，同時也讓老和尚間接認識了顧老師；「這個年輕人有東西喔！」他如此直心的背書。

開宗明義，對於上過宇宙運行三法則——一切在演變、一切無實體、畢竟空的學員而言，用沒有理它的心態，超然物外的在禪堂裡結跏趺坐，七天下來，果然體證歷歷。

為印證真理一心精進的吳文正，一路篤實的遵從師教。當他正感覺自己坐得瀕臨融解時，了解每個人心境與生理狀態的顧老師，即如先知般，從他背後輕聲送來臨門一腳的四字真言：**身心泯然**。他承蒙明師相助，放輕鬆的繼續坐下去，「空」的變化果然愈來愈深入。

即使未能空卻身心，禪七過程中幾乎大多數人都能體驗到的，是時間、空間並沒

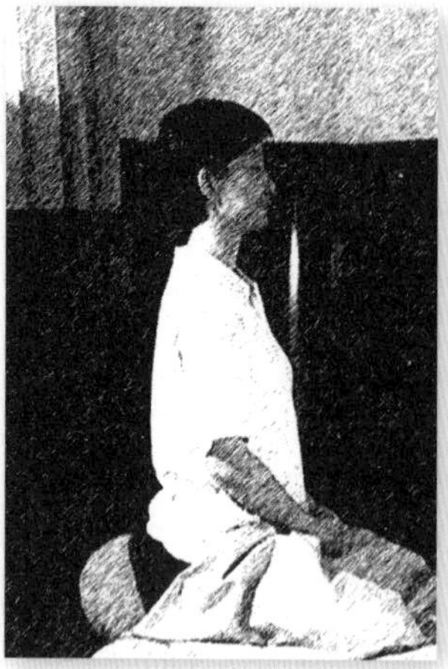

有固定的樣態，其長短和大小完全「唯心所現」，依個人的感受而定。當雙腿劇痛、苦楚不堪時，受者便覺度分秒有如長日；當身心清涼、進入定境時，好幾個鐘點亦如彈指般快速流逝。

個別的體證不一而足。原本對「眾生一體、自他不二」的學科內容一知半解的陳慧敏，在二十三歲那年初次打禪七，便有了實際領悟。她說：「我坐在那裡，可是跟周圍的人似乎是同一個；我就是他們，他們好像也是我。這很難用言語來形容，但我已初步體驗到，大家是不可分割的。有了這樣的發現，我的執著心便不會那麼重；也不需要再用什麼大道理來解釋，人不應該太自私、應該要慈悲。我很自然就知道，其實大家都是一樣的，給別人好處，即是給自己好處。」

葉麗惠在大學畢業時，就已把追求真理，設

禪堂實景：只管打坐，沒有理它！（右圖）
禪坐的標準姿勢。（左圖）

定為此生目標。因緣出自於成長過程中，她的五官曾經歷過許多莫名所以的體驗；諸如緊閉的雙眼仍能視物、耳朵聽得到非常遙遠的聲音⋯⋯。因此，她一直在尋找一個能夠告訴她宇宙之間真實狀態的明師。

禪七期間同樣的情況又出現了，但葉麗惠已不再迷惑。昭然若揭的事實是，**只要五官不向外馳求而交涉，我執的框框變淡了，心識含攝的範圍便能擴量**。然而，正當她對身體的變化已略知其所以，卻又面臨了新處境。她的神識數度出離後再回來，如此出出入入，令她不知所措。所幸顧老師不眠不休的隨時巡視禪堂，她的問題當即得解。「告訴自己你在這裡打坐。」**一切唯心，禪師教她起動心念來鎖定神識**，從此之後，這種狀況便不再發生。

在第一次到慧明禪寺打禪七前，常超法師就經常向諸佛菩薩虔誠祈求，能遇到一個可以教自己開悟成佛的高人。不過真人不露相，當她初識「走在路上跟普通人一樣，從表面看不出他很有內容」的顧老師時，並未發覺明師當前；但在經過一個禪七的歷練之後，她又認定這位主七者必有三頭六臂。因為禪師在課堂上所說的種種現象，她歷經久坐就逐一應驗；而每有學員碰到疑難雜症，他都能當機立斷對症下藥，不捨晝夜的予以解決。

面對這位發心成佛的打七法師，顧老師則祭出公案來激發她的見地。由印度西來東土，在嵩山少林寺面壁九年的禪宗初祖——菩提達摩，曾留諸後世如下的悟道旨要：

「外息諸緣，內心無喘，心如牆壁，可以入道矣。」結七時，禪師突如其來的對面壁七天的常超法師拋來一參：「你的兩塊磁磚破掉了沒有？」提及這段往事，如今依然熱中坐禪、參禪的常超靦腆憶述：「那時我根本不懂，整個人傻在那邊，直說沒破、沒有！」

食物、生理與心理互為因果

而在禪七的初階訓練中啟迪出的調食之道、所喚醒的健康潛能，則是讓學員們皆能親身經歷且心領神會的共法。

事實上，**每一個眾生的身體跟宇宙都是一體的，它會互通轉換，互通和轉換的平臺，就是六大的性質**：地（堅固性）、水（潤濕性）、火（溫暖性）、風（流動性）、空（無質礙性）、識（了別性）。眾生可以用心識去認知：**外在環境的變化以及所吃進去的食物，影響了自己的身心狀態**。

坐禪開發出身心的靈敏度，禪者對於身心物一體，食物、生理與心理三者互為因果的關聯性，便有了較為切身的覺受。此時顧老師則現場示範，如何運用萬物互通的本質——水大（遍一切處的潤濕性）、火大（遍一切處的溫暖性），來觀照和分辨自己的身心究竟是處於寒涼的水大（流鼻水、提不起勁兒……），抑或是燥熱的火大（便祕、氣脹、煩悶、易怒）。水大者用火大調，火大者用水大調，調和到水火相濟，身心既不太燥熱、亦不過於寒涼時，即不僅解開了健康與快樂的密碼，更有助於打坐趨於定境。

因此，即使結跏趺坐的拗腿苦痛令人刻骨銘心，禪七期間學員最深沉的震撼仍在於：**就在方寸之大的蒲團上**，經由自己直接體證，**發現了身心的鎖鑰與真相**。

「禪法是真的！佛經的內容是真的！顧老師之所說、所教，也都是真的！」就連初來乍到、中文聽說讀寫都有障礙的美國留學生聶道升，在年復一年連番禪修後，亦道出了與同儕如出一轍的心聲：「**去坐禪才體會得到，《心經》上說的『色不異空、空不異色』，是真的一回事啊！**」

親身的體驗最具感染力。透過口耳相傳，接下來的一、兩年間，禪教室初級班開課的頻率愈來愈高，等待打七的學員也隨之與時俱增。眼看慧明禪寺的場地逐漸不敷使用，顧老師秉持「涓滴之恩、湧泉以報」的回饋心意，領導學員擴建道場。大家追隨禪師一同學習，如何以千年穩固為前提，來考量建材與鑄造禪堂的方式。此時打過數次禪七的老參已能體會，像這樣把禪的思想運用在生活事項上，正是一種「動禪」的訓練。

大死一番，再活現成

隨著硬體設施整治完備，顧老師於慧明禪寺舉辦的初級班禪七，也在逐步微調中，發展出更為標準化的作業流程。七天禪訓裡，除了密集打坐外，還包括講授禪門五宗七家的高僧大德求道及悟道過程，小參、經行、出坡和動禪。而明師的教育自一開始**便已思及來日的燈火相傳，顧老師幾乎隨時隨地都在培養堪能接棒的龍象之材**，因此短短五、六年後，在現場主七的實務便交到了第一期學員吳文正手中，但顧老師自亦同步觀照、隨時備詢。

值得一探的是，初階禪修七天的密集訓練，內容究竟為何？至今已在慧明禪寺主持過百餘次精進禪七的吳文正，深得上師精髓。每回在正式進入禪訓之前，他總是對暫放塵勞上山修習的新參，如此莊嚴肅穆的昭告打七的規矩：

「**禪修的第一樣功課就是要禁語。開口神氣散**、**意動火工寒**，一旦犯規會讓你喪失這個禮拜中的禪定功夫。所以要自我要求，包括開口講話、肢體語言、看書、自言自語……，都不行；但是有問題可以發問。把你的心、你的定力都維持在一個水準上，七天下來，一定會掌握到禪的身心變化，以及禪的智慧。」

第二樣功課就是要排拖鞋。排拖鞋是禪修的基本訓練，**如果拖鞋亂，代表你的心亂**。來到這裡，每一個同學都是眾生，大家一律平等的從基層做起，進出禪堂，人人都必須把拖鞋排列整齊。**所有在山下的煩惱和包袱，包括你的身分和地位，請不要帶上來，要把它忘掉。**

唯有忘記你自己是誰，**抱著大死一番、再活現成的決心，將整個身心完全沉浸在禪堂裡，才會起脫胎換骨的變化。**那麼七天禪訓後，你必能獲得許多可以帶回家的寶藏。」

禪七期間學員每日皆須出坡打掃環境，禪師對此也賦予了嶄新的觀念與意涵。他破題解析：「通常我們會把打掃看成一種勞務。在禪七中要建立的觀念是，所做的工作範疇就是自己的淨土，**要用處理淨土的心態來打掃。當觀念改變，原本的勞動就變成了智慧性的啟發。**你的心識會擴量，會觀察到平常沒有注意的地方；**而只要把自己的無明清理乾淨，智慧也就開發出來了。**」

此外，在與主七者面對面參禪的時刻，亦為一突破無明、開發心智的良機。一個晴朗的午後，想要探究禪意的王百松來到了小參室，請求禪師開示。

生問：什麼是禪呢？

師曰：就是一切處都圓滿。

生問：那行住坐臥如何是禪呢？

師曰：走路的時候就走路，吃飯就吃飯、上廁所就上廁所，這樣就是禪。

生問：那不圓滿的時候如何是禪呢？

師曰：不圓滿的時候就享受不圓滿，不然就處理這個不圓滿。比如腿痛的時候就好好腿痛，這樣就是禪。因為你不想腿痛，愈抗拒痛反倒愈痛，這樣就沒有禪味啦！

「走路的人不見啦！」

禪訓前三天的生活，大抵就在打坐、出坡、小參、上課的流程中，井然有序的度過。到了第四天，禪師掏出快、慢步經行的新課程，意在透過外在聲音的刺激，激發出每個人原本就有的智慧和定力。學員在走路的時候，必須保持打坐的心態，全身放鬆、腳步邁開、兩臂自然擺動，一切沒有理它。

眾人經行的步伐一片悄然靜寂，倒是禪師忽地敞開了嗓門。他向排成圓弧形的經行者揚聲喝道：「前面的人要去哪裡？你又是要去哪裡？**只有一具屍體在走路，走路的人不見啦！**」……「停！」與此號令同時發出的，是一記清脆震耳的罄響。

清脆罄鳴恰如平地驟起的一聲雷，震得那心無旁鶩並已能量飽滿的學員打斷了念頭、**渾然忘我，因此身心俱空當下入定者**，不乏其人。在小學裡執教二十餘年的劉佩惠仍然記得，初次上山接受禪訓時，曾因雙腿劇痛、痛得全身幾近拆解，幾乎想要就此打包回家；後靠祖師大德精勤不懈的故事惕勵，才能堅持下去。爾後再來參加，便在一次快步經行的鏗鏘聲中，嚐到了空卻身心的滋味。「**當身體空掉，不但超越了腿**

痛問題，那種清涼的舒適感，更是我在人世間從沒有享受過的。」她如此分享。

端容整肅、保持打坐心態的快步經行，同時讓學員見識到了自己**確實可以心想事成**的潛能。一位在美國哈佛大學就讀的女學生，利用暑假回台打七。她對人的心力一向充滿好奇，而現有的學術研究尚無法為她充分解惑。快步經行時，個頭嬌小的她制心一處，亦步亦趨的緊跟在一位六英尺餘高的壯碩男眾身後；她告訴自己「我不能走得比他慢！」，內心如此設定後，非僅距離從未拉開，一路行來也毫不吃力。待驀然回首方才驚覺，**她的速度竟可跨越雙腿長度的限制，走得和她一向望塵莫及的「長人」一般快**。可見人類善用制心一處的禪定力量，的確是可以「唯心所現、無事不辦」的！

經行的震撼彈拋來得速疾，但和禪師宣布五十歲以下的學員當晚必須熬夜打坐比較起來，挑戰一般人「睡眠慣性」的後者，似乎得到了更多的關注。「為什麼」的疑問，直接寫在某些新參的臉上。不過直到日後受訪，吳文正方才揭開緣由：「**其實當坐禪坐得能量很飽的時候**，自然就會**神飽不思睡**；這時如果能夠夜以繼日，功夫便更加深化。兩天一夜的功夫連接起來，變成有了三天的功力。」

讓感官處於休息狀態

為了避免自我暗示的預期心理，熬夜前禪師在課堂上所提點的，依舊是最究竟的打坐心態，「沒有理它」：

人的意念平時隨著感官的交涉而此起彼落，只不過我們一直沒有理它；打坐的時候心靈格外沉靜，這些念頭就紛紛浮現出來。許多人以為是打坐讓雜念變得特別多，其實各式各樣的念頭本來就存在，只是平常我們都把感官往外交涉，很少向內探索，因而忽略了它們的存在。

既然念頭本來就存在，當意念紛飛時，最好的方法就是「沒有理它」；**不與任何感覺和意念產生進一步的聯想或壓制，讓感官和意識處於休息狀態**，慢慢地，心念就會由紛亂逐漸沉寂下來，身心也會有所變化。但對於任何變化，仍然「沒有理它」，連這個「沒有理它」的心態，也「沒有理它」。

禪師的話鋒就此打住。不過經驗豐富的老參都知道，以「沒有理它」的心態坐得功夫愈深，回到生活日用中，便愈能發現自己的視野和胸襟變得益為開闊，對人事物的執著心，也相形減低。再面對人際關係或其他種種壓力時，焦躁的情緒自能因此而得紓解，甚至於轉逆境為一種清晰、平和的心靈空間，進一步提升解決問題的能力。

而即使是新參亦能體會到，時間和空間的狀態，確實任由個人感受來決定。漏夜打坐，彷彿讓時間在禪堂裡變長了；熬過夜後的這一、兩天，時間的流動則如箭似梭，過得特別快速，轉眼間，七天的禪訓已經走到終點。

把定、慧展現在行動上

最後一天的重頭戲，則是極具挑戰的禪的動態訓練。課程的重點在於：如何在資源不足、時間不敷的情況下，運用智慧和定力，有條不紊的將活動場地圓滿清掃復原。禪師所要逼榨的，正是學員終能把這個星期當中培養出來的智慧和定力，具體展現在行動上。

「每一個人都有一塊淨土，要在有限的時間內發揮你的智慧，把別人的淨土、自己的淨土都呈現出來。計時十五分鐘，現在開始！」吳文正鏗鏘有力的宣布。傾刻間，只見禪堂內外，廂房、迴廊、廁所、大寮……，整個禪寺幾乎全被動員起來；大家掃地的掃地、擦窗的擦窗、洗餐具的洗餐具……都各司其職的埋首打理。「動作快一點，還剩五分鐘！」這樣的催促令人心慌意亂，許多學員已經或多或少發現，因為自己未先審時度事，按照目前進程，只怕是掛一漏萬，遑論還能幫助別人。

「集合！」禪師的口令如雷灌耳，而「首度集合」，也是一個他提點學員發現工作盲點的機會。「**廁所如何變淨土？要把看不見的死角都擦乾淨。**」他以此為例說明：「像門上面、欄杆底下、玻璃窗的軌道……，如果時間允許，還可以擦天花板。但這裡、那裡都是裡面，還要從外面看進來。廁所的外面也是你的淨土，**要涵蓋天地、內外包抄，你的淨土才算完成。**」於是禪師又提供了十五分鐘，讓大家突破思考的盲點，好把任務補闕圓滿。

這一次再集合，究竟是檢驗禪七成績的最終時刻了。不過，禪的訓練強調自動化管理，**要能客觀超然的檢視自己，要能不斷超越自我的障礙**。結七前的臨別贈言，禪師期許學員活化禪訓，讓禪的思維進入日常生活：

「學校教我們舉一反三、聞一知十，這樣並不夠看；禪，**是要我們舉一反無量**。每次打掃的時候都在掃地面，叫作舉一反一；**如果不能涵蓋乾坤、內外包抄，肯定會有無明和死角，所以執行任務必須一體全觀**。

打掃只掃地面，必然在你原本的工作方法上重蹈覆轍；假若每天都做同樣的事情，就是輪迴。所以回去之後，要把在這裡訓練的禪定智慧完全展現在行動上，做任何事情都要能夠一體全觀。」

宣告結七的後一章，是鼓勵大鳴大放的禪修過程檢討會。禁語的規定解除，大多數練就七天「閉嘴功」的學員初次開口發聲，喉嚨反倒有些不聽使喚。其實，這種違反常態的新奇感才正開始發酵；但唯有過來人方能深知的是，用正確的觀念和方法打一次禪七的後座力，將會十分強勁的衝擊自己以往的生活慣性。

從「人人為我」到「我為人人」

在桃園一帶創辦「可愛之家」美髮連鎖店與瘦身美體事業的鄧今華，半生以來不僅活躍於業界，同時經常追隨前副總統呂秀蓮參與國際職業婦女協會的活動，是一位同儕口中不折不扣的「女強人」。然而天有不測風雲，她因一次識人不明造成的錯誤投資損失不貲，重重打擊到她一貫屹立不搖的自信與資本。但誠如鄧今華「因禍得福」的告白，「**以我一向自大的個性，若不是摔了這一跤，應該不會有機會接觸禪法。**」

在萬念俱灰下，她接受推介，走進了「揭開宇宙實真相，啟示人生安樂門」的禪教室，連續三年不斷重複聽聞初級班的十二堂課。個性直率、素來恣意展現情緒的鄧今華，逐漸有省。她表示，深入思索宇宙實相，促使她學會內觀和自省，因此發現自己有許多缺點需要改進；**她的個性變得更為沉穩內斂，對許多以往不察的人與事，也能看得比較清楚而透澈。**

二〇一三年夏天，膝下兒孫盈繞的鄧今華北上金山，到慧明禪寺接受平生第一次的禪七訓練。經過禪的思想洗禮，此時她的心境已如小學生一般純淨。「既然來了，就要相應老師的教導，他怎麼說、我就應該怎麼做。」六十八歲的鄧今華告訴自己。

這個聽話的乖學生如實秉承「沒有理它」的口訣，即使雙腿絞痛，依然「沒有理它」；日久之後，她身體的空間感果如禪師所說開始膨脹變化，膨脹到直如聳立雲霄的「台北一〇一」那樣高廣。親身經歷到空間具有可塑性，她自是欣喜莫名，不過最令她相知恨晚的，仍是強化「一體全觀」的動禪訓練。

「因為時間緊迫，大家一急就亂了陣腳，甚至錯拿擦地板的抹布來拭桌子；這種情形也常發生在我經營事業上。」鄧今華深有所感的說：「如果不能一體全觀的規劃輕重緩急與優先順序，每天的行事很容易就在無明中輪迴，甚至還會像我先前那樣，不知不覺就淪落到人間地獄裡走了一遭。」

坐禪歸來，這位昔日「女強人」的見解，隨著實證的經驗而自然提升了。以往她認為老闆發號施令時，員工理所當然應予配合；現在她知道，其實大家是一體而不可分割的，從公司內部一直連結到顧客末端，都需要被完整的照顧與服務。鄧今華因此變得謙卑且具平等心，她不再與人斤斤計較，目光所及所見，多是對方的優點；她甚至期許自己，心思能更細膩周全，語默動靜間，皆不傷害任何眾生。

走出母喪，豁然新生

就讀政大經濟研究所博士班時，陳冠彰曾經為了陪伴女友，而去聽過數輪禪教室初級班課程；但因學業繁忙，他始終抽不出一整個星期的空檔上山去打禪七。直到母親因罹患末期胰臟癌，在兩個月內驟然辭世，他悲傷逾恆，聽說把禪修功德迴向給亡者，是相當奏效的超薦祈福方式，這才排除萬難，為利益亡母而首度參加了專業禪訓。

這一年陳冠彰二十七歲，不僅身體狀況良好，意志更如鋼鐵般堅定。他所抱持的決心是，**既然為祈求母親能夠往生佛國淨土而來，便應有勇氣克服過程中的任何挑戰**；換句話說，他已為勇猛精進的打完這次禪七，做足心理準備。

第一天。結跏趺坐的雙腿漸由半單盤改為雙盤，疼痛不在話下，「沒有理它」的任由腿痛、各種念頭如浮雲般輕輕掠過，亦是理所當然。由於能量消耗得十分迅速，除了進食三餐外，他還吃了四次護七學長料理的湯麵點心，才能因應身心轉換之所需。

第二天。逐漸感覺到身體從雙掌交疊、左右拇指互觸結手印的地方起了變化；自己的雙手竟然消失了。但一切發生得如此自然，就好像打從一開始，它們便不存在一樣。於是他的內心出現旁白：「**聽老師說過，坐得能量充滿時身體會空掉，原來這件事是千真萬確的啊！**」

雙手不見的同時，他全身冒冷汗（展現水大），身體像被一座山壓著，重若幾百公斤，並一直往下沉（展現地大）；臀部分明坐在柔軟的蒲團上，卻也奇痛無比。

第三天。全身發熱、心情有些煩躁，甚至不時想要放聲大叫，但抓到了絕對放鬆的訣竅。**他把四周想像成一片森林，身體盡可能放得舒鬆寬坦，讓自己跟大自然融為一**體。此刻，從手掌、兩隻手臂到肚子、下盤、胸腔、脖子到嘴巴，**空的範圍逐步擴大，**他似乎已經沒有下顎了。有興奮感，當念頭來時，他也把念頭一層一層放掉，**腦海裡**

什麼都不想。

他聽不到心跳的聲音，鼻子也沒有辦法呼吸，因此一直掙扎，非常害怕死亡。但禪師篤定的告訴他，「不會有事」。

第四天。為了母親鼓起勇氣克服恐懼，相信老師的話。「既然空的過程是真的，老師所說其後『你會停止呼吸、大死一番，脫胎換骨、再活現成』，必然也真實不虛！」他的雙腳雖沒有空掉，但已不再現給人沉重感的「地大」。身體快速變寬廣，膨脹到跟一棟房子一般大，他覺得很舒服，卻仍有一點害怕。

又回到了不能呼吸的階段，但把心一放沉，現象就通過了。終於跨越了呼吸障礙，隱約感到雙腳在空化，此後身體就全部空掉了。上午的快步經行中，禪師乍然敲磬止步；「叮」一聲，全身霎時沒有知覺，進入空的定境。

第五、六、七天。已隨時都能把身體完全空掉。此行主要是為母親祈福，放鬆身心後，曾有兩晚情不自禁，感傷得放聲痛哭。但因領悟到身心本空，空掉身體何其舒暢，悲哀與傷心的情緒便漸遠離。

透過禪七的沐浴洗滌，原本沉浸於喪母悲慟的陳冠彰得到新生。他在未滿三十歲的青年階段，就實際體嚐了生命的真相。「這七天當中，我感覺自己好像也死過一次。」他表白：「死亡並不可怕，它只是存在狀態的一種轉相；其實，死亡是一件非常自然的事。」

本來無一物，何處惹塵埃

這番對生死實相的初體驗雖然難能可貴，畢竟僅止於淺嚐。遙望千餘年前唐代的詩僧寒山子，早已將生、死的變化，用白話禪詩作出最精確的比喻：

「欲識生死譬，且將冰水比：水結即成冰，冰消返成水。已死必應生，出生還復死；冰水不相傷，生死還雙美。」

天外有天，人外有人。在禪教室裡，顧老師又再向上一著，以開悟的立場解析生死。經他證悟，一切時間、空間都是幻覺，無非一個個交涉狀態的影子，終究並沒有時間、空間的具體存在。**一旦了悟時空如幻，對任何事物的觀感即會相應「一切皆是如如自在」的境界；**當進入這一點來看，所謂生死就不再叫做生死，也沒有生死可以了脫。**每一個有情眾生以及物品，都因有時間、空間才有存在感，當各自的時間、空間結束後，便回歸到同一點上。**這也就是祖師所說，「本來無一物，何處惹塵埃」的實情。

此等澄明而透澈的悟境，唯有一步一腳印的深入禪定，終至與佛同等覺的金剛喻定，方能證得。無怪乎這位出世明師會把坐禪與閱讀佛經，等量齊觀的排進禪教室的教務裡。而他不僅這樣教授內部學員，遇有機緣對外開講，也常用適合現場會眾的方式來引介打坐。

多年前顧老師曾應扶輪社之邀，蒞會發表「禪與人生」的專題演講。他開示，人類的思想和精神要能生活在完全沒有壓力、沒有無明和恐怖的前提在於，必須掌握到「禪」，這個發生萬法萬物的源頭。本來無一物，一切是禪，把執著完全放下，一體全觀，便屬於禪的初體驗。而力行禪的人生觀，第一就是不要執著，第二是，自己得親身去體驗實證。

十分鐘坐禪法

登高必自卑，行遠必自邇。這一會，善巧的明師提出簡易的「十分鐘坐禪法」，來接引和禪初次邂逅的社團成員。

「每個人在家都可以用這樣的姿勢進行方便坐：雙手交叉、雙腳交叉、雙眼閉起來、舌抵上顎，上半身挺直、身體放輕鬆；若是在辦公室，人要面向牆壁，在椅子上坐十分鐘即可。這樣早上坐十分鐘、下午十分鐘、搭車時十分鐘，用完午餐走動一下再坐個十分鐘，你就會有禪的體驗了。

這體驗雖然不能很深入，但你的精神和腦力、智力，漸漸就能集中起來。因為精神安定，內分泌和心理系統會自動調整，高血壓和其他小毛病也可以調整回來。你的一生每天實踐方便坐，就能延長三至五年的壽命；而只要思想集中，處理事情便比較不會出差錯。其實並不需要花費太多精神，我們即能過著禪的生活，並體驗其益處。」

而如何才是比「身體的免疫療法、身心的自然療法」，再進一步的打坐體驗呢？建立基本共識後，禪師亦對公眾提及坐禪坐到相應空大、身體空掉、初步展現「無我相」的可能性。

「身體空掉，別人和自己變成是同一個自體；你放下了內心執著的『我相』，對他人的看法、對過去人生觀的價值性，以及你所追求的物質與金錢能否真實掌握，就會有新的面目和觀念產生。」

而了解「諸法空相、一切如意」，有什麼好處呢？他舉了一個殊為淺近的實例。人皆有病痛，一旦檢查出身體患病，痛苦之下，大都把病症抓取得十分牢固。但如果把病症想成是無礙健康的，把藥當成甘甜的糖果來吃，患者的心情和物質即能慢慢轉變；你可以恢復健康，醫生檢查後也會改口說，你並不需要再服藥了。

勇猛精進者，連年閉關

反觀在中階的禪教室裡，倒罕見顧老師苦口婆心的普勸坐禪，因為自初級班即接受禪訓的學員，實已如人飲水、冷暖自知。老參們只要得到參加禪七的機會，多半會自動繼續深化禪的旅程；坐禪日漸變得就像人要吃飯、睡覺那般自然。而中級班的禪七採自動化管理制，從早上四點起床至晚間十點就寢期間，除進餐、經行外，學員全時打坐，偶有精進者甚至會神飽不思眠的日以繼夜、夜以繼日。

坐禪是打破自我意識、契入生命真相的必要途徑。自三十年前在慧明禪寺灑下第一顆禪七種子後，顧老師持續出錢出力，建設道場；如今禪教室的術科訓練中心已遍及台灣南北，既有聳立於海拔千餘尺高的深山道場，亦有大隱隱於市的公寓禪堂。而打七的時程未必盡為七天，三天、兩個星期、四十九天、三個月……，大家皆可任取所需。為了讓有心實修實證的學員超越經濟障礙，這位開悟的覺士甚至免費提供深山道場，開放給勇猛精進者禪月連年的閉關之用。

在大專院校擔任教職的蔡光第，追隨顧老師習禪十五年來，每一年至少參加兩、三次禪修；而每一次打完七，他身心的某一部分便會展現長足的進步。這讓他對打坐愈來愈感興趣，也愈來愈有信心。從最初上座就能由雙手開始把身體逐步空掉，他體驗到自己粗糙的執著性，果如佛經和明師所揭示，可以漸次消融，因此興起了要用一整年的時間閉關、全天候坐禪，期能打破整個主觀意識，與自性本來圓滿清淨的狀態相應的願心。

這個願望在二〇〇八年春天，他決定辭去育達技術學院商學群群長的職務後，變得具體可行起來。他已得到足以證入清淨自性的禪修口訣——沒有理它，又因並未娶妻生子，了無後顧之憂，此時不坐，更待何時呢？於是在顧老師的觀照下，初秋的東勢摩天嶺深山道場，便接待了這位打算長坐一年的學員。

他照見了自心本空

禪堂的個人坐席只有一個榻榻米見方，人高馬大的蔡光第每天黎明即起，兩小時一支香的坐到晚間十時就寢，其間幾乎從未掉舉、懶散。就在這相當有限的方圓中，他心無旁騖的只管打坐，坐得雙腿痛穿後，身心變得如麻糬般柔軟；坐得慾念與習氣明顯轉薄；坐得入離生喜樂（初禪定）、定生喜樂（二禪定）、離喜得樂（三禪定）。這樣日復一日，秋去冬來、冬盡春至，雙盤打坐的他磨破過長褲，也坐塌了蒲團，但其中的清安之樂難以言喻。

「當我把雙眼一閉、手印一結，就算請我去做權傾世界的美國總統，或是給我鴻海集團總裁郭台銘的所有財富，我也不願下座，」他篤定的說。

坐足九個月時，顧老師曾經特地上山探詢，「你有什麼問題嗎？」他搖搖頭即便退下。因平素一向勤讀經書又認真上課，而所有在座上的體驗全未超出其中內容，因此他已愈坐愈有把握，自證的覺受也在不斷進步中。例如，他照見了自心本空，心若萌發一個念頭，即會產生一種影像的波動狀態。

「我一貫的沒有理它，長久下來，腦海裡幾乎已清淨無念；」他描述：「但當偶有念頭飄過，眼前就會產生一道黑色光影，像是好幾萬畫素的影像。我如果沒有理它，光影便變淡、變弱；如果注意它，它就會擴大，變得益加清晰而開展。」

一年的期限已屆，結七時，他渾然不覺，自己似乎只坐了三、四個星期而已啊！若跟無量的生命相比，這段期間又是何其短促？不過就在這短暫的時空裡，他已脫胎換骨，無論外表或內在，都判若兩人。

經過閉關修持，轉眼便將邁入五十大關的蔡光第，皮膚變得光澤無皺痕；他的精氣飽滿、面色紅潤、兩眼炯炯有神，恍若扭轉時空，回到了風華正盛的年輕從前。而他為體會「本自清淨」的自性上山，彌足珍貴的收益是，下得山來面對舊時景物，他的思想見解已更顯細膩、圓滿。

他回溯自己從最初的完全不懂禪，經過明師教導，用身心體證出生命的真相，進而掌握到追求真理的道途，自我內化、不假外求，這一年下來，實足以堪任生命的主人。

「一切現象的展現，無不是自性的內容和風光，生死雙美，好壞俱全，本來如是。」親身領悟後他豁然有省：「我不會再和以前那樣，用自己的主觀意識對人對事去做是非善惡的價值判斷。」因此，他的性格內涵亦隨之改變，由較為驕傲與自負，變得能夠自重而重人。

你我本身就是佛！

三十年前抱持追求真理的決心進入禪教室的葉麗惠，在顧老師的指引下，如今不僅已把百冊大藏經典中屬於佛經的前二十一冊來回讀過三輪，論及坐禪體證的部分，更默然殊勝的超越了諸多古聖先賢。

初識她的人，唯見她的外觀流露出禪修者的特殊風貌：心定神凝、行事低調，待人**接物平等而無私、有所發言必然肯切中的**；只有相互提攜的同參道友方知，此諸外觀得自於她深入禪定的功夫，以及與之相應的見解與慧力。

正是在台灣中部摩天嶺的深山道場，這位三十年老參經過上師認證，繼通過修行成為宇宙覺士的初步門檻——四禪定後，再更上層樓，體驗到沒有物質的色身、只有微妙精神存在的四空定境界。她用平淡的心情，回顧了此生這段不平凡的經歷。「深入禪定讓我了解實相。古往今來曾經有多少人想要做到，但未必達成，而我竟然可以！」她說：「**其實打坐最重要的是見解，如果沒有見地，便形同於練氣功，這樣只能成仙，無法開悟成佛。**」

在禪教室年復一年的課程中，葉麗惠不斷被顧老師的言教與身教所薰變。禪師經常強調，心佛眾生本無差別；之所以會有分別，導因於眾生誤認的「我」執。誤認的緣起，是由眼耳鼻舌身這五官的比較、分別與抓取，產生了六識的認識與了別作用；在連續了別的過程中，便誤認有一個「我」的主體存在。因此，凡是有所認定、有所執著，便無法與清淨的心體相應；唯有不交涉、沒有理它，讓意識與思維瓦解——不思善、不思惡，言語道斷、心行處滅，才能照見思想發生前的心體實相，而這也即是自己的本來面目。

打破無明、放下我執，既是禪教室的學科主軸，亦為術科訓練中突破無明的基礎。葉麗惠既經親身體嚐，便十分有把握的道出：「你我本身就是佛。儘管佛性的光明暫被煩惱、分別與妄想所覆蓋，但並不因我們輪迴六道而有泯滅或增減。只要去掉塵埃，光明就會顯現！」

在建立通透的見解之餘，她仍提醒坐禪者，工欲善其事，必先利其器；掌握正確的姿勢並合宜的調理身心，實乃深入禪定的基礎所在。她如此分享其中竅門：

坐姿：上座後，背脊一定要能輕鬆的坐得挺直，否則容易氣滯。坐墊（蒲團）的高度必須適中，否則身體得出力，時久必易疲累。

調食：不要吃得太燥熱或太寒涼；身體過於偏冷或偏熱，都會讓人不耐久坐。

調身：每天的大、小便利與排氣功能，皆需暢通無阻。身體能夠良好的循環運作，方利於能量的吸收與轉換。

第六章 禪入生活

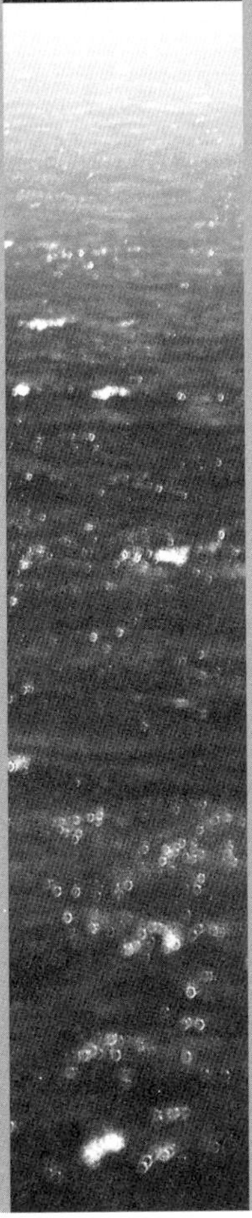

學禪貴在知行合一、學以致用，唯有把禪訓開發的智慧與定力啟用在生活上，方堪稱為真正的「禪行者」。

透過長期薰變，這個教室的眾多禪生已不只以朗朗陳述宇宙實相為足。他們在待人接物中展現「眾生一體」的慈悲胸懷，在行事決策間流露「一切在演變」、「一切唯心所現」的無住、無著，因此所投射出的極正向能量「自他齊利」，正一步步提升著台灣社會的幸福指數。

禪友隊——在高爾夫球場揮灑「禪」

在近年來從事高爾夫運動的百餘萬台灣球友之中，**禪友隊**是一支穩定度極高的隊伍。自一九九六年成軍至今，它擊球的頻率既不曾隨景氣的高低起伏而有所消長，亦未因產出世界球后曾雅妮帶動的高爾夫熱潮，更迭了自己的腳步。與眾不同的是，儘管早已打遍錯落台灣南北的各大球場，禪友隊二、三十位成員聚焦的重點，卻從來不僅止於球技和桿數的競比；他們更為強調的始終是，能在綠地陽光下全方位的愉悅身心，「**以禪會友**」。

其實**高爾夫不只是高爾夫，這個運動甚具禪意**的說法，在球場上本就時有所聞。有人將它和人生相提並論，認為兩者恰可相互呼應。著名的職業高爾夫球巡迴賽教練帕**蘭特博士**（Dr. Joseph Parent），曾經親事多位東方的禪修上師，終以《心念的賽局》著書立說。他指出，**禪修的經驗特質，正是冠軍選手們手握球桿、走上戰場時最主要的武器；他並據此指導球員，如何打出「禪之高爾夫」**（Zen Golf）。

而被百科全書評定為「歷史上最成功的高爾夫球手之一」的**美國名將老虎．伍茲**（Tiger Woods），在被外界視為天降英才之餘，自我揭露了「禪」對他的影響力。

顧老師開演禪之高爾夫。
（黃飛 繪）

一次美國廣播公司（ABC）電視專訪他，老虎．伍茲說：「我母親是佛教徒。佛法教導的是，如果你想證悟，必須透過禪修和心智的提升。母親教我要有能力讓自己平靜下來，並把心當成自己最重要的資產。」

化綠地為禪教室

和這兩位舉世矚目的職業高爾夫球星與教練相較之下，由禪教室學員聯袂組成的業餘球隊——禪友隊，亦不遜色的是：其一，他們的平均「禪齡」比「球齡」還長，把禪的實際體驗運用在球場上的範圍，自然更為深廣。其二，顧老師就在球隊裡，自創隊之初即和大家一起練球、一起參與例賽。不過他扮演的角色並非教練，而是完全平等的與球友們同事共行。這位宇宙覺士透過自身言行，經常不著痕跡的感染周遭的人，**讓綠地化為無形的禪教室**。

運動的目的本在強身健心，洛亞電機公司董事長呂火金回顧，在他擔任禪友隊首屆隊長時，除了為大家預約球場、安排行程並準備餐飲之外，還接獲了禪師隨機抛出的另一項指令——如何去發掘一位，**能教學員長期打球而不受運動傷害的高爾夫教練**。

查詢舉世的高爾夫人口，因為長期打球造成運動傷害的事例數見不鮮。根據統計，如果從事這項全身性運動時的姿勢錯誤，再加上運動過量，打到四、五十歲時，十之八九都會出現肌肉拉傷、肩部旋轉肌斷裂、高爾夫球肘、手腕損傷、下肢痠痛等病症。而一旦打球打出毛病來，其內涵就已非運動，反成勞動。

事實上，延請十四歲便在球場打工做桿弟、其後成為職業高爾夫球手的呂志成來教禪友隊打球，是顧老師深入觀察台灣教練界普遍性的教法後，推薦給呂火金的人選。顯見的不同是，這位教練在聽到禪師輕聲提點學員的一句話——「打球要有思想」之後，即深受啟發，隨即展開一連串有關揮桿擊球追本究源的探索。

眼見禪友隊如此踏出起步，已有多年球齡的學員林博宜頗為認同這是個「好的開始」。他這樣闡釋其中緣由：「打球是一種思想，必須懂得揮桿使力真正的原理性；要找對教練教，把懂得的原理練成習慣。**唯有建立起正確的慣性，才能既把球打好、又不受傷害！**」

有姿勢打到沒姿勢

擁有十五年職業高爾夫經歷的呂志成到禪友隊擔任教練，誠可謂教學相長。他先去聽了禪教室初級班的十二堂課，繼又研讀中階課程，並參加過十餘次的禪七訓練。雖然已跟小白球相處了數十寒暑，他並不諱言以往的互動不啻僅為「土法煉鋼」，如今則衷心想要會通，有關高爾夫這個運動的「完美力學」。

他感慨的指出，世界上打球的方法千奇百怪、五花八門，幾乎每個球手都認為自己很懂，但唯有從動作回推離心力，思考清楚每一個關節所產生的不同力量，方可簡化動作、減少失誤。而動作愈簡單，打起球來就愈能具有真正的把握。「好的姿勢是『有姿勢打到沒姿勢』，一切渾然天成！」經過慎思明辨，呂志成終於破繭而出。

只不過，即使已對「最正確的方法」有所領悟，並以教練身分跟球員溝通揮桿之道，過程中仍然障礙重重。呂志成發現，其實每個人揮桿的習慣都很不容易改變；**主觀意識強、固執己見、自以為是，是想學卻學不好的關鍵因素**。換言之，知見不足，下場時接二連三的錯認——看到梨子當成蘋果、又拿橘子做柳丁在想，便導致了擊球判斷的落差。

至於擊球當下的情緒控管，受過禪訓的呂志成已提煉出「**打好打壞心情一如**」的訣要。他體會，若因發生失誤而氣惱，不但會使專注力降低，亦會打亂思考的邏輯；倒

呂志成：
好的姿勢是「有姿勢打到沒姿勢」，一切渾然天成。

不如以平常心，來享受偶發的失誤。他的見地日益提升，禪齡較深的學長們紛紛察覺到了。「比起從前，他已判若兩人；非但思維愈來愈細密，甚至可以把力學原理分析講解得十分透澈。」經營凡云企業的林博宜說：「若要問為什麼他能如此轉變，事實上**有禪就會！**」

然而回溯當初，禪友隊裡亦曾有學員認為自己為樂趣打球，並不需要假手教練指導；是禪師的一句話，翻轉了這樣的觀念。「術業有專精，**學禪人要能遍學天下一切道！**」顧老師說。他進一步以身示法，上陣時常主動跟教練請益：「阿成，我這樣打好嗎？」

一切都在變化

若要探問對學禪人而言，高爾夫運動究竟有何迷人之處？或許是這「每一次揮桿、每一個球位的變數都不一樣」的無止境變化性，印證了「一切在演變」的宇宙真相，因而散放出永不熄滅的吸引力吧！

禪友隊的隊長與總幹事每年一任，球友們藉由輪流發心為大家服務，培養觀照全局的能力。呂火金在出任創隊隊長後，時隔十五年，再度站回一體全觀的隊長位置。經過光陰錘鍊，他不僅擊球功力大增，直由初始打出的兩百桿演進到平均八十桿上下的水準，也更能透過球場上每一個不同事項，呼應禪教室裡的種種精密訓練。

「**教人如何去觀察並掌握變數，是禪教育獨有的特性**。我打了十幾年的高爾夫，這**個運動的確是『一切都在變化』**的最佳寫照；禪友隊因此能比其他球隊，展現出較強的前置準備量。」呂火金如此剖析。

何謂打球的前置準備量呢？禪友隊每個月均有例賽，一旦擇定球場，隊長和總幹事必先臨巡視以了解其特性與近況，好為隊友提供資訊。事實上，每一個球場在不同季節、天候、風向、溫度、時段裡，都各有其樣態，而其管理的水平也未盡相同。例如旭日初升或時近黃昏，果嶺上的草皮濕度不會一樣，球上果嶺後滾動的速度便生差異；而此一位置的草流是正向或者逆向，亦足以影響球速。

至於天候和氣溫，則是總幹事做消暑或禦寒準備的指標。擔任這個職務的學員會依照需要，備妥補充蛋白質的花生、補充電解質的鹽巴、黑糖，清涼退火的綠茶、水果等點心，提供球友適時選用，**以維護身體機能的穩定性**。此外，打球當天的交通動線以及整個行程，包括例賽後的餐敘以及茶話泡等，也在規劃、觀照之列。

多年下來大家都體驗到，**準備充分、心情就比較篤定；心情篤定，做起事來自然特別順利**。

他山之石，可以攻錯

而禪友隊打球的場域並不限於國內，他們早已追隨顧老師遠征過美國本土、夏威夷、日本、關島、新加坡、泰國……。師生在擊球的實際受用中，一同評鑑各個球場經營品質的高下，及其值得台灣參照之處。

其實無論身處何方，球友所關切的總不外乎**球場的環境與素質**：果嶺的完整度、球道有否依標準保養、擊球的編組安排是否順暢得宜、服務人員的態度能否親切而周到。熱愛高球的呂火金一向勉力參與這種增廣見聞的行程，因此掌握到了行萬里路的可貴之處。

據他觀察，擁有一萬六千個球場、三千萬高爾夫人口的美國，把這項運動推展得相當普遍，所以貫能保持平均水準。位於東南亞心臟地帶的泰國長年炎熱潮濕，為了發展休閒觀光業，也把球場經營得有聲有色。倒是在經濟繁榮時應運開設了兩千五百多個高爾夫球場的日本，即使歷經景氣長期低迷，但因深受禪的歷史文化薰陶，無論球場的整體設計、保養以及服務的周延與細膩，其經營管理的素質依然可圈可點。

令禪友們印象殊為深刻的，不僅是日本桿弟的專業程度高、禮儀應對佳，還有球場不一而足的貼心安排，例如天未亮前必用機器掃過第一洞開球果嶺的露水，前置作業完善；打完上半場即可休息四十至六十分鐘，方便進餐與梳洗，讓球手適切的調節體能；天雨時提供烘乾雨衣的烤箱，使大家在下半場能乾爽的重新出發……，凡此種種，在在展露出經營者思慮的精密與微細。

「不曾遇過這麼好的人！」

他山之石固然可貴，但這支擁有禪師在列的業餘隊伍因為打球而參學到的法寶，依舊出自顧老師透過言行舉止示現的禪思想：眾生同體而平等，彼此自應相互支援和供養。無論在哪一個球場，他總是遇緣即施的不斷展現增益他人的服務，作風自然而不著痕跡，卻能激勵大家群起效尤。

「老師在球場上開了一扇學禪的方便門。透過打高爾夫，讓我們能夠跟他更為輕鬆的接觸；長此以往，師生的步調比較能夠會同，」禪友隊的女眷阮春綢這樣體察。

因此，多年下來早已巡迴全台各個球場的禪友隊，日漸樹立出「和諧互助、球品好、待人善」的口碑。每當接待人員和桿弟們看到揹著藍色球袋、上繡白色「Zen Club」標幟的球手蒞臨時，便打從心底竭誠歡迎。一次顧老師和球友們來到睽違五、六載的關西山溪地球場，出場的桿弟不但立刻相認，並用客家話告訴同僚：「此生還不曾遇過這麼好的人！」

這樣的讚嘆緣何而來？儘管桿弟看到以職業水準開球的呂志成教練尊他為「老

師」，這位在禪教室裡備受景仰的宇宙覺士來到高爾夫球場，展現於外的，僅只是一個風趣有禮、平易近人的快樂擊球者。不變的是，他仍然隨順因緣照顧眾生的需要。有服務生感冒生病，他會授以調食、調身之道；得知某些桿弟家計負擔較重，不但大方給付小費，還要他們以孩子的成績單為憑，向他請領獎助學金；每逢農曆年，則更普遍性的發送紅包。而即使有桿弟隨侍在側，大多數禪友仍以「自我管理」為行動準則，獨立判斷所有變數，明顯跳脫了一般球客「怨東怨西、就是不怨自己」的俗情慣性。反觀一些經常以競比桿數的賭局來增加擊球刺激感的球隊，球友多半在吃喝玩樂上一擲千金，由禪師帶領的球隊，作風果然不同。

競比以「趣味」為導向

其實在切磋球技之間，禪友隊裡也有競比，只不過賽局主要是以「趣味」為導向，箇中標準更加寬廣。隊友們自製了多面插旗，例如在標舉「趣味進洞」時，不僅意味著擊球者打得遠——接近果嶺的目標區，也適用於打得近——未偏離球道、距發球的梯臺近。如此一來，即使是球齡尚淺甚至才剛起步的人，亦有機會在例賽中得到擊球的「最近距離」獎，因而提高了繼續前行的興趣。至於宣布成果時頒贈的禮品，多半來自球友們的捐輸。無怪乎從盡觀各形各色球客的桿弟眼裡望去，這支隊伍揮起桿來總是興致盎然、歡笑特別多。

若是哪一位隊友表現得特別優異，禪師又會作何表示呢？呂火金還記得在二〇一一年六、七月間，他曾兩度擊出一桿進洞的好成績，這種球技加權運氣與機率的展現，相當罕見。現場目擊的顧老師，不禁歡喜讚嘆道：「很少有人能夠這樣打，這個打法真不容易！」而追隨他習禪屆滿二十年的呂火金心知肚明，這位導師必然不會用「你真了不起！」的說法，讓任一弟子過度得志，以致於自我膨脹，錯過了突破再突破的契機。也正緣於這樣的心智訓練，三年後，呂火金又兩度擊出一般球員畢生渴望的「雙鷹」（Double Eagle ——兩桿擊完標準桿五桿的洞）佳績，表現更上層樓。

綜觀主、客觀條件一切在演變，無我、眾生一體；不論在球場上或教室裡，這始終是顧老師開演教化的重點。在中小企業主雲集的禪友隊裡，曾經深耕企業人力資源的謝錦祥透過禪師與小白球，益發領悟到：用最簡單的力道、最輕鬆的方式、沒有主觀固執的心態，不僅能把高爾夫打好，亦會讓事業體營運得更加圓滿而順暢。

郭隆德——發現建築的另一祕境

擁有建築與史學雙碩士學位的建築師郭隆德，開業初階曾因頻頻接手建設公司販售房地產的設計案，迅速累積了經驗與人脈。不過，他並未繼續流連於商業手法貫用「大師打造……」的虛幻廣告形象中，四十五歲追隨顧老師學禪後，便因發現了建築的另一祕境，而將事務所幡然轉型。

他在公司簡介中這樣寫道：「本事務所永遠保持歸零的學習態度，不被過去的經驗所限制……；我們希望能創造屬於新台灣的居住文化，且對這樣的工作感到愉快。」**歸零的學習態度，正是具有禪修體驗的人共通的特質。**雖然郭隆德聲稱，自己並非教室裡投入最多的那個學生，他在耳濡目染的薰變下所感染「禪的隱微影響」，仍十分碩大的彰顯於建築領域的創新表現，以及他的言談和文章中。十餘年來，其思想刻劃的深度與眼界開展的廣度，已向國際建築界的水準靠近。

台灣人一定做得到！

這位身材短小精幹的建築工作者頭腦敏銳、見解犀利，眼見眾多同儕「長久懶於對所在土地做深切思考，反倒是很機伶的抄襲一些原本不屬於這塊土地上的樣式」，他毅然決定轉型。自一九九七年起，他的事務所本著相信「台灣人一定做得到」的意志，開始研發清**水混凝土工法**。

事實上，這項毫無表面裝飾的工法，原為建築最基礎的入門技藝；如何以混凝土做好空間，導演光與影，才是建築師顯示「功力」的重點。不過基本功的難度卻遠遠超乎一般人的想像，只要過程裡有些微瑕疵，例如縫隙沒接好、水與石頭的比例不對、灌漿的力道掌握不當，在在都會使模板變形，外表甚至還會出現裂縫。換言之，當模板一拆開，牆壁既不粗糙又沒有一丁點兒氣隙裂痕的平滑狀態，是極其微細的面面俱到下，才能臻至的成果。

一九九七年，當開創型的建築師郭隆德接到**博大科技廠辦大樓**的個案時，他以直覺斷定，這家清新樸實的電子公司外表應像小而美的實驗室一般，既有科學求真求實的精神，又能表現濃厚的人文氣息。此番訴求非常適合以清水混凝土的觀感來表達，然而發想這個創舉所需面對的考驗和挑戰，卻是一重接一重。

首先，他與營造廠都毫無實際經驗，只好先在工地試做並多方諮詢請教，才敢真正動工興建。由於是初試身手，他把使用清水混凝土的範圍盡量濃縮在一樓的結構體以及門廳，而整個大樓外牆亦採用了清水混凝土的預鑄版。但為了讓業主同步了解這個工法所代表的意義，和必須投注的心力，他展現了超乎尋常的詮釋和說服力。兩年後，座落於台中市工業路上五層樓高的博大科技廠辦大樓順利竣工，雙方都因此得到相當大的成就感。

「擔任設計監造的郭建築師不斷與我們溝通討論，其耐心與毅力十分令人感佩；」博大科技總經理廖本崇，為這段劃歷史性的合作留下評點：「作品完成，其空間效果及使用機能均極為良好！」

至於深獲業主肯定的郭隆德，則以真性情表露：「建築場所的精神感覺並非照片所能顯現，要身心都在現場才能感受得到；我個人就經常來到這棟建築前面，感受它的寧靜。」

與實相相應的「侘」與「寂」

建築物超越時空的寧謐感，是郭隆德學禪後所觀察到的一種形式上的禪文化表現。不過他曾為文強調，形式外表並非真正的禪；**禪是直接跟實相相應、直接的體驗實相**：

「人類靠五官接受外在訊息、用大腦來做判斷，大多數人都天經地義的過著這樣的生活；一般建築師也照這種模式來做設計。然而人世間有些事物並不是靠五官感知、藉大腦意識做出來的，**愈是用文字或頭腦去思考，反倒愈不得其門而入**。」

同時研究歷史的他深入探索後指出，在受禪思想薰陶尤深的日本文化中，有「侘」與「寂」兩個重要觀念。「侘」的本意為安於不足，不過分依賴世間的財富、權力與名望，但內心卻感受到超乎世間的更高價值。「侘」所追求的，**是安靜於對宇宙自然做入定式的觀想，對萬物感到本來如是的安穩**；「侘」之顯示出的，是樸拙簡單的事物。至於另一個字眼「寂」，也是一種單純清淨、毫無矯飾的孤寂、寂寥的事物，是時間在剎那間似乎停住的感覺。「侘」與「寂」**綜合了人們與實相相應瞬間的覺受，不單只靠視覺感官所能達到**。

環顧近代建築作品能展現「侘」與「寂」特質的，據他觀察，首推被譽為二十世紀現代簡約主義先鋒的**路易斯・康**（Louis Kahn），以及自學成功、風格亦素淨極簡的日本建築師安藤忠雄。有趣的是，在這兩位穿越東西方的建築工作者為人稱頌的作品中，不約而同多所採用清水混凝土建造；亦都曾獲頒有建築界諾貝爾獎之稱的普利茲建築獎。這個獎項自一九七九年起，每年都在來自世界各地約五百位被提名的建築設計師中，評選出一個個人或組合授予殊榮。獲此殊榮的創作者所表現出的才智、洞察力和獻身精神，及其通過建築藝術為人類與環境做出的傑出貢獻，顯然備受肯定。

不斷散發正向能量

在第一個清水混凝土作品成功問世後，郭隆德不僅受到外界矚目，自己也深獲激勵，因此確立了從業的前景與方向。「建築如果只靠炫麗時尚來打動人心，不會長久，」他篤定的指出：「人活著，也不是單為賺錢而存在，應該不斷對這個世界付出你生命中正向的能量！」

但即使意志堅定，在進行第二個清水混凝土個案——台中縣潭子鄉希華晶體廠辦大樓及宿舍時，他仍然甘苦備嚐。過程中，他前後和業主面對面開過六十次會議；竣工後終於領會到這樣的思想結晶：

「有人說革命必先革心，這句話用在清水混凝土的施工最恰當不過；心靈改造的程度之顯現於外，就展現成清水混凝土的品質。」

可喜的是，當希華晶體科技公司董事長曾穎堂驗收成品後，也給了他一個滿堂采。「他追求完美的耐心及毅力超乎一般業者，因而得以良性引導營造廠做好工程，是一位具有理想性又肯負責的建築師。」曾穎堂坦言。

建築是夢想與意志的實現。回顧歷史，廠房建築恰為現代建築、美學與工藝發展的主要發動對象；尤其在十九、二十世紀，一些開創型建築師，常會利用廠房建築做為新思想的實驗品。具有理想性格的郭隆德透過作品說明了自己，和他志同道合但素昧平生的業主，便循線連結到了彼此。

對郭隆德而言，與第一次興建廠辦大樓的映興電子公司合作，誠可謂是良駒之遇伯樂。業主全力支持他想為台灣建築界注入新啟示、為社會提供優良文化資產的發心，欣然接受以清水混凝土來凸顯樸實導向的企業文化。而這位習禪的建築師也表彰了「希望每一個作品都在進步」的意圖，準備更全面性的觀照人與建築物之間的互動。

每一個作品都在進步

這塊呈東西向略偏南的工地，座落於台中市工業區內。台灣氣候濕熱，郭隆德以遮陽牆與誘導風的方式為建築物的第一層皮膚遮陽，因而在南北兩面外牆使用了清水混凝土牆面。此牆面與第二層的玻璃窗之間形成一道巷口風，再配合中軸窗，便很容易把風誘導進來。由於遮陽牆擋住了大部分的直射日光，即使在燠熱的夏天，空調實際運轉容量只需原設計量的三分之二；而間接的日光漫射到室內，可令人的心情格外感到平靜。至於整棟大樓的外觀，則以充分表達清水混凝土的塊狀雕塑感為主；東向正立面採用實木格柵遮陽板，來調和清土的感覺，西向立面則減少開窗，以降低日射以及西側道路吹來的灰塵。

這棟面面俱到體貼人感受的建築物完工後，所引起的迴響已不限於使用端。為了成功的在建築工地全面打造清水混凝土，施工期間這位建築師一向喜歡親臨現場，以便如臂使指的隨時修正原設計圖的失誤，同時研究值得再予改進的地方。他掌握住每一個提昇建築品質的機會，因此大大鼓舞了全體包商朝世界級水準的目標邁進。有好幾個模板工、鋼筋工和搗築工都曾向他表示，能夠參與這棟廠辦大樓的興建，是工程生涯中最有成就感的盛事。

「建築師，我心情不好時就會來看這棟房子，至少我這一生還有蓋過這種等級的建築物啊，我的情緒很快就被撫平了！」一位模板工向郭隆德吐露。

事實上連同業主——映興電子公司，也都深被他在設計過程中展現的堅韌耐心以及理想所感染，「因此鼓舞了我們不可鬆懈！」董事長賴炳源說。而二〇〇四年《建築師》雜誌舉辦第一屆台灣綠建築的評選，這棟節能導向的清水混凝土建築，獲得了貢獻獎。

此次獲獎，似乎是他得到建築界殊榮的開端。五年後，他又因設計位於台中南屯區精密機械科技創新園區的**東林科技廠辦大樓，再度被《建築師》雜誌刊登肯定**。經由口耳相傳，這棟外觀充滿科技與時尚感的大樓，逐漸成為外地人造訪園區時的參觀景點；而郭隆德也津津樂道：「環顧全世界，一無同類型的建築物；這種**原創的本質，與東林科技的理念完全一致**。」

東林科技是一支以研發生產照明電子零件為主的企業團隊，**禪建築師希望建築體在夜間呈現出光之魅力，白天又能節省空調，符合綠建築低耗能的理念**。因此他使用了一個V型金屬牆來遮擋直接的日曬，天空光只能由側面間接進入。夜幕低垂時，V型金屬牆即搖身成為大型的光之背版，當投射燈由下而上打在V型摺牆的外面，宛若一束碩大的光之花朵，給人莊嚴華麗的愉悅感。他相信業主提供這樣的環境，必將使所有在此工作的人都綻放出無窮的創造力。

走出一條對了的路

走在建築的道途上，郭隆德一直十分尊重**萬物皆有意識，建築物亦然**。一棟好的建築物是在時間停滯時，依然有其雄厚的力量來告訴你，它是存在的；一旦親臨現場，**甚至還會被它的空間感所震懾到**！而當初建築師創作時的文雅思想，仍能如一道暖流般，汩汩注入參觀者的胸臆中。

「以前我看不懂時，曾經把魚目當成珍珠。但透過禪的訓練，我知道這樣的東西是可以做得到的；目前我還在奮鬥中，會對自己有所要求而不隨波逐流。」郭隆德說：「尤其是看到普利茲獎一屆屆得主的發布，更加肯定了我走的是一條對的路。將來如果台灣有人得獎，相信應該就是本事務所培養出來的建築師！」

許文福——用三法印逆轉人生

在台東出生長大的許文福，是一個本性樸實善良的農家子弟。自高農畜牧獸醫科畢業並當兵退伍後，他即北上謀求出路；但十年間隨波逐浪，一路上僅能摸著石頭過河。

他回顧自己在三十三歲以前的人生，彷彿只是一場調性沉悶的黑白電影，影片中劇情起起伏伏，始終未能擺脫娶妻生子後吃喝玩賭、上當受騙、資產瞬間歸零等種種負面內容。這段由痴迷與疑惑交織而成的旅程，不僅顛沛難行，他的那顆驛動之心，也一直處於流離失所的狀態。

發願「自利利他」

其實他對此生所為何來充滿困惑，打從二十八歲起，便在養生氣功、超覺靜坐與廟宇乩童等民間信仰間遊走逡巡，期能找到究竟決疑的「安心法門」。這樣東奔西跑的到處尋覓，終於結識了在禪教室開講的顧老師。

三十三歲那年，他首度聽聞到「**一切在演變、萬法唯心造、本來畢竟空**」的**生命實相**，接觸之初仍有少許疑惑，後透過坐禪直接驗證，果然萌生了切身的實際覺受。

許文福深慶自己因遇大善知識而能究竟安心，第一次打完禪七，就發下「**今生亦要像顧老師那樣開悟成為覺者，自利利他**」的弘願。為了實踐弘願，他重新調整生命的錨頭，決計從此以後要樂道安貧；也就是說，**生活中將以學禪優先**、賺錢營生次之。心意既定，他當即採取行動，辭去了每天朝九晚五、難以請假參加禪修的畜牧場工作，轉換到一間家庭式流星燈加工室做學徒。

他的收入十分有限，但因妻子也同時就業，兩人抱著夠用就好的心態，勉強維持一家四口的生計。而他把據此換得的「**時間自由**」，全然用在「**有課必聽、有七必打、有七必護**」上，一心一意接受禪教育。

但這間流星燈加工室因不敵此一產業日漸萎縮的壓力，不得不縮小規模。所幸經過兩年在職訓練，許文福已成為一個足以包攬舞臺燈光工程的師傅。包工狀態的他，仍然享有時間的自由度，他掌握優勢，不但充分閱讀經典、參加禪七、反覆聆聽初階的十二堂課，還經常跟隨在顧老師身邊，密集領受禪師言教與身教的薰變。

屈指一算，這樣自由度日四、五年下來，他已上過十多輪由顧老師親自闡述的禪法。以往的痴迷與疑惑，併同賭博和追逐聲色犬馬等不良習氣，在他深入體解生命的來龍去脈和其價值後，便在不知不覺中點滴消融了。他與長期聽聞的禪講座愈來愈能直接相應，明顯的事例是，雖然收入並不豐碩，但每個月仍會撥出收入的十分之一布施出去。

創業——營生的轉捩點

不過眼看自己的兩個兒子已屆臨升學的關鍵期，往後勢必需要一筆教育備用金，他不禁在「**時間自由**」之外，又為將來的生活附加了「**經濟自由**」的願景。把這兩個條件相加在一起，他很自然的設定：**自己應該創業做老闆**。

與一般創業者不同的是，三十八歲的許文福既沒有深厚的口袋、又缺乏專業技術，更遑論銷售的通路。憨直而不諳生意門道的他唯一具備的，是融通禪法後「**凡事正向**」的信念：**即使赤手空拳，仍然相信自己絕對會成功**。

許文福決定從舞臺流星燈的加工、銷售，再兼燈光控制器的買賣做起。他戮力拓展業務，半年後，竟被一位客戶倒掉六十萬的貨款，他的資產再度歸零，甚至轉為負債。第七個月又被倒了一筆帳，所幸隨即便碰上他抱了一年的股票，連續漲升十八支停板的美事。這百分之兩百的獲利正好彌補了他的資金缺口，也讓他體驗到**一切在演變，下過雨後就會天晴**。

提供他貨源的上游廠商——由軍中同僚胞弟經營的電子公司，原本專事生產霓紅燈光控制器，同時也代客戶設計自動控制系統。他們雙方的買賣關係逐漸發展成為相互投資的事業伙伴，許文福因此踏進了舞臺燈光的產業，並擔任這家公司的董監事，協助開發燈具、推廣外銷，創業未久，即已從行銷端，走到了產品製造的上游。

從台灣第一到世界第一

有願必成。他雖不諳英語，卻對拓展外銷具有十分積極的構想。因為台灣市場的規模太小，難以有爆發性的成長，他相信**一定要跟全世界做生意，方有前景**。既然要跟全世界做舞臺燈光的生意，必得出國觀摩，進而參展。

他來到歐洲，發現義大利人雖有獨特的設計品味，但因社會福利甚優、每年夏天都要休足一個月的假，在這個行業裡，似乎並沒有培養出具備全方位經營能力的人才。

「台灣人拚勁十足，即使發展慢了一、二十年，**要後來居上超越他們，仍是可行**

的。」他的腦海裡，因此勾勒出一幅**「要先做到台灣第一，再邁向世界第一」**的藍圖。

儘管希望遠大，現實仍然逼人。第一次參加義大利舞臺燈光展，他所印製的千份產品型錄乏人問津，最後也只接到少量訂單。不過他鍥而不捨的繼續參展，終究開發出許多重要客戶，公司的年營業額也累積到近億元，這讓他更加確定了自己的發展方向。

「在商場上做生意，最主要的就是**能夠掌握市場的脈動與趨勢**。」許文福說：「顧老師經常教導我們看事情要**一體全觀**，培養我們的洞察力、直覺力，並具備遠見。長期聽課、深入經藏、打禪七、護禪七、茶話泡等等的教育內容，其實都在琢磨禪弟子任事時，**具足敏銳觀照全局與細部的智慧**。」

他身為禪教室第一期學員，多年來的學習成果總在不經意間自然展現。

九〇年代初，中國改革開放的腳步顯見加速，偌大的新市場霎時**成為全球經濟矚目的焦點**。但因其法令規章不明、人治色彩較為濃厚，經營環境的不確定性偏高。只是即便在**「既期待、又怕受傷害」**的矛盾心情下，以追求利潤為天職的商賈仍然摩肩接踵、躍躍欲試。許文福也在北京首度開辦舞臺燈光展後，連續兩年親臨現場探試水溫。

零資金的商業模式

不同的是，他有明師可供諮詢。上泡茶課時，同學主動提起「可否到大陸做生意」的話題，顧老師雲淡風輕的下了一句註腳：「**這個地方，是有可能讓你的財產瞬間歸零的呦！**」他把警語銘記在心；明知山有虎，四十三歲那年決定仍向虎山行之際，其實早已謀定「**既到此一搏，必立於不敗之地**」的法門。

他不吝分享門道：「我在大陸行銷燈具，啟用的是零資金的商業模式。」也就是說他賣東西給客戶，**台灣交貨月結、大陸貨到收款，並無需投注資金、承擔風險。要訣在於：**得找對客戶。因此，他選擇代理商優先考量兩個條件：一是，要比他更有財力；二為，在地方上人脈關係良好，足以解決各種難題。至於行銷能力，倒非他所在意，因為「客戶若不會行銷，我們還可以教啊」！

大陸幅員廣大，許文福經營具有時效性的流行商品，初次伸出觸角，選擇的據點是競爭最激烈的沿海地帶——廣州市的番禺行政區。他的代理商同時兼賣一家丹麥公司的產品，頗受市場青睞；而他所行銷的台灣品牌卻受困於知名度不夠，業績遲鈍。因他甚為看好大陸市場的發展前景，在北京盛大舉辦第五屆舞臺燈光展時，便把登陸後賺得的第一桶金全部投入參展，期能提升品牌知名度，並結識更多新客戶。但五天的展期內錢是燒光了，結果卻不如預期。

其實這樣的情勢，在他進入大陸的第一天便已洞見。他無時或忘「**一切以學禪優先**」的初衷，但要深耕一個新市場必然曠日廢時，且需有常駐的設施與人事考量。因為不願錯失顧老師每週一次的中階課程，打從一開始籌設公司，他的腦海裡就已浮現需盡早擇定自己的「分身兼接班人」的想法。這意謂著，只要他把獨到的經營理念完整傳授予接班團隊，即可超越時空阻隔，實踐他篤信的「**一切在演變、萬法唯心造、本來畢竟空**」的「三法印」經營觀。

以靈活度取勝

和競爭對手比較起來，這個**具備禪思想的團隊經常是以靈活度取勝**。例如，「其他業者不願承擔售後服務，因為這樣會虧本；我們公司則願意提供，」許文福娓娓闡述：「我們對客戶推出五年保固、一年免費維修的保障，同時設定，一定要使用我們銷售的煙霧油，才能得到後續服務。**我把兩者綁在一起，非僅不致因免費維修而蝕本，更能贏得客戶的信任，還讓品牌在市場上逐漸扎根**，使『Antari』躍升為煙霧機裡的大陸第一品牌！」

逆境的考驗，往往尾隨在意氣風發的順境之後。他一手擘畫了「**先做舞臺燈光的台灣第一、再做世界第一**」的藍圖，所擔負的是開創的布局與決策，一年大約只需視察

七、八趟，每回待上一、兩週，即可返臺。而僅是這樣的顧頭顧尾，便能獲得極佳利潤，他把利潤再繼續投資，公司快速成長，但反而造成股東之間理念不合的危機。

始料未及的是，當並無防人之心的許文福正沉浸在一帆風順的成就感時，**居然瞬間被迫退出股份與經營，現金與通路全由對方接收**。他在台灣所下的訂單沒法兒出貨，不僅存貨與罰款咄咄逼人，就連寶貴的信用也岌岌可危。幸虧他早已設定了一筆因應突發事件的準備金，**在啟動危機處理的機制後**，他照常支付了絕大部分的貨款，**總算未被擊垮**。

許文福盡心竭力推廣所代理的台灣品牌，讓廠商的生意扶搖直上，卻在不盡情理的狀況下把經營成果拱手讓人，心海裡並非未起波瀾。他跟顧老師報告了自己遭遇的橫逆，禪師當即提點他：**「如果你們繼續爭鬥，兩敗俱傷的結果，兩年後兩家公司都會倒閉！」**他聽到此番饒富智慧的告誡，心境的擺盪便被撫平了，取而代之的，是一股重新學習、讓自己再成長的動力。

器度恢宏，因禍得福

無風不起浪，他開始反省自己之所以遭受挫折，必定是待人處事猶有未盡周全之處。在此之前，他不曾讀過有關經營管理的專業書刊，也沒有上過財務會計的相關課程，因此，他報名參加此類的研習營，連續上了半年的課。在心情平復後，他更能看清負面思考不能解決問題，「只是拿個槌子自己打自己」；而人各有志，「有時候拆伙是正常的，反而給了你往上調整提升的力量」。觀念圓融了，敵人即非敵人，他甚至重新伸出友誼之手，主動邀約這群老戰友閒話家常。

一個人的胸襟與器量，往往在被人坑陷、傷害時，最能無遮的顯現。他的另一合作伙伴——台灣規模最大的舞臺煙霧處理機 Antari 老闆，旁觀他遭人打壓的種種內情，不禁對他被嚴重打壓時，竟能不報怨反擊的恢宏大度另眼相看。因此，這位業者不但答應讓他展期付款，還邀請他入股公司，為他寫出「因禍得福」的事業新版圖。

對許文福而言，要東山再起並沒有太大的困難，因為他已掌握到「做生意賺錢一切靠心念」的祕訣。舞臺燈具的產業市場競爭非常激烈，台商的工廠規模又不夠大，他登高一呼，把幾位合作的伙伴召集起來共同投資，又邀請技術本位的台灣霧峰燈具（ACME）加入合作團隊，轉進生產的行列。

當此關鍵時刻，他鄭重向宇宙發出心願：五年內要晉升為大陸舞臺燈光娛樂業最受歡迎的第一品牌；並做到外銷第一名。因而，他不惜縱身跳到第一線，接掌工廠的經營管理。以往他赴大陸視察業務很少待到超過十天，但這一回他足足長住了七個月，為的就是要把整個工廠的營運系統建立起來。

不比價錢，要談「信用」

他全心全意投入，每天工作十七、八個小時，幾乎跑遍了數百家衛星工廠，期能架構出內容廣包研發、設計、生產、品管，以及行銷等多種類目的順暢生產體系。但他從不曾開辦過工廠，也不諳此中技術，如何承擔起這樣艱巨的任務呢？

「顧老師所教授的初階十二堂課，**是人類思想的最高指導原則**；把人類運作的背景理論與實務會通之後，自然而然就有辦法解決各種問題。沒有專業、沒有通路、沒有資金，也能成功。」許文福如是說。

好不容易讓工廠綱舉目張，但七個月下來光是開辦費用，便已支出了七成多的資金。他快速整合內外部資源，積極培育人才，建立營運系統，並把多年歷練獲致的心得，與三法印的經營觀當作資產，連同七百萬負債一起交付給接班團隊經營，自此從投資大陸的實務工作上逐步退休，泰半時間回歸禪林。

接班的執行長尊奉他為解決疑難雜症的「**智庫**」，仍然不時向他挖寶請益。有一次他們在創新燈具時遇到兩個技術性瓶頸，直接來電詢問許文福，他依禪行者的直覺丟出一句話：「**去我們所有的衛星工廠看一遍，答案應該就在裡面！**」

不出一個禮拜，執行長即電告他：「經由觀摩學習，兩個技術問題都順利解決了！」這一盞新開發的燈具廣受美國市場歡迎，公司的生意也開始快速成長。二〇〇八年北京辦奧運，他們不僅接到外場舞臺燈光的大訂單，就連長時間談不下來的音響部分，也多所斬獲。

「我跟執行長說，不要跟人家比價錢、論產品性能，要跟他們談『信用』。」許文福回憶：「我們長期累積出的商譽深受市場認同；他跟我們買東西，晚上可以安心睡大覺！」

傳遞三法印的經營觀

而他最重視的始終是傳承，歷經十餘年的大陸商場生涯，的確把自己得自於明師的「心量與品德」，傳遞給周遭的人。或許正是良性的人格特質產生蝴蝶效應，座落於廣州佛山高明區擁有三萬坪廠房、近千位員工的佛山毅豐電器公司，已成為該區台商第一名的標竿工廠；「ACME」亦已躍升為大陸舞臺燈光中的第一品牌。

因經營團隊合作無間，妻子也支持他感恩與回饋的理念，許文福得以一無後顧之憂的推動自利利他的禪林基業。多年來他始終出錢出力，在台灣花東一帶為鄉親公益講授「啟示人生安樂門」的宇宙實相，只問耕耘、不問收穫。三十三歲之前的黑白人生，早已逆轉得光彩絢爛、亮照行人。

曾經擔任跨國流通業總經理的謝錦祥，是許文福的同參道友。他在積累了豐富的實務經驗後，又進研究所攻讀 EMBA，並以「毅豐電器」為實例撰寫論文報告。經過深入探討，他如此為許文福參禪成功的創業之路留下註腳：

「經理人最大的盲點就是執著於固定的型態，不願調整經營模式。但奉行禪法的許文福能夠從無我的角度感知環境變化，快速吸收新知、整合資源、建構競爭優勢；檢驗他所有的經營策略，其實都十分符合最先進的專業管理原則。」

黃飛——直心探索，繪出「本土油畫」

從台灣最大的藝術入口網站——全球華人藝術網，進入畫家黃飛的專屬網頁，如果你只瀏覽他光彩亮眼的種種資格與學歷，所認識的將唯其體表。若能進一步走入他的創作殿堂，凡是熱愛繪畫的同儕幾乎無不知曉，這位近四十年來畫筆不曾停歇的藝術工作者，已然超越學院派所可加諸的名相與定位，自行開創出一條融合東西文化特質、深具細膩內涵的油畫新路。

黃飛是師大藝術學院美術研究所西畫創作的碩士，曾經在國內外各大美展獲獎二十餘回，並被十數個畫會網羅為成員。「我的作品為道地的台灣油畫！」在部落格上他氣勢干雲的昭告天下，油畫的宗祖國雖在歐洲，卻被他成功注入了地方色彩。

直心體現、一切唯心

他不吝公開剖析自己饒富實驗精神的創作心路。「我受學禪的影響，」畫家強調：「因著對『一切唯心』和『直心』的實踐，我把積極的生命力同時表現在生活以及創作上，讓作品真誠、直心，具足生命的熱情與光明力量。」換句話說，黃飛是藝術領域裡鮮見的禪畫家。追隨顧老師學禪至今二十年許，恰正與他繪畫生涯的後半段重疊，因此足可鮮明對比出，他受禪教育衝擊後所展現的不同思維與風貌。

黃飛的父親是一位民藝雕刻師，儘管血液裡承襲了喜愛美術的因子，但受家境限制，直到讀完師專、服務教職、拿到第一個月的薪水後，他才有能力購進一套日本集英社出版的二十五冊西洋繪畫全集，藉以開拓眼界。然而除了閱覽畫冊之外，在小學裡教書的環境與氛圍，仍是相對閉塞的。任教初期，他甚至無緣觸及自己的美勞專科，後來雖回歸本長，但也並未在教學裡找到真正的樂趣。

年輕時的他個性較為急躁，對學生的要求亦偏嚴苛，遇事往往會從自己的立場發想：「為什麼他們不能……？」因此經常處於不順心的抑鬱情緒裡。這樣日復一日，不僅生活中少有驚喜，與美術相關的造詣也難以突破。於是他決定報考師大美術系，利用晚間的課餘之暇繼續進修。二十九歲畢業之後，他的視野和能見度果然得到初步提升。他接二連三被繪畫及美術教育會社延攬為成員，所創作的油畫及水彩作品，也不時在個展和聯展中發表問世。

這段時期他先是以鑽研東方的水墨畫為主，但對其他媒材也做了廣泛涉獵。不過約略過了五年，他終於決定專事油畫創作，逐漸展現出運筆深受東方水墨畫精神與技法影響的獨特探索與個人風格。

黃飛橫跨東西的繪畫技法大探索，在四十歲那年得到新養分。此時他結識了顧老師，一腳踏進禪的世界。儘管長期以來他亦以人師的身分作育英才，對於「老師」角色的啟蒙，卻從接觸禪師的身教後方才開始。

放鬆、放空，創意自然浮現

以往他在師專的教育體系裡所接受的，一向是直線式的思考、單一方向的認定，腦海中總以為對錯的標準只有一個，對就是對、錯就是錯，因此才會急切而嚴苛的對待學生，導致雙方關係緊張、教學缺乏趣味。而顧老師面對價值觀殊異的各類學員，卻無一不是極盡細心與耐心的循循善誘；他的想法不停變換、無所拘泥，黃飛受此感召，主動發現「若能從另一個方向和角度來思考，事情的面貌就會變得很不一樣」。

這樣的新思維也和畫家的禪坐體驗有關。坐禪時，他把自己放鬆、放空，許多前所未有的想法便自然而然浮現出來，對他產生莫大幫助。他印證到一切唯心所現，只要在思想和態度上調整一下，結果便會整個轉變。黃飛因此而首度突破的，是以往嚴肅且沉悶的美勞教學。他從一貫習於下指令，變得較能傾聽學生真正的需要，知道究竟該給他們什麼。令人驚喜的是，如此的小幅翻轉竟重塑了課堂的氛圍。學生開始喜歡這個老師，期待能和他玩在一起；而他也視上課為一種享受，不再是事與願違的折磨。

師生一同快樂的「游於藝」，帶給他的尚不只是教學上的啟示。「其實藝術的本質就是『玩』，如果設定目標追求突破，反倒變成前進的壓力；凡有壓力，便會使人停頓，」黃飛這樣領悟：「若能把藝術當成自己的興趣，自發性的想要深入再深入，反能不間斷的挑戰自我！」

這番見解並非紙上談兵，他很快便用行動具體展現了其中的奧妙。二〇〇〇年顧老師率領學員參觀歐洲的美術館，正在研究油畫技法的黃飛亦加入了此一盛會。當一行人來到法國的羅浮宮、奧塞美術館欣賞名家作品時，亦步亦趨緊隨禪師目光的畫家，聽到了這樣的提點：「法界物體幾乎都是透明的，陽光灑在樹葉上，葉背也應該有光影穿透的感覺。」

用透明感來檢視畫作的層次與細膩度，是黃飛首度聽聞的新思維。他始終相信藝術的表現其實就在直心，新的觀念激發他思考：如何才能在仍然忠實表達自己覺受的前提下，畫得和以前不一樣。事實上，為了更廣泛的了解各種媒材的特性，以便超越傳統油畫堆疊式的上色法，做出猶如水墨般的流利暢快感，黃飛在一九九七年又考進師大美研所攻讀西畫創作。二〇〇〇年的歐洲行，恰是他自研究所畢業後的第一趟觀摩之旅。

「你要走自己的路！」

回溯在美研所兩年多的修習裡，他所致力的亦為尋找油畫新風格；其間曾以東方水墨精神的造境表現，獲得有「油畫師公」之稱的師大教授陳銀輝油畫創作首獎。陳銀輝評述此時的黃飛，已讓人看到「一位有個人風格的藝術家成形」；他這樣期許這個後起之秀：「你畫得很好，但究竟有沒有自己的東西呢？你要走自己的路！」

於是禪師所給的命題：繪出光透的景物，和他多年來持續鑽研的技巧，以及學禪所得的心法，就在此一關鍵時刻交疊會合了。他在嘗試一條無跡可尋、但由自己開創出的油畫新路，其間的路標大致為：運筆流暢、光影通透、層次分明，主題刻劃細膩而深刻……，若能圓滿達成這種種挑戰，應運而生的，將是一幅幅動人心弦的藝術作品。

學了禪的畫家黃飛領會世間一切唯心所現，所以凡事正向看待，絲毫無畏於挑戰自我。他剖析，禪的長期訓練讓他培養出一體全觀的能力，當他靜下心來把所有東西都放空，便不只看到表面，還能透視主題的內裡，因此而層次豐富的從最裡面畫到了最外面。這樣的宏觀加上微觀，自然使他的深刻度與細膩度都超乎尋常的躍然紙上。也因為認識了禪，他的包容性變得愈來愈大，不會局限在我執之中排斥其他繪畫形式，自然很容易融會吸收新的養分。

「禪能讓你很快就達到你所想要的境界，」黃飛深蒙其惠的分享：「這十年來我突飛猛進，畫得既開心又有成就感。我所期待深入的景況，幾乎都已經做到了！」

值得一窺的是，十年之間，黃飛究竟做到了些什麼？

他潛心試鍊，運用水墨暈染的技法以濕筆畫布調色並一次完成，取代油畫素來的以乾筆層層疊色，終於開創出獨具個人風格的新畫法。畫家既有自己的創見，也就展露了藝術性。這種有別於一般西式油畫的筆觸，引起畫壇的議論。曾經勉勵他「走自己的路」的前輩畫家陳銀輝，便為文肯定：

「欣賞他近期的作品，不論人物、風景或靜物畫等，都有著一種優雅的個人氣質。他將油彩揮灑暈染如水墨、如水彩般自在，流暢的筆觸如水墨寫意般自如；而且生動的寫實表現，更保有油彩色層的豐富性，**兼具油彩與水墨的特色……，確實創造出不同以往的油彩感受。**」

就連喜好藝術的前總統李登輝，在一次畫展中觀賞到黃飛的作品時亦曾驚嘆：「他畫的是油畫，看起來竟像是水彩呢！」

靈活細膩，畫如其人

透過眼見為憑的口碑，黃飛彩繪實體栩栩如生的細膩度，漸在畫壇闖出了「很難有人出其右」的名聲。他畫人物，不像早期的畫像仿若木刻般只有表層的皮囊，而是如一個胎兒那樣，初始混沌，逐漸愈來愈清晰、愈來愈細緻，甚至讓人感覺到他有重量、是活生生的；表皮的色彩投射出肌肉、骨骼、血液、器官等內在的含藏。他畫水果、蔬菜等靜物，不似一般作品只相像但乏味，而是能夠傳輸出蔬果的甜美與新鮮度。面對風景、花卉亦然，他始終揹著畫具，勤勤肯肯、踏踏實實的到台灣各地寫生，追隨大自然的方法來創作；寫實之外，更表達出其中的生命力。

事實上，在掌握住繪畫的本質、形、色、精髓與精神後，黃飛已得心應手，常能在短短數小時之內便完成一幅作品，其層次之豐富不亞於別人長時間營造的結果。學禪使他思想開闊、創作力源源不絕，二〇〇〇年後，每年都以畫展與同好交流。反觀他在師大美術系及研究所的同學，絕大多數均已棄置了畫筆，塵封所學。

擁有個人畫室與教室的黃飛，在這條路上始終樂此不疲。一天，教室裡走進一位想要從他學畫的女士，他定睛一看，竟是當年的大學同學吳玲君。

「他的畫作令我驚豔到傻眼，」吳玲君說：「讀大學時其實我們畫得還差不多，如今他已能如此精準拿捏繪畫主體的型態與線條，色彩豐富、層次又多，筆觸也生動流暢、富有韻味，功力早已堪任我的老師。」

而累積三十年扎實經驗的黃飛，**所可傳承的並非僅是創新的技法，更是他不藏私、樂於分享的心量，以及畫如其人的靈活大方與包容力**。他不惜透過部落格，公開自己探索出的寶貴「Know How」；也不吝開放時段，把面向大街、灑滿陽光的畫室，提供給需要的同好一起利用，渴望帶動台灣畫壇全面性的提升。

走在繪畫的創作路上，黃飛曾經既嚮往東方的藝術形式與精神，又喜愛西方的繪畫媒材。他認為「**直心即本土**」，多年來遊行於東、西方藝術之間，他找出個人獨特的表現方式，終於完成了道地的「**台灣油畫**」。

至於他的下一步呢？這位禪畫家老神在在的說：「我要極善思考自己還能做些什麼；經驗告訴我，**只要放鬆、放空，凡事一定可以水到渠成！**」

第七章

覺士的傳承

生也有涯，禪也無涯；禪的盡頭，就是開悟實相，成為解脫自在的覺者。因此，數十年來，顧老師始終以親身實證的經驗，教化眾生「凡夫可以成佛」。

而人腦與佛腦的差異，在於前者粗糙，後者微細。當微細度愈深，心識的自由度就愈加廣泛；你會知道一切事物的發生之先，真理、實相，將不言可喻……

「我在把人腦雕成佛腦！」

吉兒・泰勒（Jill Bolte Taylor）是美國的神經解剖學家，同時身兼哈佛大學「腦庫」的代言人。一九九六年十月十日清晨，這位三十七歲年輕科學家的左腦血管突然爆裂，她嚴重中風了，但並未被擊垮！

其後四小時內，她用好奇的雙眼看著自己的左腦功能徹底退化，意識和現實經驗分離，已無法主導生命。到了下午，她發現自己仍然活著，身體就像神燈精靈那般膨脹，靈魂又如鯨魚般在極樂的大海中遨遊；她感受到一片祥和與極樂，不禁自我認定，當下似乎已經達到諸多佛教徒所嚮往的「涅槃」境界。

「這個難得的中風經驗何其寶貴，它讓我了解到應該如何活出我的生命。原來只要人們願意靠著意識跳出左腦，進到右腦來尋找這份內在的安詳，就可以隨時隨地處於這樣的和諧狀態。」

親蒙如是激勵，泰勒博士在醫生為她清除大如高爾夫球的腦部血塊後，花了八年時間奇蹟似的完全康復。

你、我究竟是誰？

二〇〇八年，美國《時代》雜誌推選吉兒．泰勒為全世界百大影響力人物，因為這名經歷腦部罕見創傷的解剖學家，親自走過沉寂的心智迷宮，並藉由著書《奇蹟》（*My Stroke of Insight*）和演說，普遍宣達了如下的新思維：

「你、我究竟是誰？我們是宇宙中的生命能源，有著靈活的驅體以及兩個各司其職的腦部。我們都有能力決定這一刻要成為什麼樣的人，你可以來到右腦的意識裡，成為宇宙中的生命能量，與一切合而為一；也可以進入左腦的意識，變成一個獨立個體，不再與周圍的世界發生關係，和大家產生關聯……。」

反觀傳承於佛陀的開悟之道，圓滿證悟生命真相與多次元宇宙實況的顧老師，雖未手執解剖之刃、血光之刀，卻是當前地球上首善開發人類大腦潛能的現代禪門師祖。透過與佛同等覺的「金剛喻」大定，他不僅洞見所有眾生清淨無染、至真、至善、至美的本來面目，更具足了如何用最安樂的法門，幫助學人提升轉相的無垠智慧。

「三十多年來我所從事的工作，就是把人腦深化的雕塑成為佛腦。」乍聽之下，顧老師的昭告彷彿出自一位專精腦部微整型技藝的醫家，但實際上，這位大禪師所對治的病灶，幾乎悉數均為由執著抓取造成的心障與弱智。

誠如地球上第一位宇宙覺士——釋迦牟尼佛在夜睹明星時的徹悟：奇哉！奇哉！所

有眾生皆具如來智慧德相，只因妄想執著，不能證得。亦如以佛陀為師、找到真理的顧老師，在一次公開演講中所彰顯的智慧實相：人類大約只使用了大腦含藏百分之三的心智，其餘百分之九十七尚待開發。而人腦整個第六、七、八、九識的共同結構完全相同，只是依據個別的習慣性、執著性，抓取了自己偏好的那部分出來罷了；所未開發的，每一個人都圓滿具足，是完全一樣的。值得探勘的是，人腦與佛腦之間的差距究竟何在？這位明師又如何驅動眾生、不斷進行自我開發呢？

成佛——究竟通達絕對真理

開辦禪教室些許時日後，顧老師終以「大毘盧遮那禪林」為其命名，箇中意涵平等而開闊。「禪林」二字設定說，經由訓練、透過修行，在此習禪的每一個人皆可光明遍照，成就本來如是的法身佛。他親身走過這條轉相之路，洞然明白的指出，人腦與佛腦的差異，即在於粗糙與微細之別。演進的過程大抵是：身心的執著性愈少，就愈能淨化、提升；愈能淨化、提升，身心就益發轉為微細；當微細度愈來愈深，心識的自由度就愈加廣泛。

「你會知道一切事物的發生之先，真理、實相將不言而可喻。」這位宇宙覺士如是為等同於佛的微細度授記。

至於所謂的「**成佛**」，意即**究竟通達了諸法實相畢竟空的絕對真理**；窮遍天上天下，標準只有這一個，無論溯古或是論今，名額從來就沒有限制。歷代祖師大德對求法者當機逗教，也幾乎無不是**以啟發學人悟入本體的空性**，為首要之務。

只不過隨著禪風由唐朝盛極而衰，及至元朝及明代中葉鍛鍊法廢，已如寒灰枯木。到了明末清初，終有僧人**晦山戒顯禪師**仿《孫子兵法》的筆觸，針對當時宗門空疏顢頇的流弊，列舉出整頓叢林、鍛鍊禪眾的法要。箇中內容兼及師家和學人，既有期許，亦見鞭策，經多次影印而流通一時。這本**禪門訓練書**，後被收進**《卍字續藏》**第三十六冊，因此亙古流傳的**十三則鍛鍊綱領**為：

一、**堅誓忍苦**：為長老而不能使眾生開悟佛性，是謂盜名；居正位而不能為佛祖恢廓人材，是為竊位。是故必須苦心勞身，先起大願、立大誓，然後顯大機、發大用。

二、**辨器授話**：欲鍛鍊禪眾，必善辨其機器之利鈍、參與之深淺，示以不同的話題。

三、**入室搜括**：長老立限打七、領眾參禪，必須識其人，知其本參，不能虛應故事，故參究之法必須猛利，使人益於省發；搜剔粘縛必須徹底，使人盡去禪病。

四、**落堂開導**：參禪不可胡亂卜度，亦不可死守話頭，故長老當禪眾靜坐時，須示令其放下萬緣，銳意研窮、盡力挨拶，久之則情識盡、知見忘，悟道易。

五、**垂手鍛鍊**：長老在禪堂須時時隨眾行坐，務將學人曠大劫來識情影子、知見葛藤，摟其窟穴、斬其根珠，使其無地躲避。

六、**機權策發**：說禪門鍛鍊，利在運用超越常規的逆法、惡法，用威、用權，使其透關而徹悟、憤厲而向前。故鍛鍊一門，事有千變，機用至活也。

七、**奇巧回換**：善知識者「因病與藥」，善用回換，或眾中逼拶，有隙即攻、有瑕即擊；或在學人將通非通之際，令其再問；或舉一反三……。

八、**斬關開眼**：即斬破重關，開人眼目。欲得斬關之訣，其功存乎逼拶，其奧在乎回換，其力又係乎開導而策發。

九、**研究綱宗**：學家務徹古人堂奧，師家務令透綱宗眼目，庶不至彼此承虛接响，而正法眼藏得永遠而流傳。

十、**精嚴操履**：宗門修行，必行解相應。學人道眼未開，先令參究以鍛其解；當大事既明，即令操履以鍛其行。長老必以身作則，精嚴行解，以為法門楷模。

十一、**磨治學業**：欲眼目後進、決擇人天，必須通內外之學。非內則本業不諳，出世何以利生；非外則儒術無聞，入世不能應物。

十二、**簡練才能**：造物生人，全人少、偏才多；才德相濟者少，不相濟者多。長老須量才任用、賞罰分明，在叢林的熔爐中陶鑄成材。

十三、**謹嚴付授**：根器不論利鈍，皆可經鍛鍊而成良材；然並非一經省發即可付授。寧慎無濫，寧少而真，毋多而偽。

晦山戒顯禪師之所以力撰「**禪門鍛鍊說**」，旨在整頓歷經元朝的異族統治，時屆明末顯見頹廢的禪林僧團，務使其能「重綱宗、勤鍛鍊、持謹慎」；這位禪師訴求的目標，自是剃除鬚髮、專事修行的出家眾。時空流轉至二百餘年後的台灣，雖然舉辦禪七的風氣日益興盛，卻似乎獨有顧老師主持的大毘盧遮那禪林，一本佛陀教示，普遍對於來自不同背景的社會大眾，提供足茲從人提升成佛的「轉相」訓練。

若遇正修行路，皆成佛果

即使訓練的取向與「禪門鍛鍊說」一無二致，但身處於電腦崛起、網路發達，智慧型裝置昌行的資訊革命時代，再加上顧老師所接引的，又多是必須為生活奔忙的一般芸芸眾生，這樣的教化，顯然更具挑戰性。

「學員的背景、來源，師家的教授方法和引導手段，都會使禪訓的效果不一樣，」投入實相教育三十餘年的顧老師這樣歸結：「比起全力以赴的專修人士而言，兼差式接受禪訓所要耗費的時日，自然會更長一些。」

不過，誠如闡明眾生本具圓滿心智的《圓覺經》所言：

「此菩薩及末世眾生，修習此心得成就者，於此無修，亦無成就，圓滿普照，寂滅無二。於中百千萬億阿僧祇不可說恆河沙諸佛世界，猶如空華亂起亂滅。不即不離、無縛無脫，始知眾生本來成佛，生死涅槃猶如昨夢。」

又說，「**若遇如來無上菩提正修行路，根無大小，皆成佛果。**」和大藏經裡記載的諸多禪師相較，圓滿正悟的顧老師至為殊勝的，正是他**無限活潑、無量智慧的教學方法**。在初級班的禪七訓練中，他除了妙趣橫生的講述自六祖以降，禪門五宗七家的祖師行持與不同風格外，更對新參們開門見山、直指其心的醍醐灌頂。

當年還在東吳大學商數系就讀的道寬法師，至今仍然記得他與禪師的首度對話；而這也是他在顧老師門下受教，所接收到的第一顆震撼彈。

「老師告訴我：『**你就是佛！**』我說：『我不是！』他說：『**你就是啊！你只是不敢當下承擔！**』」

然後，他從五雷轟頂般的茫然震驚，逐漸回過神來細細咀嚼思惟；只是等到他幡然有省，已是多年以後。「時間、空間原為虛幻、變化的，**一旦突破時空的框限，人人皆可即身成佛，也本來是佛！**」道寬法師終以如是見地，回應了禪師丟出的話頭。

你就是佛，承不承認？

耳鼻喉科醫師賀自立，童年時期經常看到祖父在家**攝心靜坐**。他從十幾歲開始便對時間、空間這捉摸不定的東西深感好奇，但又無從探究真相；剛接觸禪教室時，他只想學習打坐，沒有料到因此打開了一片嶄新的視野。

「時間並沒有固定相，如果你能跳出它來看，被線性定義的過去、現在、未來，便會收攝在同一點上，是可以一體全觀的！」他聽到顧老師在課堂上輕鬆自如的這樣表述，並反問同學：「你就是佛，承不承認？」當下不僅找到了遍尋不得的時間鎖鑰，還意外接獲這份貴重的厚禮。

「這位老師在啟發我們凡夫可以成佛，更重要的是，他願意拉拔我們走上這條光明大道！」賀自立逐漸體會出，自己得識明師的際遇百劫難逢。

人類的潛力無窮，卻往往混沌不知，一生旅程多半在功名利祿、五子登科的道途上打轉。「沒有明師指路，我們根本無從知道此生還可以透過禪訓，把自己本具的佛性開發出來，」這是許多進入大毘盧遮那禪林中級班的學員，共同的心聲。不過，就連立弘誓、發大願的顧老師也不諱言，「對人類而言，在原來沒有這個需求的情況下，要放棄很多固有的東西來尋找新的可能性，的確比較困難一點。」而這位大禪師給自己的使命即是，「一定要告訴每一位學子，幫助他們把提升成佛的需求引導出來。」

禪訓四部曲：養、套、殺、活

親身走過這條罕見修行路的顧老師，到底又是如何提攜後進、傳承經驗的呢？

不同於歷代祖師多採菁英教育、只收別具因緣的門徒，顧老師十分強調大眾化集體訓練的必要性。他言明：「不同背景同學間的切磋砥礪、彼此刺激，大家持續進行腦力激盪，是由人腦變成佛腦的基本條件。」除此之外，舉凡認真對待中階禪訓的學員也必須體察，若想達成圓滿的學習效果，明師的教導、個人的學以致用，再加上不斷深入的讀經與打坐，這三個點相互聯結，足以構成最穩固的學習結構，其中缺一不可。

雖然緊隨禪師學習，重在心領神會，面對本來無甚需求的芸芸眾生，慈悲為懷的顧老師仍常適時公開浅題，而他的提示總是那樣鮮活明白。他轉化大眾熟知的市場主力操作股票四部曲：養、套、殺、死，來刻劃自己的教學計畫。所謂「養」與「套」，是培植學員對追求宇宙實相和生命潛能的興趣，並使大家浸淫其中、樂此不疲。「殺」與「活」，則是斬斷學人言行中的貪、嗔、痴、慢、疑等不良習氣，使其如浴火重生的鳳凰一般，活出淨化的新生命。

禪師規範學員每週閱讀佛典，持續反覆接受佛菩薩思想言行的薰陶，但仍對初學者提綱挈領的指明，做為禪弟子當有「三心」：心清、心明與心好。因為言簡意賅，常有學人把此一醒語放在案頭，做為日常生活應對進退的座右銘。

此外，對於如何深入經藏，並能在善知識的開導下建立起正知正見，終究悟入覺者的境界，顧老師一樣有所提點。他用中國最早的一部教育專著《禮記．中庸》中講述的治學求進之道：博學、審問、慎思、明辨、篤行這五要點，期勉有志之士學禪求道務必精益求精。

博學：要廣泛的多方面學習。既要學習，不學到通達曉暢，絕不終止。

審問：要對所學加以懷疑，同時詳細周密的參問求教。既然求教，不到徹底明白，絕不終止。

慎思：對於什麼是佛、什麼是道的正反面都研究了，還要再三慎重思考。既然思考了，不歸結出一番道理，絕不終止。

明辨：真理愈辯愈明。若不能清楚明確的考察、分辨，則所謂的博學就會魚龍混雜、真偽難分。既然辨別了，不到分辨明白，絕不終止。

篤行：學有所用，所學才不至流於形式或口號。既然學有所悟，就要堅持不懈的踐履，做到知行合一、圓滿確切的實踐。

從白蘿蔔浸成黃蘿蔔

由此可知，在顧老師主持下的**大毘盧遮那禪林中級班講堂**，教學的嚴謹度絲毫不下於高等教育體系研究所的碩、**博士班**；只是明師引導學生趨近的目標，是一張無紙、無字亦無形的憑證——**成為福慧圓滿、自在解脫的覺者**。覺者透過開發智慧與禪定的同步力量，空掉自我立場，泯滅了主體、客體相對待的關係，發現我相、人相、眾生相本來係出同源如如不二。故而佛經內容多在開演：只要眾生徹底放下妄想執著，心量即可含攝整體，相應清淨無染、不生不滅的真如自性；而這也就是禪的實相。

開悟實相的顧老師發願要把人腦雕成佛腦。他總是不斷在課堂上強化佛經的第一義諦，無論學員所問是如何堅固我執、言不及義，他仍給予追本溯源、回歸清淨自性這樣最高等級的答覆。同時他會嚴厲斥責某些以學術觀點判讀經典的知識份子，論說無益，還是跳脫窠臼直接與佛經相應比較好；因為諸佛的境界唯有以禪的方法來實證，方可窺得一二。

這種「直接與佛經內容相應，以佛的思想來薰變人腦」的教育方式，被他稱做「從白蘿蔔浸成黃蘿蔔」；即使表面看不出動靜，內在實已千變萬化。「就算是聽不懂、看不懂，甚至在課堂上打瞌睡，你的第七意識與第八意識都還在聽，照樣在強迫灌輸，時候到了，也能說得出一、兩句來。」顧老師如是詮釋不可思議的薰變力量。

除了以言語開示，這位明師在課堂上的每一揚眉瞬目、舉手投足，往往也都有其教育意義。比如一時天候驟變，上課期間突然有人不可遏抑的咳起嗽來，老師眼光隨咳嗽聲掃瞄過去，即有會解師意的門生，立刻起身為該位同學倒上一杯溫熱的開水，以緩解其喉頭的不適。就在這極其簡單的互動中，昭然若揭的展現了眾生一體、自他不二的慈悲胸懷，亦就地取材的示範了互相依存、互相供養的人際相處之道。

又如，若有學生的言論總在人我是非的對立立場上打轉，禪師或是惦惦的噤聲不語，或者便撇過頭去，表示不樂聽聞。此生若有心受教，必因此警覺，自己的心態已**背道而馳，反省修正之後即可見到更能包容異見的轉相，面目頓時煥然一新。**

明師的霹靂手段

毋庸置疑，**真正高明的教育並非指導，而是啟發**。

禪林學員從顧老師的法門中所得到的自我突破與提升，便經常來自於他對問題和狀況的「惦惦」、「不置可否」和「滯答」。多位資深門徒如出一轍指出，「這的確是一計高招，**老師不講話了，大家都會開始思索，到底是哪些地方做得不夠圓滿？**要是他對你的提問沉默相向，更足以刺激你重新檢視，自己是否還沒有整理清楚、準備的內容過於粗糙？……」

如果禪師的「不予回應」就能引發如此深沉的自覺力道，令人好奇的是，假若有一天顧老師公然昭告：「**你們被當掉了！**以後不必再來上課，我不教了！」又會帶給學人什麼樣的**震撼與轉折**？

事實上，這並不是一個假設。過去三十年來，在禪林從北到南的十數個中級班上，幾乎都曾面臨這**令人窒息的一刻**；有人形容，當時在心靈上甚至產生了「**死之將至**」的大恐懼感。然而，這群走過從前的禪子終能洞見，正因經歷過明師所祭出「**最霹靂**

的手段」，自己在不知不覺間才會**脫胎換骨**。

回顧明末的晦山戒顯禪師藉由著書立說，多少揭露了禪林師家的立意與機權：鍛鍊一門事有千變，而機用至活，總在運用超越常規的逆法、惡法。若鍛鍊不用威，則禪眾疲怠，無由策發，必不能使其透關而徹悟；若策發不用權，亦不能使其憤厲而向前……。

反觀作育上千禪眾的顧老師，教法一向千變萬化，不僅讓人神龍見首不見尾，**亦無從以刻板思惟解其深心**。停課的機緣一旦成熟，必然事出有因、情境歷歷；禪師借題發揮，故少有當局者能超然洞悉蘊含此中的「**機權策發**」。而當事過境遷，他終於破題點明時，往往已是所做已辦、大勢底定了。

這位禪師為什麼要在教學進行到了一個階段，即斷然停課、放牛吃草；而跳脫了例行課業的軌道，他所要注入的，又是哪一種新教材呢？

「**逼搾迫切感、激發主動性，這叫做禪訓！**」顧老師一針見血的指明。

誠然如師所言，日常生活中，芸芸眾生被執著、抓取的慣性牽著鼻子走，其實很難探出頭來，發現自己還有向上提升的可能性。好不容易來到禪林，透過實相教育不可思議的薰變，不自覺的逐漸轉化，因而**視這發生的一切為理所當然**。此時若不祭出「老師不教了，不再有課上」的策發，禪眾即會像有錢人家的兒子那般，「**自己沒有賺錢的本事，只會伸手拿錢；一旦沒人給，就活活餓死了！**」

另一方面，這位明師也在「因病予藥」，矯正學員以往被填鴨式教育壓得只會強記死背、比較不能獨立思考、調整、活用所學的症候群。「不要以為以前的狀態就是所有，因此得少為足；其實禪行的路上還有變化，很多的深度、廣度都是不同的！」顧老師說。

這段訓練積極追求、主動探索的課程長短視需要而定，有的班級只上了幾個月，有的卻持續一、兩年。在收攝心志以便向道的同時，也因此震盪掉一些自認「停課即是歇業」、從此不再現身的學員。

眾生隨類各得解

其實「佛以一音演說法，眾生隨類各得解」本為世間常態。對於禪教室停課的不同解讀，以及自我能否順勢提升轉化，適足投射出接受禪教育後，學員所各自開發出的等量智慧與定力。

毛奕凡自小即離鄉背井，赴美就讀中學、大學直至研究所。為了追隨顧老師習禪，她擱置了尚未完成的學位和已經起步的事業，回到台灣，全心傾力走上修行之路。因為信心堅定、悟性敏捷，十年之間便已承傳師志，被派駐在高雄主持禪林。回憶當年「上師不再每週升座說法」的教法，亦已肩負導化眾生重責大任的她，尤其能夠領會箇中奧義。

她深入剖析：「成佛必須要願意先行暫放你對自己所知一切的依戀和執著，才能夠開展新的視野；但一般愈是具有安全感的人，愈不可能放得下。禪林學員從上初級班開始，就有極大的安全感，因為顧老師總是坐在那兒讓大家請問，有任何情況都會罩著你。然而做孩子的什麼時候才會抓狂的長大成人，是不是在家長不再罩你的時候？」

其實佛陀住世時也有一些這樣的教法，他忽然就不見了，眾生為了看到他，必得往上提升，修行到某種程度。像我們跟隨老師學習的關係漸漸穩固，因此建立起了安全系統；而你本身也有一個所謂『老師告訴我的』系統，讓你樂在其中。但你現有的東西，包括這個系統，變成了一個舒適圈後，如何才能脫身而出、繼續前進呢？必須連地表都鬆動了，你才願意走出來吧！」

蔡光第曾經在多所大專院校擔任教職，由於本身也為人師表，來到禪林後格外注意顧老師的教學方法。他發現這位禪師在中級班以前的課堂上，總是幽默逗趣、笑臉迎人，這種快樂的氛圍，深深吸引了大家對學禪的興趣。但進入中階，顧老師的態度就開始變得相對嚴格，讓同學不禁自覺，必須經過甚深思惟，才能對經典的內容舉手發問；而他給予的答覆亦常僅是點到為止，還保留了許多思考的空間。因此產生的效果是，愈來愈多學員實際體認到，「不只要用心讀佛經，更要能夠會解其意！」

柳暗花明又一村

不過，當顧老師為了一樁少數人涉及隱瞞實情的事端，對著全班同學怒氣沖天的宣告：「**像你們這樣的焦芽敗種學法無用，已經自己被自己當掉了；停課！**」大家面面相覷，一陣錯愕，除了感嘆沒能及早認清：在這個八識串聯的命運共同體裡，的確無法獨善其身外，紛紛懷著哀愁，陷進「老師不要我們了，從今以後一無依靠」的悲愴劇情裡。

蔡光第亦不例外，一時之間，他被禪師獨具的教本震盪得迷失了觀察的方向。然而山窮水盡疑無路，柳暗花明又一村；他很快就感覺到，長期停課，其實是一種**讓學生建立自主性的教學方式**，這樣的訓練同時也在進一步**自動篩選**，唯有**真心向學**的人，才能通過考驗繼續學習。

他娓娓道出：「此番極具震撼的集體教學，是要拿掉我們對經典文字和依傍老師的執著。但老師悲憫學生恐怕承擔不起，亦展現了溫柔的一面。雖然他不再每週上課，仍留下一份護持禪林的作務給我們，並不辭辛勞的帶領大家遠赴日本參訪寺廟、享用溫泉……，無形中透露了希望的曙光；**在一壓一捺之間，又有一提一起的作用**。

另一方面，連續上了十年課程後，禪師提供了這個可以**自我沉澱**的機會，好讓我們**選擇未來的生活方式**。想要繼續求道的人，自然會維持每天的功課，自己學習成長。

而經過大死一番的磨練，重新開課的氣勢果然大有不同。班上同學的共識和穩定性顯著增加，對於禪法的認知差距相對縮小，獨立運作的能力更是日臻成熟。啊，**原來這段期間大家都長大了！**

我在職場上每年必會預寫教學方式，並且驗證成果。我常反躬自省，如果由我來教禪，有沒有辦法把學生教到這種程度？或者**為什麼顧老師想得出這種教法，我卻想不出來？**」

高野山的這一堂課

二十一世紀初，日本和歌山縣。在這個新紀元的開端，顧老師和門下數十名學員，正踏進此趟寺廟之旅中的**高野山金剛峰寺**。

高山仰止、景行行止，透過禪師引介，大家認識了曾赴中國學習唐密、在此開創日本佛教**真言宗的師祖——弘法大師空海和尚**，並一同研習過他所親撰的**《即身成佛義》**。聽說大師約自一千兩百年前圓寂至今，肉身仍完好的封存於高野山**奧院石洞**中，經顧老師首肯，有一半以上的同學將結伴至石洞瞻仰遺體，其餘的則選擇留在原地參觀走動，大家相約五十分鐘後在山門口集合。

兩路人馬各取所需，但因附近環境單純，只消半個鐘點，就陸續有人回到遊覽車上。禪師眼見雖有一人不知去向，其餘學員均已集合完畢，便臨時決定提早十分鐘發車。當車頭緩緩轉向，負責點名的蔡光第不禁心急如焚。他不解，**這位老師一向對每一同學都呵護備至，為什麼會在人生地不熟的國外，反倒放這個算不上遲到的同學鴿子呢？**不過，當他看見在如此緊迫的關頭，禪師的嘴角反倒現出一抹神祕的微笑，即知事有蹊蹺，**這次旅遊並不單純只是旅遊**。

車子前行未久，便在十字路口的轉角處，接到了迎面走來的呂火金。原來適才脫隊的他經過一間日本家庭式理髮店，因十分好奇，他衡量時間尚還充裕，就進去體驗了一下當地人理髮的過程，沒有想到因此錯過了團體行動。同學們紛紛以慰藉的掌聲迎他歸隊，但一時之間卻各有心情。蔡光第十分肯定，「**老師示現了神通！**他根本就知道我們會碰到呂火金，並不需要浪費時間來等候……。」而更多人則體驗到：**世事無常，計畫本就趕不上變化，務必隨時做好應變的準備……**。

以大眾利益為依歸

至於這位當事人，又是作何感想呢？在顧老師的調教下，心量與觀照力日趨深廣微細的呂火金，事隔經年後，這樣回應自己曾被當成活教材的啟示：

「我在約定時間內回到集合處，當時覺得自己並沒有過錯；後來才發現，**沒有犯錯**

並不代表做得對，因為這是團體的行程，大部分人都已經上了車，為什麼我會落單？團體行動需要互相關照，我應該把去向告知同行的伙伴。

世間的一切都在演變，約定的時間本來就可能更動。個人的作為能夠配合團體，**以眾人的利益為最優先的考量，才是比較圓滿的做法。**如果以小我的立場衡量對錯，卻延誤了大家的時間，對群體來講，我並沒有做對。

據我觀察，凡是**心量開闊的人，都會以大眾利益為思考的依歸。**在自己的利益與群體不一致時，就看你肯不肯犧牲，或是能在沒有損失，對主、客雙方都有利的角度下，去完成它。

以高野山事件為例，假若由於我的一點兒損失（被責難、被遺棄），而讓整個團體得到啟發，我對這個團體也算有些許貢獻了！」

這番著眼於「圓滿度」的領悟持續發酵，讓呂火金從此經常提醒同參道友，「其實**每一次和老師的聚會都是考試，而且考量的內容愈求微細。**」他做過兩任禪友隊隊長，在安排聚餐時，從人數、主角是誰、飲食的口味、坐位的設定、要不要帶酒……，每一個項目均會事先審慎溝通；若有未盡圓滿處，禪師便往往祭出「恬恬不語」的教法，導引大家腦力激盪、自我提升。

細膩度提高了，自能通達

在訓練學員由粗糙轉相，不斷深化微細度、圓滿度的教育裡，顧老師一向多管齊下，事無虛發。一是帶領禪眾深入經藏，用佛的細膩思惟薰轉粗糙的人腦；一是指導禪眾精進的禪坐，藉以破除七識的執著性，讓心智擴量。其餘便是在生活中就地取材，無限活潑、無量方便的隨時施展教法。

主持凡云企業的林博宜，正無止境的追求「專業精雕莊嚴圓滿的佛菩薩法相」。二十年來，他每一次打完禪七之後都能日趨精準、細膩，讓作品更為攝受人心。和同行業者相較，從他的眼裡看到的佛像是「微細性」的。林博宜這樣現身說法：「所謂的微細度，是左右距離一百公分的物件，一般要相差〇．五公分、一公分，甚至到十公分才有人看得出來。當我打完禪七便會不覺進化到，**連兩邊差距〇．一公分也能察覺**，用尺一量就是這樣。別人問我為什麼知道，其實只要**細膩度提高了**，你就會了解、**自能通達**。」

而**精準與細膩**，**正是圓滿度的一體兩面**。為了臻於這樣的禪訓結果，這位大教育家除了奉獻自己所有的時間外，即使必須因此把大筆金錢丟進水裡，亦在所不惜。他說，**錢是拿來用的，用在重要的地方；不是拿來儲存、觀賞數字的**。

曾經參與金山慧明禪寺擴建工程的學員，必然不會忘記這一課。顧老師高瞻遠矚，發心興造一座能夠對抗八級地震的千年寺院建築；施工的標準嚴謹，容不得一丁點兒的疏漏，但業者習以為常的偷工減料與馬馬虎虎，一向如影隨形。在工程進行到大殿打完地基、一樓廂房告竣時，打進模板的鐵釘竟因支撐不住發生坍落，暴露了灌漿用的混凝土磅數不足、鋼筋設計出包的不爭事實。

儘管負責監工的學員已被喝斥到頭皮發麻，亦難挽回承包商打造的結構不敷抗震需求的頹勢。禪師當機立斷，決定全部打掉，重起爐灶，由禪林裡具相關背景的同學領銜擔綱，對專業工人嚴格執行「按圖施工、照標準做」的精微要求。

為什麼要求這麼多？

以長達七年的時間、前後投身兩期工程的林火中，憶及這段經歷，印象殊為深刻的是，有一位模板工人曾經問他：「為什麼要要求這麼多？外面一般都會漠視半公分差距的厚度，你們卻連一根皮毛也不容許！」還有一回顧老師巡視工地，看見他把廚房裡的冰箱搬了出來，並順口丟了一句：「待會兒隨便拿一塊布蓋一下就好！」禪師停下腳步回應道：「你說什麼『隨便』?!」他當時不察，之後感悟老師是在教導他，事無大小，不論做什麼，都不能用「隨便」的心態啊！

事隔多年，在建設位於東勢摩天嶺的深山道場時，擔任住持的潔印法師也經歷了

從作務上深化鍛鍊的禪教育。他親眼見識到這個徹底了解通達的人，做事時如何跳出固定模式。「老師為了教育不惜成本，雖然已花費了幾十萬、幾百萬，在未達使用標準的情況下，寧可打掉重做。我們被世間的理路框限住，不敢破格，因此有局限性。」潔印法師說：「假若沒有禪師的教導，我根本就不知道原來可以這樣！而一個禪師唯有這樣教，方才可能教出另一個真正的禪師來！」

類似的思想啟迪數見不鮮，且從沒有領域的針對性。事實上，只要積極主動的接近這位禪師，你的頭腦就有機會被他的慧劍，整治得愈來愈精確細緻。

大學唸外文系的余真慧不諱言，自己的思緒一向是天馬行空的浪漫派；這種不著邊際、總是帶著幾分幻想的思考模式，在禪教室裡經常遭到挑戰。她記得一次隨師和十餘位同學到烏來泡溫泉，她即興漫談翡翠水庫含容量已不敷使用，想要帶動話題；卻因引用的資訊並不明確，招致禪師連連質疑，讓她不得不腳踏實地詳查數據、就事論

林火中參與慧明禪寺的擴建工程，
學習到了精準與細膩。

事。多年來拜此轉性琢磨之賜，余真慧變得愈來愈扎實，進而發現了一片生命中前所未及的新天地。

人在，心更得在

顧老師的大班教學素來定時定量，至於一對一的差異化教育，則往往是「隨眾生心、應所知量」，一時一會的當機逗教。為了掌握更圓滿的學習機遇，有些學員甚至選擇提早退休或改變工作型態，以便能經常隨侍在禪師左右。

四十歲出頭即離開職場的曾長貴觀察到，雖然同為中級班學員，但不見得每一個都學得到東西。「因為有的人並沒有真正跳進來，展現出想學的態度。真心想學的話，老師在的地方必應盡可能出現；要隨時都在才有機會。而人在，心更得在；要用非常微細的心思全面保持觀照，看

曾長貴跟在顧老師身邊時，總是專注凝神、戰戰兢兢。

老師怎麼說、怎麼做。像這樣的真誠學習還必須持之以恆；學禪的確是一條並不容易的漫漫長路。」他如此分享自己的體會，內容尚包括他跟在禪師身邊時，**從來不敢粗心大意，總是專注凝神、戰戰兢兢**。

曾長貴表白：「我很在乎顧老師；他隨時都可能要告訴我、教導我、點醒我什麼。**如果閃了神，自然就沒有學到**，或者連聽都沒有聽到。這麼多年來我一直是這樣！」

除了態度之外，所謂「一心向學」的先決條件，仍在於**確實做好禪師交代的基本功課**：每週閱讀佛典、認真上課，並經常打禪七、護禪七……。經年累月下足功夫，方才可能如師所說，「**脫離人類的馬馬虎虎，一步一步提升上去**。」因此從顧老師的角度看來，學習效果的差異乃出自於，**學人相對付出得夠不夠多**。

知行合一，學以致用

身為專修的習禪者，道寬法師起步之初便曾請教上師，學生的職份何在？得到的答覆是，「**你一定要充分準備好，才有跟老師學習的條件**」。但當他準備好再去報告時，禪師又告訴他，「**一切還是要靠自己**」。前言與後語之間是否有所矛盾？顧老師這樣闡釋：上課聽講，只是知道而已，還解不得、行不到；**真正有心參學的人亦不能只看書上所寫，一定要知行合一、學以致用**，靠自己親身履踐。

若未腳踏實地，把經典和禪師提點的觀念吸收轉化後劍及履及，長此以往，言行與認知上的落差便會愈來愈大。有時甚至依然故我，連某些和以往認知有所不同的新思惟，也無緣消納。一個鮮明的實例是，有關「布施」的做法。

儘管佛陀在《金剛經》上開宗明義的揭示：

「菩薩於法，應無所住，行於布施，所謂不住色布施，不住聲香味觸法布施。菩薩應如是布施，不住於相。何以故？菩薩不住相布施，其福德不可思量。」

「凡所有相，皆是虛妄。若見諸相非相，則見如來。」

不過往往到禪林學員發心捐獻的當下，方才是考驗「是否有住」的開始。多年來有的人曾經提供房舍做為講堂之用，但「行所當行，行過便休」，不僅從未張揚名姓，並且持續的默默護持。亦有人在捐獻之後「心有所住」，態度上顯見高調；禪師為了調伏其心，反倒對這樣的學員冷眼相待，未解其意的人便因此口出怨言：

「在其他道場裡，檀越總是能夠吃香喝辣、廣受愛戴，通常還會奉上名銜、彰顯貢獻。不像這兒，出錢出力的人若是翹起了尾巴，一定會被砍個痛快……。」

反觀顧老師的深心與教法則是：

「這倒還非為『我相』的問題，而是他平常過得十分平順，突然之間來了一個逆相，就受不了了。其實在我眼裡，學員有沒有布施都是一樣的。你若喜歡布施，功德屬於自己，我不會去做封功晉爵的事，那是沒有平常心的表現。

法界實相全面包含正常與逆相，我要把學生教成實相，變成心的廣度、微細度各方面樣樣均備；了解微細度是無量無邊的，才不會局限在某一點上。譬如有人現在捐出三百萬元，跟明天捐三塊錢廣度相同，便不必因為這次捐了三百萬，下次一定要捐六百萬，而是說捐多少都可以。如果用平常心來布施，就能開發出許多心量的廣度了。」

事實上，對於種種利益他人的布施因緣，這位常以身教來說法的禪師，一向是當仁不讓的。曾經在一次嚴厲的風災後，他得知有中部學員住家全被土石流所沖毀，迅即拿出數百萬元，給他買了一間足以安身立命的新厝。聽到有人說，在國家圖書館裡讀不到大藏經典，便贈予該館一套全新的書冊。類似的小故事俯拾皆是，遑論他不但長期對眾生布施大法，就連部分修行的道場，亦多由他籌措資金、荷擔日常開支。

何需如此微細的飲食？

只是即使道場的設施齊備，在習於慣性互動的人世間，要開發學員趨向天界、天人般的微細、精緻度，必將有人不堪承受；他們素來或許並沒有能夠實際相應什麼禪法，因此仍在一般俗見中計度人事。

以提升食衣住行品質的禪訓為例。茶禪一味，顧老師在泡茶課上，曾經引導大家沖泡出時間、火候、水溫和茶葉本身配搭得恰到好處的茶湯；其色澤、香氣及清淡度，迴異於坊間普遍偏向濃重口味的飲品。當大多數禪眾正陶醉於令身心怡然的甘醇好茶時，亦有少數人發出質疑：「同樣是水，有必要弄到差一秒鐘都不行嗎？修行人吃得粗飽就好，何需如此精緻、微細的食物呢？」

這種拓展視野、長養品味的教育，偶爾也會在創意獨具、秀色可餐的法式料理中進行。明顯的分歧是，有的學員僅僅看到菜單上的價格，便已喟嘆「非我族類」；他們無法理解，為什麼吃一餐飯得花這麼多錢！禪師則這樣開示：

「假設你可以用一百元維繫一個星期的生命，如果你是拿一百去除七，每天都花十幾塊錢，無異直接複製了第一天的活法。你的層次和外觀如此近似，那又何需再多輪迴六天呢？你應該有時活得像國王，有時過得像乞丐……。」

禪門氣度恢宏，素有「見與師齊，減師半德，見過於師，乃堪受授」的名言；禪子受到提點後發展出更上層樓的見地，似乎才是顧老師應機開示的目的吧！

毛奕凡和台北、台中、高雄三地的禪林學員都多所接觸，對於禪師以非常微細的飲食做為禪訓教材，便有其獨到的觀察和解讀：

「老師和我們完全不一樣，卻又能以同事行，和大家玩一樣的東西。為了要帶學生去吃、去看，他得進出同一個餐廳不下數十次；但每次去，仍然跟第一次一樣興奮。而同學中有人看到兩千元一杯的飲料就不敢喝，認為自己應該喝那免費的，或者要價三元、三十元，才是可以接受的範圍。殊不知就是這樣的觀念害你不敢成佛，因為你會懷疑，誰承擔得起那個既高又貴的東西！其實『那個』並沒有問題。你用同樣一口氣在過這樣或那樣的生活，如果你覺得ＯＫ時，當然可以突破『我只適合這樣』的慣性！」

這叫做「不篩自篩」

身在這樣的明師門下，如同毛奕凡這般常常時、恆恆時念茲在茲，對任何事物都以成佛為前提來衡審思量的禪生，自亦不乏其人。所謂路遙知馬力、日久見人心，禪林裡數十年來從不舉辦有形的會考，總是透過時間，自動檢驗學員是否真有求道的菩提心。「這叫做不篩自篩；老師如如不動的等在那兒，如果來此的發心有所偏頗，時候到了自會現出原形，自己當掉自己。」禪眾心目中的「大學長」吳文正形容。

顯而易見，這裡提供了一個終身學習的環境，只要有人願意學，全職、無給的顧老師幾乎沒有不肯教的，而且一教就是一輩子。至於半途而廢的中輟生們，又各有些什麼樣的情事呢？

根據統計，在上過中階禪訓課程的六、七千名學員中，三年的存活率高達百分之八十，二十年後則降至百分之四十。有的人會離開，是因為打一開始就另有圖謀；當初想要做生意、拉人頭，見此地人氣旺盛便鑽了進來，爾後行跡遭到講堂質疑。有的只是滿足好奇；見六親眷屬愈來愈投入，便想要一窺箇中實況。有的則是沒有時間做功課，且聽不懂上課的內容，或者對禪的法門並不相應，產生了反動。也有覺得自己已經學飽了的人，打算獨當一面，自立門戶；走之前，往往還挖了牆角。當然，亦有以參加社團活動的心情來聽課的，當生活中有了新主題以及自認為更重要的事，就揮揮手揚長而去了。

但在顧老師公開弘法第三十年所發生的「緋聞」事件，則寫出了中輟生自然衰變的外一章。

禪林三十的緋聞教材

這是一起生戀師的緋聞個案。全時無休的深耕禪教育屆滿三十年，對禪師和學子來說，都堪稱為意義非凡的里程碑。而自二十歲加入東吳大學淨智社起，便對充滿偶像魅力的顧老師產生愛慕情愫的劉姓女生，經過出國留學、返台就業並進入禪林中級班的種種歷程，眼看自己仍然小姑獨處，並一步步越過「一枝花」的芳華，她終於決定**鼓起勇氣，向禪師告白這段漫長而苦楚的單戀。**

其實一直以來，禪教室的性別比例都傾向於陰盛陽衰，平日在小參室裡，也曾有女眾懷著敬愛交織的心情這樣提問：「老師，我可以跟你擁抱一下嗎？」深諳人性心理的顧老師往往用平常心滿其所願，因之止息了情執念頭的延伸與反動。而事例不一而足，他觀測因緣，亦嘗閃躲過其他女學員直白的示愛，期待這樣的抓取能夠透過禪訓洗禮，逐漸被昇華轉化。

不過面對三十週年的這一會：這個門生十分激動的吐露，已經深愛他二十多年，因怯於開口，痛苦不堪……。一向善於隨順因緣、就地取材的禪師決定，就把這偶發的平常事件，拿來當一個「活教材」吧——老師隨緣不變，學員心裡自去波動！

所謂「平常事件」，是指他和劉女男未婚、女未嫁，以往他並不知對方已默默投注了半輩子感情，因此深感歉疚，他承諾，會以一般男女朋友的方式展開交往。

這位女眾壓抑已久的愛戀終得解放，便開始積極製造約會。她主動安排顧老師在台中的旅館和自己碰面，又邀請他共赴日本旅遊，雖未皆能成行，已使這位上課行程滿檔的禪師疲於奔命。而戀情約莫持續了三個月，即因女方缺乏安全感引發的燎原妒火，逐漸變了調。

疑神疑鬼的劉女經常繪聲繪影，她指控，每一個進入顧老師辦公室的女性學員，應該都是他的女朋友。她向禪師表示，自己需要買間房子以求安定，但並未得到回應；於是溫柔的痴情女突然轉性，展現出蛇蠍般的陰狠心機。原來她早已在兩人獨處時，以錄音筆存取了情侶專屬的喁喁私語，她把錄音帶拿給同學聽，並以不實的說詞昭告，自己遭到了禪師的侵害！

你對禪法了解了多少？

如此勁爆的話題，很快就在平靜的禪林掀起軒然大波；也果真應驗了禪師初始的設定：老師隨順因緣，學員心裡各自波動。透過口耳相傳，一些長年規律進出講堂的學員，分別展現了不同的看法與眾生相。而大部分人仍還沒有意識到的是，事實上，此刻正在進行一場有實無名的見地會考，應試的結果足以驗證，對於浸潤已久的禪法，你到底會解了多少？

一位高中女教師首先發難。上課時，她用幾近斥責的口吻連番提問，態度上充滿挑戰的火藥味：「老師真的有跟我們班同學到過台中的旅館？你們做了些什麼？」只見禪師神情自若，他明確堅定、毫不迴避的把整件情事掀了開來，並坦蕩描述這個學員所關切的種種過程和細節。但禪師的言行顯然僭越了女教師心目中的道德框架，立場鮮明的她，失望之情溢於言表：「老師，你就像光明遍照的太陽，我一直把你奉為毫無瑕疵的聖者，你怎麼可以……；如果是這樣，你和一般飲食男女又有何不同?!」

其實放眼望去，像她這樣明明身在禪林中，卻把自己和禪師一分為二，自命凡夫、認顧老師做聖者或偶像的學員，的確大有其人。而客觀分析這位明師之所以被偶像崇拜化，特質大抵有三。一是，他所講述的內容為實相、真理，角色崇高超然；二是，他做人處事的風格圓融無礙，**能令眾生皆得歡喜**；三是，**他兼具智慧與福德**，開辦禪林以來，無論購地、建設道場以及講堂日用開支，有三分之二以上的資源，均得自他**成功投資理財**後的奉獻，使得一些在金融界工作的學員，尤其對他趨之若鶩；想要問股票明牌、求財富、增福報的渴望，遠遠超越了求禪法的真心誠意。

因此，正當女教師言詞咄咄、語出驚人的同時，也有少數同學靈光乍現，突然間這樣覺醒：**「老師是在進行震撼教育，是嗎？」**教室裡傳出如斯的竊竊私語。然後就在處於震央的這個班級上，**日趨圓熟的思考逐漸浮出水平面，綻放出禪教育不可思議的耀眼光華**。

鋒利而細膩的抽絲剝繭

他叫莊勝文，從踏出大專院校後即克紹父業，投入木料工藝；二十八歲那年他進入禪林，至今已滿二十五年。經過禪訓洗禮，別人只看到他在工作上表現得心思格外縝密；遇到這番會考方才顯露出，這位「現代魯班」的頭腦已被磨練得既細膩又鋒利。

他是這般**抽絲剝繭、自問自答解讀「緋聞事件」**的：

「我輾轉了兩天，一直倒帶回想，顧老師是什麼樣的人，為什麼直到三十年後才

發生第一宗男女緋聞？以老師的腦袋，他掏金錢、花時間、費精神、耗體力，難道就是為了兒女私情？如果他的確喜好此道，類似的情事早就應該層出不窮了！

這件事情的關鍵不在是非對錯上，它是一個課程。一切現象的發生、生活中的任何變化，其實皆為不同面向、不同角度的課題；所有事件都在宣流法音，如何解讀跟別人並沒有關係，而是自己相應等量智慧的展現。你究竟能在一個事件中看出多少深度、廣度，開發、增長出多少智慧？還是仍然只會人云亦云，跟著人家屁股後面走，始終很好騙？多年來禪師教導我們的，就是**遇事要有定見，會修正、能轉變，這才是啟動智慧的樞紐。**

我覺得顧老師**大雄大力**的開演這樣一個事件給我們看，還有另外一層意義，是在**教育禪林裡為數漸增的講師群們**。日後若是碰到這類問題，他早已示範了處理的態度和方法……。」

而震撼餘波盪漾，未久就流竄到了禪教室的其他期別中。由於學員習法日久，大多

莊勝文：
遇事要有定見，會修正、能轉變，這才是啟動智慧的樞紐。

憨直單純，事件引發的衝擊威力，並不減於震央。一位資深媒體工作者幾經沉澱，在和莊勝文一樣的釐清思路後，到小參室向禪師報告一己之心得。

面對儀容端祥、目光皎潔的顧老師，起初她倒也能超然論事；不過當提及這陣子的流言蜚語如何使人不樂聽聞時，不禁自爆，「有好幾個晚上因此睡不著覺」。沒有料到此語一出，立即被犀利的禪師打槍：「**嘴巴長在別人臉上，我們是管不了人家說什麼的；何況他們說的是我，我都無事一身輕**，你又何必失眠呢？還是趕緊回去補眠吧！」

不乏祖師蒙受女難

不過但見恩師蒙受不白之冤，定自有人打抱不平，想要管束劉女的「信口雌黃」。因她說詞反覆無常，被昔日友人怒揮老拳後，竟向亦為禪林學員的兄長如此哭喊：「老師為什麼不來救我？他不是有神通嗎！」兄長明了實情，故而沒好氣的回嗆她：「**你究竟是愛老師，還是要設計老師**？老師沒有來打你，已經很不錯了！」

事實上，這位開悟實相的禪師深知**眾生的感情本來就會變化**，「那個原先喜歡我的女人，後來拋棄了我，很正常啊！」他表示。然而為了要「滿足她的心願，不留後遺症」，竟被由妒生瞋的女主角羅織了「騙色」的罪名，他的內心又作何感想呢？

顧老師仍然幽默以對。他始終不出惡言，甚至連一句「你在幹什麼，為何要這樣講我？」的詰問也沒有；反而倒過頭來自我消遣，「我還正在想說，古代的祖師常都蒙**受女難**，我怎麼還沒碰上？奇怪！」

展讀**《高僧傳》**，類似的故事的確數見不鮮：

鎮上有一個少女懷了身孕，父母逼問孩子的父親是誰；少女無奈，只好說是附近廟裡的白隱禪師。孩子出世後，這家人抱著嬰兒找到了禪師，高僧只說了一句：「**這樣子啊！**」便默默接下了孩子。此後，禪師每天都抱著嬰孩挨家挨戶討奶喝。小鎮裡炸開了鍋，說什麼的都有。白隱禪師被人指指點點，甚至辱罵。

一年後，少女受不了內心的煎熬，承認孩子的父親另有其人。少女及家人慚愧的找到禪師，看到禪師斯容憔悴，孩子卻白白胖胖。少女歉疚之餘要抱回孩子，白隱禪師依舊淡然回應：「**這樣子啊！**」便把小孩還給了少女。

高僧被冤枉以致名聲掃地，為什麼始終不辯解？

白隱禪師說：「出家人視功名利祿為身外之物，**被人家誤解於我毫無關係**。我能解少女之困，能拯救一個小生命，就是善哉好事啊！」

只是這般隱情，卻常被眾生人云亦云的聲浪所淹沒。發生「劉女事件」些許時日後，同時擔任中階禪訓講師的吳文正，老婆心切的分享知見，「**老師知道崇拜偶像是禪修的一個障礙，所以他不惜把自己的形象毀掉。只有無我相的人才會這樣做！**」毛奕凡則行文讚嘆顧老師，「世間上，我尚未見過如此無條件的慈悲、勇敢、坦白與忍辱的人」。

他在乎的是成佛的質！

儘管如此，仍是有人硬生生被自己的**主觀認定**給打敗了，因而向禪師請了長假。比起開口請假的學員更懦弱的，是反動到連基本禮貌都無從顧及，便默默退席的神隱者。顧老師的原則則始終如一：**這個禪林既不趕人，也不留人**。因為對他來說，學員的數量並不構成問題；**他更在乎的是質，是真正了解禪法，知道如何修行成佛的品質！**

藉境練心的會考逐漸落幕，這一回，教法無框的禪師打破一向依年資排列的班級順序，根據見地表現重新組合期別；緋聞女主角的班上，又開始以「停課」做為此時的教育方式。小參室裡帶著幾分忐忑問訊的，是想確認接下來**是不是要進入另一階段教**學的學員。

「那要看你們是否堪受了！」顧老師如是說。而直到一切塵埃落定，他才直接表明，用「**緋聞事件**」來磨練心智的課程，倘若不是教禪已達三十年、倘若學生的素質還不夠穩定，他是不會輕易出招的。

蔡光第的班別本為台北禪林的第十二期，自此則被調升成為第八期。在深山道場打過一整年禪七的他，即用實證體驗，表達了準備更上層樓、迎向高階禪訓的決心：

「一切現象的展現，都是自性的內容和風光；生死雙美、好壞俱全，本來如是。而任何對錯的判斷，都是自我主觀意識的展現；對感覺良好的不要太執著，對主觀認知的壞事，也毋需太過排斥！」

因為持續接受禪訓，蔡光第處理事情的深度、廣度與圓滿度，顯見提升。他不禁發出誓言，此生定要得到這位明師的法脈與真傳，也做一個開演實相、自利利他的人！

發現生命的本來價值

顧老師的法脈，直接承襲自地球上第一位宇宙覺者——釋迦牟尼佛。縱觀數千年來，少有人能夠像他這樣，總是篤定而務實的傳達：人類必須了解自心與宇宙同步、與全體眾生串聯。一切唯心所造，時間、空間發生的源頭亦不外乎心念；當念頭的執著瓦解掉，本來並沒有時間、空間，自己本身變成宇宙，即為成道的佛菩薩！而一向以來，他更用所作所為直接示現：此生來到這個世間，就是為了服務大眾，讓眾生解放心靈上的束縛，發現自己生命的本來價值。

經過三十餘年反固定、破執著的教育訓練，願意藉有限的生命追求無限的圓滿，並傳承這位覺者，隨時隨地都以言行舉止利益他人的禪生，已歷歷在目。但對人類而言，所謂「成佛」或許太過抽象，把顧老師當成楷模的雲科大教授羅斯維仔細觀察後發現，「他從佛經裡走出來演給大家看，應該怎樣過生活，怎樣待人接物；讓眾生看得到、聽得到、碰得到，你才會知道，原來自己可以變成這個樣子。」

誠哉斯言。事實上，世間唯一值得和可以傳承的，便是「活出樣子」；而唯一可行的傳承方式，即是「活出樣子給他看」！顧老師引導學員傾讀大藏經典，透過學科和術科重複薰變的力量，用佛的思想去洗人的腦，幫助學員能夠找到宇宙真理。同時他更以身教示範，一個明白宇宙真相的人，會如何圓滿的處理事情，並輕鬆快樂的度過此生。

不過，在初蒙開化、心力局限的凡夫眼裡，成為開悟實相的覺者，即意謂著肩頭上必有不可承擔之重。一位自美來台就教的男眾，幾乎被禪師我為人人的無給、全時服務生涯，給震懾了。他不禁怯懦的驚呼，「覺士真不是人做的！」因為據他觀察：

其一、顧老師的手機一年三百六十五天都不關機，亦不揀擇來電者；不像一般人會設定，只接家屬或自己喜歡的人的電話。講堂也一樣，進來的人未必真要學法，而他一律平等對待。即使明知對方終將背叛，仍然願意教他到背叛的那一天。

其二、禪林學員想修行，卻未必能承擔費用。顧老師不僅奉獻時間傳授最究竟的禪法，還得張羅經費建設道場，替大家的修行一併買單。不像有些密宗上師，既有威勢，每教一個法還常得到供養，至少能讓自己無虞衣食。

其三、儘管眾生的回饋常是不知心、不對勁的，但他每天仍然神采奕奕的步上講臺。只要學員有一點小小的進展，就能讓他興奮得昂首闊步。

其四、他要忍人所不能忍，永遠都處於照顧人的那一方。而且就連學員本身尚未想到的事，他往往已先行做到。這般精神和體力的付出似乎看不到盡頭，因為還感覺不到，有人可以畢業了。

所謂的別人，也就是自己！

對於這種路見不平的看法，轉識成智的宇宙覺士觀點自是不同。「當人類的想法提升成為自他齊利的宇宙意識，那麼看似對別人的付出，其實即為一種對自己的付出。真相是，所有眾生同一自體，自他不二；所謂的別人，也就是自己！」顧老師經常對大家這樣開示。

而在同理禪師的當下，有些調皮的學員亦曾打趣地問他：「您像釋迦牟尼佛那般的能仁寂默，會不會感到高處不勝寒哪？」他則輕鬆回應道：「不會、不會，每個地方都很熱啊！」

另一方面，對於奉顧老師為此生典範，一心一意想要「**跟他一樣**」的禪子來說，他們眼下之所觀所見，則淨是這位大教育家非常人所及的「厲害」之處：

佛經裡怎麼寫，他就怎麼做；行住坐臥絕不浪費時間，一舉一動都是課程。

他具有微妙的觀察力，會給每個人「**違反本身習氣**」的不同教法和功課。

他**既善餵又能等**。可以一等就是二、三十年，直到時機成熟，才把後續的教材內容講出來。

如果想用邏輯觀念去掌握他的思想，根本**抓不到他的邏輯！**

有時他看來精神不濟，似乎就快睡著了；但只要有人提問，他迅疾就能一針見血回答，**並從不會給制式化的答案**。

他的**喜怒哀樂都是為了教學而示現**。當學員沒有把道場的事情處理好，以致妨礙到他人修行時，必會看到他以獅子吼展現忿怒相。

身為數千人的修行上師，他卻從沒有權威者的身段和架子。「架子」是心裡有所抓取和認定才現的相，**覺士通達實際，並不需要架子**。

他給人的真正啟發和震撼，是在**改變既定的生命軌道**，而且是無痕的，**好像你本來就要這樣**。

零方位的思考、轉相

除此之外，顧老師更為獨到的禪訓傳承，是以過來人的經驗淬礪門生，學禪必須學以致用，信、解、行同時並進。

他強調，了解實相後即應身體力行，以行的結果來證明自己的信解。中途若因思想不夠，產生了誤差，便要隨時隨地微調修正；讓結果和標的可以明確產出。在他縝密的訓練計畫裡，最終回的**成熟階段所展現的現象**，正是**任事的圓融無礙**。

這位明師如此授記：「**當人腦被雕塑到接近佛腦時，把任何事情交給他，他都會處理得十分圓滿！**」

何以致之呢？透過禪訓層層瓦解了相對執著的立場，身心脫落到可以**零方位思考、零方位轉相**，做起事來就能不固定任一前提、型態或系統，完全依當下的時間、地點和對象來定奪。換句話說，**成佛之人已跳脫固定的格，因為沒有一個設定的心等在那裡，便可以同時對待很多事，解決過去無法處理的情況**。但即使顧老師破題言明，他的教法仍是千變萬化、靈活無痕，總能讓當事者在不知不覺間自然而然提升受教。

從小在台中一個甲級貧戶家庭裡長大的李坤南，一直想要追究自己困苦身世的來龍去脈。三十歲出頭，已經成家立業的他聽到了宇宙的「**一實相印**」：一切如幻，過去、現在、未來的時間相，只是自心抓取下的產物，本來無生；他幡然有省，自此之後便

以探索實相、開悟真理為終身目標，經常利用下班餘暇趕赴各地講堂，反覆聆聽顧老師開辦的初階十二堂課。

雖然長年積累下來，他已重聽了五十餘次初階課程，也早就成為台中禪林第一期的中階學員，不過李坤南和友人合夥經營一家電腦機械冷卻系統公司，鎮日早出晚歸，根本沒有時間閱讀佛經。深感不安的他，在五十歲那年毅然決定離開職場，以期能深入經藏，做足顧老師提點的功課。

然而他的讀經計畫猶趕不上禪師的「機權策發」。經人傳話，他收到了「顧老師叫你出來講課」的指示；而他一向是「禪師說的每一句話，都會一字不差聽進去」的學生。這樣開講十二堂課未久，他又接獲老師囑託的另一項任務：現場護持台中和嘉義舉辦的禪七。如此透過事項日夜磨練，一轉眼即度過了十個寒暑，除了鬢髮漸白外，跟他接觸的道友都感覺到，**他所開發的心量已不可以道里計，不僅處理事情愈見精確細緻，待人接物也日臻柔軟圓融**。

他是如何超越自我，突飛猛進的呢？

無私無我的宇宙志工

「顧老師對我的安排，超乎我的想像。從我聽他的話站上講臺起，我便發現教、學可以相長，我每跟學員多講一次，就對實相的內容更清楚一些。當然，其中包括了我不斷用別人的提問向老師再求證、再請教。

還記得老師叫我護七時，特別交代要平等對待每一個人，大公無私、一心一意，讓大家都能成就。其實我從這位真正的大導師身上，親眼見到如何用建立淨土的觀念來辦理禪七。他說，所謂的布施，就是賺錢給別人花，圓滿眾生之所需。只要是禪堂裡需要的設施，他一律選擇規格最高、品質最好的；例如一年四季均可保持恆溫的變頻冷暖氣、學員如廁時方便沖洗的免治馬桶座。此外，他要求我每天採買，提供坐禪的人最新鮮的食物。總而言之，舉凡學員在食衣住行方面的各種需求，他都會二話不說的予以滿足。

因為要替眾生服務，讓我有更多機會領受老師展現微細與精確度的身教，每週上課時，就愈來愈能聽懂他的開示。我跟他學習的方法是，對師意不增不減一字，如實做到他的交代。今後我的人生方向亦唯有「服務」二字，期望能夠成為一個無私無我的宇宙志工。」

在顧老師數十年的身教薰陶下，像李坤南這樣氣度恢宏，心心以眾生為念的學員，已遍及台灣南北各地。他們正站在自己的崗位上，默默對台灣社會發揮著提升與淨化的感染力。「你們就是我開悟的論文報告，」這位覺者用禪訓的結果，傳承了佛陀的法脈，同時示現，芸芸眾生的確可以開示悟入佛的知見。

有為者亦若是

從事金融保險業的呂文意，經常仿效禪師的口氣，跟同儕分享今生學禪的美好：「人生在世，**如果不能以開悟實相為前提，就空走了一趟、白活了一場！**」因為他深信，一個人的用心點、著力點不同，生命最終的結果亦會南轅北轍。

他參加了一個由各企業經理級以上層級人士組成的社團——中華民國樂生會，裡面的眾位大哥、大姊名下累積的資產，高達百億以上。他們運用財力送兒女到劍橋、耶魯等世界名校就讀，不吝在生活中充分享受榮華富貴。但一切在演變，依呂文意所見，這些養尊處優的兄長，似乎獨獨缺乏了金錢所買不到的禪思想，以能利便他們在事業的高峰或谷底，都找得到昇華和轉寰的空間，同時體會出生命的價值，其實是無窮無盡的。

呂文意和妻子蔡翠芬亦育有一雙女兒。二人在姊妹花上中學的階段，就培養了她們「哈」佛的興趣，全家人先後都進入了禪教室的「**哈佛**」班。這對父母篤定的說：「**開發智慧比遺留財富受用太多！**」而也就是這樣的生生不息，深蒙其惠的禪子們各自以不同的形式，接續了這位宇宙覺士的傳承。

有為者亦若是。

「我的論文報告，就是你們！」

在禪教室的課堂上，曾有學員如是請問：能教人成佛的宇宙覺士，是否備有開悟實相的論文報告？只見顧老師語重心長的說：「要看老師好不好，端視學生行不行；我的論文報告，其實就是你們！」

名師出高徒，吳文正與毛奕凡，正是最能展現這位如佛陀般的大教育家，三十餘年教學成果的兩個案例。

願心量廣大如顧老師——吳文正

問：你是顧老師座下資歷最深的門生，亦最早傳承其衣缽，指導中級班學員閱讀佛經、坐禪實證，目前且擔任國際禪友會的會長。請問當初你是如何認定，自己要追隨這位老師來學習禪法的？

答：我在顧老師還沒有開講初階課程前，就透過同參道友的介紹和他見過面。等他覺得時機成熟要出來弘法時，我便想去聽聽看，並把曾經到處打聽，卻始終搞不清楚的問題，拿去請教他。

我問說：「成佛是智慧、福報都圓滿了，但佛是誰教他的，最前面有沒有所謂的『第

一尊』呢？只有釋迦牟尼可以成佛嗎？既然下一尊要到世間渡化眾生的是彌勒菩薩，中間並未有其他佛出世，那我們還修什麼？學禪要幹嘛呢?!」

他答道：「以佛的立場而言，沒有時間、沒有空間，沒有前後順序，**整個法界是平行並存的，哪來的『第一』啊?!」**至於佛經裡介紹，下一位出世的佛是彌勒菩薩，「那**你可以修行到與佛同等覺，變成同樣自在解脫圓滿的覺者啊！**」

這問題我也問過別人，沒有一個答得出來；他的口氣不一樣，很有把握！

而且在第一次禪七期間，我即經歷到老師所講立刻就得到印證的體驗，打完禪七後便深深覺得，**在這位老師的教導下，我是一定可以成就的。**

問：這位老師所給你，最震撼的啟發是什麼？

答：本來認為做不到的事，其實你都可以做到。透過禪七訓練和見地的開發，心量和智慧會一步步擴量提升；多生累劫執著的習氣可以瞬間轉變，進而超越！

問：你覺得他的哪一部分，最值得你傳承？

答：智慧；不是世智辯聰、不是別有目的的。**是明白了自己的自心自性通宇宙、通整體的智慧**，是自然流露的智慧。

舉例來說，有一些宗下無解的千古公案，到了顧老師那兒就被破解得清清楚楚，而且他還知道禪師們的不同等級。例如從宏智正覺、黃蘗斷際等禪師的作風和著作中看得出來，他們**直指人心**、**當下即是**，直通佛陀所說的內容，都堪稱為A級祖師。

有一首禪宗五祖弘忍傳付給六祖慧能的偈子：「有情來下種，因地果還生，無情亦無種，無性亦無生」，因為一般人看不懂，長期被誤解為「無情眾生不能成佛」。殊不知五祖的「無情亦無種」**是在講實相，本來清淨、何生滅之有！**

問：顧老師請你擔任國際禪友會的會長，請問一般人如何才能進入禪的世界？

答：**開發智慧**。所謂智慧，是在任何一個困境或觀念裡頭，你願意去探討所有的真相，這是禪的基本動力。不管什麼事情追究到底，**究竟的真相只有一個，而且從任何角度都可以參就**。

問：一個具有禪思想的生命，將可展現何等不同的面貌？

答：當人的事業發展到了某一個程度，往往會思考生命的意義何在。「禪」讓你明白，無論過去所作種種是很輝煌或十分慘淡，生命的樣態本來就是如此，毋需在高低之間做分別和比較。**禪更可以在人生的高峰或谷底，讓你掌握到最佳的突破之道，因此體會出，生命的價值本是無窮無盡的**。

問：何謂禪的「生命境界最佳突破之道」？

答：在人們被困境逼到牆角，或登峰造極還想更上一層樓時，禪的方法和訓練是，當下打破我執、一切放下。眾生本自具足、本來清淨，應無所住而生其心；使你不能與此相應的源頭，就是「執著」。**綜觀世間法中，只有禪訓可以破我執**。《金剛經》說：「**所謂第一即非第一**」，不執著自己已經登峰造極，才會有繼續進步的空間。而一個自認走頭無路的人，當下一被棒喝放空掉，觀念往往也就轉折了。

問：因此，禪的方法足以指導世間的種種一切？

答：可以的！發生問題時，要找出問題的源頭，針對它的狀態、明白箇中的前因後果。問題本身也許只是表象，背後一定有原因；追索源頭與究竟的「因」是什麼，這就叫做「禪」。事實上不管情勢有多險峻，只要從根本的「因」上去轉，其後的結果便會不一樣了。

問：顧老師明知教導眾生認識實相難上加難，但三十年來從無一日怠忽。請問你在深入會通禪法後，是否亦有特定的發心與願力？

答：當初聽到老師發願說，「一切十方諸佛的願力，也就是我的願力」時，我十分震撼。他怎麼會有這麼廣大的心願，這絕非一般的器量所可比擬！

老師常激勵我們超越他，所謂「見與師齊，減師半德；見過於師，乃堪授受」。雖然他是如此難以超越，但我還是會聽他的話。

我是想要教導學生都能發出「一切諸佛的願力，都是我的願力」的心願，讓每一個學員的心量，都變得像顧老師這樣廣大無垠！

（溫曼英採訪整理）

浸成「後天與天然不二」的黃蘿蔔——毛奕凡

人在世間，大概都有過想要一直存在的渴望，但很莫名其妙的，存在的現象總是沒個頭、也沒有尾。這種情況像夢一般令人困惑，夢中的你不知自己為什麼在那裡，雖然比較沒有何時會結束的焦慮感，仍得不由自主的繼續向前行。

亦不知打從何時開始，人會逐漸意識到，時間與空間都不是很友善的東西。時間總是不停的變化，而空間呢？人類原本自認為是這個世界的萬物之靈，好像一切皆可掌控，不過隨著科學日新月異的發展，萬物之靈的幻想早已被抓包破滅。

在西方科學的理解中，宇宙廣闊無垠，地球似乎無聊到僅如一顆塵埃而已。你以為非常重大的每一種生物歷史或文明史，其實就跟我們觀看生命短促倏忽的蜉蝣那般，它出現了，在轉瞬間即便消失。所以從科學的觀點來看，人類在星際中的定位，其絕對性的意義其實相當渺茫。

就像一隻困在糞水裡的蛆蟲，永遠無法知道，抽水馬桶什麼時候會轉來轉去；人類也永遠沒有辦法了解、進而離開銀河系這個大馬桶。這樣的思考讓我感覺到，如果我完全相信西方科學對人類生命價值表達的論述，只是在「自我振奮」罷了，並不具有實質性的意義。

直到比較深入的領會了「禪」，我才完完全全翻轉了人類在宇宙間的定位。人，並不是一個地球上藐小似塵埃的生物，也不是為了延續一個五千年、八千年，甚或一萬年的歷史；**人類真正的文明史，就是從人的存在意識提升到成佛，這個「成佛」，是成為整體宇宙的立場。**不過，若要跟人類溝通這個觀念，會像要教螞蟻微積分那樣的困難。

這是什麼意思？螞蟻根本不需要微積分，也沒辦法學習微積分。微積分所談的內容，螞蟻連看都沒有看到，但它在影響螞蟻，因為整個宇宙是息息相關的，螞蟻就在這裡面。一旦有了微積分，螞蟻的世界便被動搖了！**若要了解微積分，螞蟻原本的頭腦一定要能擴量，牠的意識必須進化，否則便沒有辦法提升。**

為什麼螞蟻可以學習微積分呢？因為螞蟻的頭腦並不是真正的「牠」；同理可知，我們的肉身雖是非常重要的感知器官，亦非真正的「我們」。**學禪讓我認識到，在整體宇宙無量無邊的波動裡，只有當我們跟它同步相應，或者說，由於感官的抓取，才展現出目前這個存在的世界；**這個世界裡頭，又有頻率相同的人互動往來。像這樣整個層層剎剎的眾生都秉存於此，但世界完全不同，所感覺的時間空間、所感受的喜怒哀樂，也迥然有別。

在人類意識淨化、從人一直昇華到佛，成為法界宇宙的這個旅程中，我們的意識會逐步含攝這樣層層剎剎、屬於眾生界的所有心識。這個含攝倒並非我們長大了去囊括它，而是我們本來即是宇宙本體。

顧老師的禪教育，就是用各種角度不斷告訴你，「你本來就浸在裡頭、本來就相應」。對於這個心態的引導與了解，它的內容為何、如何才能和我們終究的本質相應，一直是我很想學習的地方。老師這樣教，我自然相當的契入。

而這位明師所講的話幾乎都很平常，沒有什麼專有名詞、裝飾詞，或經書上的佛言佛語。他就是很自然的將甚深禪法以平常的話講出來，話語不但趣味至極，而且深入淺出、聞所未聞。**他把宇宙最玄妙難懂的道理，變成學生可以理解、可以親近，更可以成就的事；我們就在快樂三昧中增長智慧。**

他對同學三十年來的提攜，每一天都如同第一天；對所教導的學生，亦從未吝惜他的熱情與關懷。雖然有學生不解其深心，但老師總是一樣的給予關心與協助。他對教學熱切的態度，沒有因此而有一絲一毫的灰心與改變。總之，他的寬恕和慈悲不是人的境界，我還在學習當中。

至於老師教導學生的方式，那種自由的智慧與超世的幽默，將禪法與世間法無縫結合起來，使得我們一面學禪，一面由內心愉快的笑出聲來……。這老實說，前無古人，後面尚不知能否有來者。尤其，當我回首以往對禪法一點兒也不懂，至今能有些基礎，有時甚至不知，自己是如何成長的。

老師的教法深入、親切而無相，誠如佛菩薩「作而無作，無作而作」也。他曾這樣形容禪的教育不可思議的薰變力量：一個上到小學二年級還不曾寫過信，連上下稱謂也不會寫的人，不知怎麼回事，讀到高中時居然會寫情書，甚至還可以替人捉刀。其實這一字一句的說寫能力，都來自於顧老師。**他讓我們在無形中、在他全方位的教法中，浸成了一個「後天與天然不二」的「黃蘿蔔」！**

（溫曼英採訪整理）

第八章

顧老師如是說

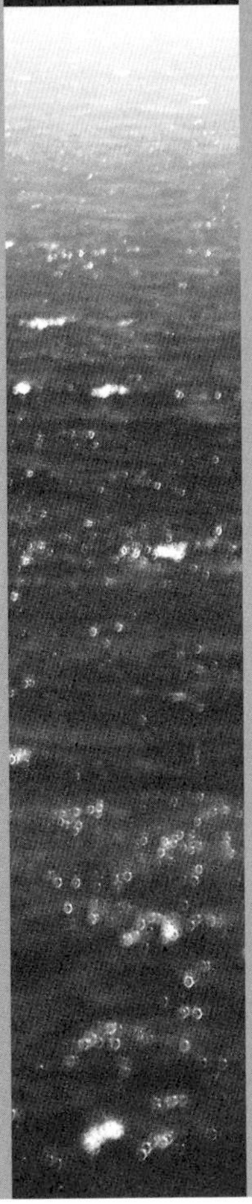

不同於在台中香馥咖啡館的個別際會，這是顧老師以另一種形式展現的「遇緣即施」。他應外界邀請，數度對不同社團發表演講；儘管交流的時間十分有限，仍皆以最究竟的禪思想供養會眾。

「機會難能可貴，」他說，「即使當下聽不太懂，種在八識田裡的種子，還是會有萌芽的一天。」

本章重現這位當代覺者「心智結晶」的原汁原味。

禪——超越宗教，追求實相

對一般人來說，有關宗教方面的探討，往往並非人生至為重要的課題。只是縱然平素做人奉公守法、與人為善，人生也未必能感到完全的快樂和圓滿；日常生活中如果遇到自己無法處理的難題，便陷入了煩惱之中，此刻若是一時心急，就會求神問卜去了。

但是目前台灣民眾對於宗教方面的了解，都還不甚清楚。譬如各種宗教門派的主宰者，到底誰坐最大位、誰又居第二位？若要探討起來，這得花上十多年的時間；到底誰表達的內容最圓滿、誰又說得比較不圓滿？箇中詳情也得探討十個年頭。而我本人則以二十多年的時間，完全探究了這類問題。

或許你以為人生短短數十寒暑，往食衣住行的現實面去追求就夠了。不過往往總在食衣住行的生活圓滿之後，我們的內心仍感缺憾。我們對許多事情無法了解，對很多情況不清不楚，其中包括了生死和宗教的問題，以及現在的科學、醫學無論有多發達，都還無法處理完善的許多問題，以致於仍有諸多我們無法面對的悲慘情事，不斷發生。

如果我們對宗教的實相不夠清楚，難免會被所處的環境氛圍、勢力以及思想給催眠。我認為做為一個文明的現代人，應該具有圓滿的宗教智慧，去了解自己所要信仰的宗教究竟屬於什麼樣的性質，所要追求、端賴寄託的宗教，又到底介紹了什麼樣的內容。現在就讓我們先從宗教在人類社會中發生的緣起，開始探討吧！

恐懼天災地變

早期的先民生活裡一旦遇到天災地變，比方有地震、洪水、颱風、海嘯……等重大災難發生，生命財產便無法獲得保障，因此大家對大自然興起的巨大侵害力，產生了莫大的畏懼和恐慌。當這些大災難來臨時，在一溜煙間就能奪走人們寶貴的生命、財產和親眷，於是他們不得不向這股巨大的威力屈服。**對於天災地變的敬畏，是先民日日夜夜無法掙脫的惡夢，因此塑造了種種極具權威的對象，來信仰及膜拜。**

比方說，住在山上的人會想膜拜山神，住在海邊則想祭拜海神，住在大河流旁就有河神。早年國民學校的教科書裡，曾經有鄭板橋撰寫的「河伯娶親」的故事。人們相信河神長大成人需要娶妻，否則脾氣焦躁，即會興起氾濫成災的洪水，把附近的良田沖毀，所以每年都進貢一位年輕貌美的女子。村民把妙齡少女活生生的推進河裡去做河神的太太，以為這樣即能獲得安寧。像這種錯誤的思想，正是先民對自己的**生命財**

產無法獲得保障，心裡極為恐慌之下的產物。直到今天為止，宗教興起的基礎性，往往仍出自類似的緣由。

另一種民間信仰膜拜的對象，是因為地緣環境的特性所產生的山神、地神、天公、地母、樹公、石頭公……。其中有些香火日益茂盛，信徒會自動加蓋小廟以便供奉神祇，這同樣也反應了先民對於自己的生命、財產、事業的源頭無法圓滿了解，就膜拜這些對象以求庇佑。

第三種宗教的緣起，是由信仰地區性民族英雄的系統所延伸而來的。比方岳飛、關公，以及其他較知名的時代英雄、歷史人物和地方上受景仰的士紳……，像日據時期劫富濟貧的台灣義賊廖添丁等等。沒有人去深入探討，膜拜這些對象是否真的有效；覺得有效的人認為有拜有保佑，必可獲得神明的幫助。像這種情形，大部分的效果其實來自於信徒想要追求心靈寄託，遂由自己的「先入為主」、「自我暗示」引起了安慰和心理作用。

追求長生不死

第四、第五種宗教的緣起，是先民面對生命的存在，想要探討箇中的起源；自己還沒出生之前——前生是怎麼來的，死亡後又是怎麼去的。他們觀察生死的法則，用盡多種思想和方法去探討，人類要怎樣修行才能長生不老。譬如「閉息法」——人死去是因為呼吸停止作用，於是就訓練自己用道家的「閉息法」，不靠呼吸仍能維持個半天、一天，甚至一週之久的修行方法。另有一種獨身禁慾主義，他們修行及探討畢生要禁行結婚並且不生育，以便延長壽命。還有所謂的「辟穀法」——不吃五穀食糧仍能維持生命現象。也有人用胎息法（龜息法）——訓練閉息，不靠鼻子呼吸，在體內自行循環便足夠供應生命的延續。

第四、第五種宗教是屬於仙家和道家的系統。他們透過各種方法探討如何求得長生不死，這也是一般普泛道教所追求的目標。人只要能夠成仙，仙人毋需睡眠、不必飲食，即可長生不老。這類的代表人物，在中國有廣成子、老子、列子、莊子，呂洞賓、八仙；他們運用的修行方法不盡相同，但是都得出來佈道——勸人去惡向善，能勸愈多人修行，其功德愈臻圓滿，要修成三千功、八百德，才能得到正果。

第六種宗教的緣起，是基督教、伊斯蘭教、天主教的信徒相信，天地之間有個大主宰者，主宰著天下物體的生命交替、人間的生活、財產的多寡，以及日月星球運行的規則與次序。他們訴求於阿拉、上帝是大主宰者，只要信主即得永生，可以度過平安快樂的生活，不必煩惱自己思考不及的事情；當自己無法面對各式各樣的難題、關卡、心痛、病苦，或是生命得不到圓滿時，就完全交給上帝處理。

基督教及天主教的經典，記載著上帝用七天創世紀的故事——在七天內將全世界天地間的百姓、飛禽走獸都創造完畢。只要每天向阿拉真主祈禱五遍，或是每個禮拜去教堂親近上帝並做祈禱，就可以平安快樂得永生。在這種系統背景的思想觀念及認識之下，信徒大都非常熱情，他們的生活一定要仰賴大主宰者才能過得幸福快樂，不然一輩子無法安然度日。

存在的本質是什麼？

第七種宗教，則探索天地宇宙的運行，時間、空間的變化，包括上帝、天上的主神、天人、地獄、餓鬼眾生是否真實存在，或者只是被嚇唬而來的莫須有？在地球史上第一位以追求真理實相的立場，深入探討這個世界內外的宇宙覺者，是兩千五百年前的釋迦牟尼佛。他探討的主題是生老病死，從這樣的現象去深究，人類存在於宇宙之間，自體的本質是什麼？時間與空間如何交相存在？發生時間、空間的本體背後，又是什麼情形？

「禪」，便是他窮追直究這每一層天的時間、空間，一層一層相繼突破後，進入沒有時間、空間的本體，所介紹出來的內容。啊！原來這世間所有一切的存在，來自於本體在運動變化中同步同位的交涉與認知。而人類對於時間的認識和了解，是透過以往的記憶產生的記取。

打個比方來說，現在我把燈光都打亮、時鐘、手錶統統拿掉，如果你不被時間所暗示，也沒有去記憶它，你對時間的觀念會漸漸模糊，不曉得目前是幾點幾分。換言之，你將活到五十歲或一百歲的那種前人經驗的暗示，是會影響你的。**如果你忘卻時間的觀念，不被催眠、不被前人的經驗薰染，能活到幾歲根本不打緊；你很可能可以活得更長久，因為你已經破除了對「時間相」的認識。**

再打個比方，如果把你移民到蘇俄的高加索，那裡的人都能活到一百五十歲，假設你是七十幾歲，去到那兒就變成了年輕小伙子。如果把你送到只能活五十幾歲的地方，那已經七十幾歲的你每天都會有危機感，「可能快輪到我了」的自我暗示，就變得很深刻。

實相是「涅槃」、「空相」

佛陀實證到，將每一層天的時間、空間一直打破，打破到時間、空間的運動速度都無法有速度表現時，**便已到達完美的境界。**一切的時間、空間在這裡全部顯現出來，我們的生命達到此種境界時，所有的物質、物相都在這裡完整的展現，這個運動作用的實相，變成是「無相」、「互相同步存在」，佛陀並清楚的給了它一個名稱，叫做「涅槃」、「空相」。

用涅槃來形容這種存在的樣態，讓我們能夠了解一切物體、一切的時間、空間，包括物質，其本體到達究竟的實相境界，是這樣圓滿、清淨。然而涅槃並不是死物，也不是永遠的存在，它存在於某種狀態；是在一切物體的時間、空間交涉到速度已接近零速，所表現出來的存在情形。我們每一個人的生命都可以到達這種境界。這境界並不需要你飛去多遠，而是就在你坐著的地方，即可轉換出這種境界來。這是前面所介紹的一般宗教，無法得知和了解的內容。

一般人都以為佛教很深奧，難以了解又無法去思考，其實並不是無法思考、不能了解，而是想去深入探討的人實在太少。了解涅槃的實相有什麼好處呢？好處很多的，包括你的生命、慢性病或是疑難雜症，都可以用這樣的觀念慢慢薰變及處理。因為人一旦檢查出毛病，知道後會很痛苦，就把病症抓取得很牢固；如果你把罹患的病症想成是健康無恙的，每天把藥當作甜美的糖果來吃，這麼一來，你的心情和物質就會慢慢轉變。轉變之後，你可以重拾健康的身體，醫生也將改口告訴你，以後不需再吃這藥了。

以宗教的立場來說，從打破一切無事實根據的認識，進入到有事實根據的認識，本是理當追求的根本目標。但因各種宗教本身條件和方法的限制，對於宇宙實相僅能片段掌握，其所觸及的內容有限，了解真相的程度和深淺，亦自千差萬別。所以在我們還沒有深入各宗派宗教的差別相之前，大概都以為宗教是在勸人為善，死亡之後可以往生天國或是淨土，或是投胎去別處的情形。其實這樣的教義，只是一般基礎性的宗教，**若想再提高認識的層次，便要將「智慧」放在追求的首要之位。**

我們遇到無法解決的問題，不能總是去拜石頭公，或是找來以前所信仰膜拜的對象；不爭的事實是，它們並不能解決我們的問題，石頭公連自身都難保，一旦遇到洪水被沖走時，就成了水流屍。我建議各位進入的宗教層次，是比較智慧導向的選擇；因為我們並不只是要追求一個賜我們吃、賜我們穿、賜我們「欠錢攏免還」的神祇。**我們要追求了解實相，遇到狀況，自己如何能處理好事情；我們和整個法界以及人類的關連性為何，應如何去建立其中的圓滿性。**

當然，其實你很難遇到有人能跟你做這種層次的介紹，一般都是教你有拜有保佑、有拜就賺大錢、有拜就身體健康，這些均是屬於病急亂投醫、「有事便相求，沒事就沒拜」。希望大家從現在開始，要從追求了解實相的角度切入，深入廣泛的去探討，了解得愈多，就愈能圓滿處理事情。當你面對所有的宗教問題，便不會再用以前那些觀念來看待了。

你就是一切，一切就是你

宗教依照宣達的內容，可以分成很多不同的層次，而第五個層次所追求的，只是人類生命的前世今生而已——未來，還沒來；過去，無過去。從道家的立場來說，依時間系列追求生命的來、生命的去，是要追求長生不老，但是為了想了解人生的「生老病死」，佛陀就去追問「生老病死」是怎樣發生的。這問題既是從世界的空間內發生的，那麼就要解決「空間的問題」。而「空間問題」到底以什麼樣的情形存在？因為只要空間的問題沒有解決，在空間內發生的生老病死問題，就無法達到徹底的解決。這是「禪」所要追求的實相之一。

而「空間問題」的背後又是什麼呢？要用什麼方法去探討、用什麼去突破、用什麼去了解？當我們要突破空間問題時，有一個比喻是這樣講的，以地球與你的對比來說，地球是那樣大顆而你是這麼的渺小，在你突破「空間問題」之後，可能變成你是那樣的大顆，而地球是這麼的小粒。

對於實相的究竟認識，到達此一程度，你自會有另外的功德性發生。這時，你比較容易建立起「一切萬物和你屬於同一本體」的觀念。本體性的觀念在說明，你與一切物品皆是同一個自體，而不是物品在外而你在內。因為打破空間之後，這物品是在你自身內發生，而不是在你的外面發生。因為空間沒有內外、沒有前後，所有一切物品都包含在你的整體內，變成「你就是一切，一切就是你」的情形。這是宇宙的覺者介紹我們要去追求的。

對於實相的內容要能介紹到這物品「沒內外之分」、「無限的大及無限的小」，實已入「一切無相」，都沒有「質」、「量」的阻礙去交涉到。沒有質量、內外交涉的情形，你並不能以「佛」或「神」來名之，因為都轉為「無相」，連人格化的訴求也「無」。把這一切的對象、人格、佛格、神格都打破之後，是清淨的本體。涵蓋著內外及一切普遍的存在時，這叫做「禪」。

而禪沒有一個人格、佛格、神格對象的抓取，跟你說「沒有這種執著」，又會變成是對「禪格」的抓取，所以現在再說「連禪格也無」。這時才對「禪」的真正意思有些許了知，它包含一切，一切都「無相」。為什麼會說是「無相」？因為這是空間的訴求「無掉」，時間的對象也「無掉」的真實內容。所有科學和哲學上無法解決的問題，以這「無相」的實相來講，便都可以獲得解決了。

哲學與科學均有盲點

哲學家用個人的理智、個人的思考去了解宗教的祕密、缺點及優點，去發現更好的思想以供應用。科學家對於用推想、思考來了解的結果，認為沒有具體的認識和掌握，根本不能證明事項的真實性，因此不予採信。

而科學本身的思考是在時間、空間內做運用、做紀錄，以這樣的紀錄來分析、演繹、歸納和統計，再發表證明出來的結論；但以這種方法做出的結論，有很大的標準差及誤差。

哲學則是用第六意識在思考，所講的內容若是超越第六意識的事情，便難以置信，非得用能掌握得到的第六意識去思考宗教所談的問題，而不能了解思考第六意識以外的問題。佛陀則要你停止第六意識的思考，去發現其他的內容出來，這種情形用哲學式的思考是不能理解的。總之，**哲學與科學都有無法自我突破的毛病存在，其他的宗教也有同樣的問題。**

相對而言，一般比較不愛動腦筋的人，更容易順從宗教的教義予以信仰，但善用腦筋思考的人，便會覺得這樣的內容不夠客觀，沒有科學性、思考性、不具真正的實在性。往往要思考到這種程度，才會萌發想要突破時間、空間的問題，想要超越第六識以外的情形；而非得等到**全盤了解之後，才能算是追求真理。**

兩千五百年前的釋迦牟尼佛，即為從這樣的思考點入實相的。他並不是要進去看有幾層的天、幾層的地，而是要去了解幾層天、幾層地的背景後頭，到底是什麼？他看到人無量無邊的前生的前前生的前前前生……，來世同樣是無量無邊。時間輪迴和運**轉的情形，讓你對生命的認識產生錯覺，以為輪迴是一種生命轉變的型態。**有些人因而舉起六道輪迴的大纛，來說明他們的觀念並沒有錯誤，但也因為有這預存立場，更無法突破對時間的觀念。試問，如果把「時間相」拿掉，這些輪迴所演的戲碼還存在**嗎？所有人類的進行及輪迴的情形，還存在嗎？**

不死與無礙之人

把「時間」拿掉，人就不再是人——時間無掉的人叫做「不死之人」；把「空間」突破的人——空間無掉的人叫做「無障礙之人」。因此你可以用你的心識發揮這樣的觀念，去運行你的生命與事業，重新開啟不同的生命里程。以往由於你已局限在所預設的時間、空間觀念裡不能突破，所以對你的事業可以運作的型態，亦無法清楚了解；若用這種觀念去管理一個大企業，你的時間就變得很夠用了。

坊間書籍所寫的宗教觀念只能供作參考，以上我所介紹的內容，可以幫助一般人對於宗教的緣起、認識及觀念，做較有次序、有系統的深入探討，那麼你必會了解到更多。之後你要用自己的智慧去探討、去思考、去抽絲剝繭，漸漸深入、漸漸提升。

事實上，「禪」並不是一般的宗教，而是純粹追求智慧和實際的方法。你要超越目前一切的知識、哲學、科學，把這以外的智慧開發出來；就算此生尚未開悟，也會比從沒有追求的人活得更快樂，能更安然的度過一輩子的生活。

（張雪麗聽打，溫曼英整理）

禪與人生

近些年來，「禪」在台灣熱鬧滾滾、風氣紛起，到處都聽得到禪的聲音、聞得到禪的味道、看得到禪的文字和報導。但是一般大眾對「禪」都沒有明確的認識，不曉得在表示些什麼。什麼是「真正的禪」、什麼是「假的禪」、什麼是「自己認為的禪」？講個徹底，說到這「禪」，清楚的人實在很少，以致很難打開它在我們人生範疇內的廣泛應用；以現在各位對禪的認識，我們只能稍微初初體會一下。

平常大家在演講、寫文章或是做某種報導時，都會提到一、兩句禪的句子，比如：「見山不是山，見水不是水，見山還是山，見水還是水」，以為這樣的說法具有禪味。但是禪到底是什麼，在座的各位有人曾經入過禪嗎？簡單說明，大家所在的一切處都有禪，就像現在靜靜的坐在這兒，就是禪了。我在問大家時，你們不能回答我，這就是禪了；可以回答我，這也是禪。你答對是禪，答錯或是不大妥當，也是禪。

「無處不是禪」、「一切處都是禪」，這是禪的廣義式講法。然而，以我們尚有立場和目標要追求時，還無法相應到這種程度。至於對禪的認知和認識，並不是我們知道和了解，以為這樣，就是禪了。「我們了解這情形、報章雜誌所提供的資料、看到禪的公案所提供的資料，我們認為對禪的了解……」，這種種的認知，是並不具足正見和圓滿的。

禪，沒有分別性

對禪的基本認知，可以用三種分法來講。第一種是對目前我們要認識某一事物本體的完整性，從人的認知及事物究竟的圓滿，這本身沒有一個立場可以說。比如，我們想要對禪認知，要找一些資料、聽人家的演講，看一些禪宗的公案以及有關禪的報導，或是去打禪七，以這些認知來了解禪，是有所不足的。

但是要講禪的妙用，首要就是打破人類根本能起認識作用的心識的執著性。也可以說「禪」和「扶輪社」的主要觀念，有很大的相應處。第一，「禪」沒有分別性，不分別一切的宗教、人種、膚色、政治和經濟……，一切都在平等的立場下，自然而理性的進行著——「沒高也沒低；沒前也沒後」，所有的眾生、事物都是平等的。但是平等的想法和思考，是我們自認的觀念。好比說「我做人已經很平等了」，當你有這樣的想法時，其實已經不平等了。

禪的真理是從這裡開始起步、開展，並深入進去的。我們認為我已經了解，這「了解」其實並不具備客觀性、實際性，我們只是以自己的經驗和認識來了解而已，而每一種事物和項目都是這樣的。包括我們的一輩子，每天在過的生活，從出生到百年後進入棺材，也是同樣情形。我們對實相的認知並不清楚，認知的範疇，都是根據本身的背景、生存的條件和成長的過程，所接收到的知識和經驗，來進行事業的拓展，以及改善生活方向的認知和認識。

我們根據這樣的認知和認識，做自己一生到底要怎麼進行的決策。但是以禪的立場而言，是以全方位的準備和零方位的準備，就是「沒有一個準備心等在那裡」，連零方位的準備心都沒有；這時候你可以同時處理很多件事，處理過去你無法處理的事情。

人的一生中，當你遭遇重大的困難、障礙，有很大的煩惱和傷心事，本身沒有能力解決時，問題就被擱置在那裡。所以一般人遇到了困難，頭腦和心態大都無法安定下來，以致不能妥善整理出相對應的解決之道。這是因為我們都是根據過去的經歷，來做面對及處理問題的背景資訊，以這樣的判斷處理問題，自會受到很大的限制。

完全放下，反倒能處理

比方說，你一向過得很順遂，但忽然遭逢重大考驗，就無法解決。這是因為我們常常在用過去的思考方式，假使不做個轉換，就永遠無法處理好現前的問題。若以禪的

ZENQ

角度來看待現前，將不會再用過去的方式和思想；而會整個將它放下、不提起來。但放下它並不是逃避、不理它了，而是先不要用過去的經驗來看待它，不用過去的思想來處理它。當整個完全放下時，反倒才能處理事情。

再打個比方，古時候的禪師要闡明什麼是真理、實相時，會說：「在座前面的這支麥克風，就是真理。」那麼你就會延續思考下去：這麥克風我已經叫了幾十年了，為什麼又會喚做真理呢？這時候，其實禪師是要將我們過去思考方向和慣性的執著，整個打破掉。麥克風就是真理！然而一般人會以常識判斷說，這麥克風和真理有什麼關係呢？不過當你徹底了解後，麥克風本身確是真理。麥克風的本來面目不是麥克風，這只是人給它的命名，是因為溝通需要共識；其實該怎麼叫它呢，它叫做「鐵和銅及一條電線等等共同的組織」而已。

而我們對這個組織的認識，是透過過去經驗灌輸的強力執著，記持了在腦海中，所以一想到麥克風，就會浮現出麥克風的樣子來。而你對麥克風形象的執著，會限制你的思考方向；在處理事情或是生活觀念時，同樣會陷落在這樣的框架和窠臼中，一旦遇到難題，就無法應對了。因為我們用盡了自己的思想和方法，仍無法處理事情，便生起了煩惱。

以目前我們身處的社會來看，大家都賺得到錢，但生活還不是過得很好，這是由於思想受到了限制。為什麼不到國外觀摩，去看出問題，學習更多、更好的觀念回來？

然而去澳洲會有澳洲的問題，去美洲也有美洲的問題，去中國會有中國的問題，這世界上每一國度的人，為什麼都不能把人生的問題安頓好呢？包括政治、經濟、社會的問題，到現在都還沒有平順安定，原因是：舉世都沒有用禪的觀念來討論、來了解所面對的局勢。

禪的觀念說來也很簡單，你有固定的想法等在那裡，自會以過去的做法面對現在的處境。但現在同樣這樣做已經遇到障礙了，要如何去突破呢？你想突破時，都是用過去的思想、做法和觀念，所以會遇到瓶頸，你的力量根本無法發揮作用。所以禪的觀念便是，第一，要把自己的思想觀念完全的放下，再來看待這個問題時，就不是先前的所見了。這個問題既不是之前看到的那個問題，你就會想到，要用其他的方式來處理。

把一切名相都打破

為什麼要用「禪」這個字眼做代表呢？這是因為對宗教的立場來講，禪沒有一切的分別。無論你是佛教、基督教、天主教，或是道教及一般民間宗教，禪並沒有種種教內、教外的分別性。以禪的立場來看，一切宗教同樣都具備圓滿和究竟性，包括一切的思想和觀念都是如此。禪未預設立場分別在內或在外，所以才說它並不區隔教派，或有佛、菩薩的分別，只說明「一切是禪」。

對宗教性的人格訴求來講，禪的本意就是要把一切的名相打破，根本就不分別佛、菩薩、佛祖或是哈里路亞，只有遍一切處的清淨，以及不進入一個自己預設的範疇裡。如果人類的心能夠這樣明瞭，世界上便不會發生不幸的歷史性戰爭，和宗教觀念的衝突。回顧歷年來發生在波斯灣的戰爭，就是伊斯蘭教和其他宗教的敵戰；歷史上十字軍東征和所有宗教的起兵互戰，也都起於分別和對立。以禪的立場而言，沒有宗教的分別、沒有人種的分別、沒有高低也沒有前後，沒有時間、沒有空間，也沒有好壞種種的立場……，要把一切完全放下——這是屬於禪的初體驗。

以禪的初體驗而言，你要理解到，凡是你所認知的對象，是和你在一個某種進行的運動狀態，一種同時存在的情形而已。這種存在的情形不是永遠的，也並非固定不變。是因為在某種時間和空間運動交涉的相對性之間，兩個同步交涉，就交涉到了，僅只這樣而已。在這種交涉到的情形之下所掌握的人生，若把它當作有實際的事物，就會變成一種執著，所以有問題不能解決時，你會很痛苦。但是，如果你不用過去的觀念和立場，可能會有更好、更圓滿的方法展現出來。

比方說，面對本身的種種問題，我們聽起來差不多已能知道要「放下」，但想用出來就是不得力。為什麼會這樣？因為我們已習慣性的抓取得很牢固執著。例如要你唸阿拉伯數字：1、2、3、4、5、6、7、8、9、10，不能照著順序，要很快的改唸成5、8、3、2、10這種脫序的方式，你會突然轉不過來。你最會反應的是唸成：1、3、5、7、9，或是2、4、6、8這種有順序的跳躍。你能反應有規則性的，不規則的，就沒辦法馬上唸出來。你有你的慣性存在！你所講、所想的，都是過去所想到、用到，以及做出來的。以禪的立場來講，這就是輪迴；輪迴會一遍又一遍的來回。

簡單的說，現在我所講的話，如果你們聽懂了，就是對這句話過去的認知，當即又輪迴了一遍。人生無不都是這樣，反覆輪迴的過著生活。比方都是早晨八、九點上班，晚上五、六點下班，幾點鐘就寢、起床也大同小異，大家一樣照吃三餐，天天都在輪迴。自從出生那天開始，我們就在等死，在等一百歲、漸漸老死。這百年的歲月中，我們都在追求些什麼？

人生的意義在哪裡？

我們追求五子登科，要賺錢買房子、車子、娶妻子、存金子，生貴子，這些是一般人追求的方向。一般人的人生觀多想著要追求更高的社會地位，更好的生活享受，更大的房子居住，更優的車子代步，後代能夠清白為人。但是人生的立場和認知，就僅能在這樣的範疇內嗎？

歷代的大思想家和哲學家，展現過許多不同層次的思考和觀念，一代又一代的探索這些問題。思考的範疇是什麼呢？若不這樣，人生的意義到底在哪裡？是要「立功、立德、立言」三不朽？或是留名萬世，或做出豐功偉業讓後代緬懷？因為我們對一生無法篤定，就將希望寄託給後代，期待子孫幫我們把家聲宏揚四海，或是能延續香火，追求更好的生活。

然而這種種人生的意義和目標，以及過去所經歷的一切，仍在人類的慣性思想所開發的範疇之內。我們認真的上班、做生意賺錢，似乎已對社會提供了心智、使出了力量，就社會而言，這的確是好現象，但如果能更上層樓，對社會貢獻到大家不用賺錢就有飯可吃，人人都過得很好時，社會還有什麼寶藏能提供給我們呢？若能思考到這樣的深度，我們就會清楚，要為心靈注入的一股清泉是什麼了！而這在在都顯示，並不是生活過得好就圓滿了，你所有的觀念都需要改變。我們的思想和精神要能生活在完全沒有壓力、沒有無明和恐怖的前提，就在於：要掌握到「禪」這個源頭。

人的一生中總是會害怕生病、擔心錢不夠用以及憂心前途，同時也會恐懼發生戰爭、生病醫不好或是子孫不順遂；所以種種的思考和方向，就會被這些現象和問題給鎖定。為了免於沒有飯吃，就想積蓄更多的錢財；為了不想失去現有的條件，就用盡方法維持現狀。其實就禪的觀點來看社會現象，這一切處都是很圓滿的究竟處。一如前述，我們知道的、清楚的是禪的範疇，不知道、不清楚的，也是禪的範疇。我們做

ZENQ

得很好是禪的範疇，做得很不好，也是禪的範疇。

並不是就「不要理它」

但禪的認識是：當我們做不好時，會去檢討為什麼。為什麼會這麼不圓滿、處理得這麼不順遂，到底是用錯了什麼方法？方法錯了，就表示你要完全放下過去的經驗，整個都放下了，再重新拿起來處理，這便是「拿起和放下」。過去的觀念既無法處理目前遇到的問題，就不能再用舊方法；如果用過去的思想和經驗能處理得好目前的問題，這問題根本不存在，也就不叫做問題了。

就禪的觀念而言，一切都完全放下，並不是就不要理它了，而是放下才會有新的觀念展現。是怎樣的新觀念呢？以「答非所問」的方式來講，禪師問：「什麼叫做真理？」你回答：「沒有真理這種事。」「什麼叫做佛祖當來？」你會回答「杯子」或是「麥克風」。像這樣的問答，就是已把你過去的經驗完全切掉。你面前的「杯子」是不是「佛祖」的意思呢？是這個意思沒有錯。因為它存在的情形是真、是善、是美的，而不是想像出一個希望中的佛祖形相，認定他該是什麼樣的認知對象。因為一切處的你，可以享受目前所認知的一切，不管它在你眼中是圓滿或有欠缺，都是真正的究竟和圓滿的內容，這樣你才能享受到禪味。

禪味就是：無論是在什麼樣的情況下，你都不會有障礙，不會存在問題。所有的問題只是一種相對運動交涉出來的現象，本身並不是固定的，它會改變、會變化，而我們人的運動交涉會變化，思想、觀念也在變化。打個比方說，國民小學三年級課程裡有一則故事：「我有一隻槍，樹上十隻鳥。」每次我問說：「槍ㄅㄧㄤˋ的一聲，結果會怎樣」聽眾就答：「老早就知道，樹上的鳥都飛走了。」既然都飛走了，為什麼你還能看得到呢？現在我再問一遍，「我有一隻槍，樹上十隻鳥，槍ㄅㄧㄤˋ的一聲，結果會怎樣？」什麼事都沒有發生，因為槍是在高雄打的，而鳥在台北，時間和空間不同，兩者的關係就分開了。

講一個影，就生一個囝

但是，就以這種思考所反應的現象來說，可以套用一句俗話，別人講一個影，就生出一個囝來，一般而言，人就是會像這樣。其實這個故事，完全是無影無跡的，由人講講而已，並沒有真實存在過；而我們的煩惱也是這樣被牽拖出來的，你對於並不存在的事，卻一直在那裡煩惱。

當你重複的運動、重複的思想，沒辦法解決問題時，一定要放下來，才會有新的智慧和觀念展現，才能處理人生中無法解決的問題。這一生中，我們常因遇到很大的問題，而一旦緊張、驚慌，事情也愈處理愈吃力，愈處理後果愈差；碰到這種情形奉勸各位，一定要把它放下來。就像你一聽到「我有一隻槍，樹上十隻鳥」，很可能會慌張。其實這事情的存在，只是時間和空間的問題而已。鳥在台北，槍在高雄，在高雄打了一槍，這些鳥兒還是過得很好，但是我們人難免會有無明或是恐懼的思想，對以後的事情，你的前置量就先拿來煩惱了。比方說後天要去坐車，會暈車的人今天就開始發作了。還有人只跟他提到坐車，就已經暈車想吐。一說到要坐船去金門，即刻就開始暈船了。

我們的人生和這些觀念一樣，對於認為未來會發生、有阻礙的事情，現在就先煩惱在前，而這些煩惱是沒有必要的。禪沒有時間的問題，等到事情發生再來處理就可以了，不用今日就罣礙在心。現代人每天都在這樣煩惱，是會折損壽命的。例如一星期後你要坐車到高雄時，暈車個兩小時，事情也就過去了，沒什麼問題的。這就是禪的生活觀。

活在整體的時間內

所以，一般人在認知上有錯覺，就無法把禪靈活應用在生活上。禪既然是沒有時間和空間，你活在當下的這一念，本身就是活在整體法界的時間內；活在整體的時間內的這種滿足，活一天、活一秒，對你生命的意義及定論和結論，都是非常圓滿和究竟的。面對生死的問題，你便不會緊張驚慌。我們每個人都會死，一百歲會死、八十歲會死、一百二十歲會死，對未來的死亡現在就開始擔心，是我們活得不大快樂的原因。

我們活得不大快樂，是因為每天想要保持活著的情形、執著於生活的固定模式。沒辦法活在不固定的模式下，就無法掌握到禪的實際內容，變成是人活著，在未壽終前心裡就常常煩惱、恐怖和慌張。不敢面對生死或人生的問題，這是對實相普遍認知不足的關係。禪的生活是在還沒有圓滿時，究竟實際的內容就已含藏在內，不必把尚未發生的事拿來煩惱。因為我們已經過這種生活幾十年了，而這種模式存在人類的經驗裡，甚至超過幾百年、千年、萬年。

這必須經過禪的訓練。以「對話錄、參公案」的方式來講，就是把你的思想再訓練一下。有一種情形叫做「答非所問」。你不能用一般人「進行性的思想」來思考，比方問你，「今晚吃飽了沒有？」你不可以回答吃飽了或是還沒吃，也不可以回答飯好吃或是不好吃，你回答的內容要和主題完全不相關。再比方說，「你們坐在這裡，會不會坐得不耐煩了？」你不可以回答不會、好或是不好，要想其他的回答方式；譬如你答：「火柴棒」。

記得有一回我到美國演講，兩位台灣去的留學生找不到碩士論文的主題，打電話跟我說隔天一定要見到我，不然會去自殺。我問為什麼要自殺，他們說：「來這裡讀書好幾年了，竟然沒辦法處理一個碩士論文。找得到的資料、想得到的題目，都被寫過了。」我就說了「我有一隻槍，樹上十隻鳥」的故事給他們聽。一聽完，兩個人高高興興的回去了；他們不僅今年畢得了業，還可以繼續攻讀博士。

論文題目已讓他們想了兩、三個月，能想出來的幾乎都被寫過了，**為什麼會想得頭腦快要爆炸還是沒有新意？因為人類的頭腦大都在相同的模式內被訓練，所想到、看到的，都是在這樣的觀念之內。**

我們每天所講的話，思想、行為、工作都是一定的，每天所煩惱的，也盡在自己的兒女、先生、太太、父母、親戚……。六親眷屬是我們第一個煩惱處。第二個煩惱處在地方的建設，第三個煩惱處在台灣、中華民國，這樣一步一步的擴大範圍。大家都是用同樣的模式來思考，這樣要來處理當前所出現的問題，或是已經存在很久、仍不能解決的困難時，依然無法處理。所以從這一刻起，**你要開始改變你的思想和觀念，今後你所做的生意、事業，處理的事情，才會更加圓滿**。你的認知要從這裡開發出來，才能把禪的實際體會用在人間生活上。

其實看禪宗的公案和故事，很像在看武俠小說。例如有人去向一位祖師參禪，祖師問：「你是為哪箇而來？」答：「我是為這箇而來。」祖師：「我這不就用『這箇』給你了！」問答之間，參禪的人就開悟了。讀完你會覺得，「為什麼我都弄不清他們在做什麼，而這樣就開悟了？」因為這種情形叫做修行上禪的訓練，和一般生活上的

ZENQ

禪訓是不同的。

修行上禪的訓練，就是要把一切的名相都排除了之後，再來肯定在整個名相內的情形。想要用這些修行上的禪來開發生活上的禪，還有訓練的距離在。因為我們只是初學，對禪只有初步的觀念，所以我對修行上的禪介紹得較少。

念一轉，能賺到更多錢

就生活上的禪來講，面對問題時，你不要再用過去的方式處理，看看生活是否能有所改善。一年多前，有一位賣棉被的朋友聽我這樣講時，正值景氣低迷，生意難做。大家都想，因為成本增加了，便把售價跟著調上來。但他聽了這演講，非但不漲價，反而把售價調降下來，因此訂單大增，那年的生意足足做了以往三年的份量。他的工廠在高雄，本來生意已經快做不下去了，觀念一轉，反而賺到更多的錢。這個實例告訴你，要有禪的智慧、見地，過禪的生活。

如果你的子女不愛讀書或是吸食安非他命，無論如何管教都沒有好轉，請改用其他方法試看看！當你接受到新的觀念和結果，就能理解我所講的實際情形。這是向各位介紹的第二種觀念，就是在講你過去所做的那些範圍，也是一種執著性。而你們能聽懂、接收我所講的話，這本身亦是一種執著性。為什麼呢？你會依過去的經驗、知識、

常識來判斷，我所說的話對你的影響和掌握會是如何。

你會有新的認知和改變，也是因為執著性而來的。而禪的立場就是，連這樣的執著也要放下；把過去的問題用新的方法解決了之後，再把問題提起來。第一階段是「看山是山，看水是水」，第二階段是「看山不是山，看水不是水」，第三個階段是「看山還是山，看水還是水」。

如此這般，你就能有所認知，人生所面對的現實問題，包含政治、經濟、社會、人與人之間的抉擇及生死……，這種種思想的來龍去脈，緣由於人的自我，把自我掌控得十分牢固，形成了堅實的立場；用這立場來對應其他立場，用自我的認知掌握出錯誤的內容來。

如何才能明白過來呢？透過坐禪的訓練，一週的禪七或是二週的禪七，整個身體的能量能讓你空掉；一旦空掉時，你便會放下自己內心的執著，因為這確實是空的。**坐禪能體證到身體的空大，當沒有時間的範疇，別人變成在你的空體裡面。**本來你會分別你、我、他，一旦你的身體空掉了，別人和自己變成同一個自體，你便會把別人的看法和意見，納入自己的意見內，而能夠很尊重及採用其他人的意見。另外你會產生新的面貌和觀念，禪初步的訓練，可以做到這種程度。

如果你沒有時間打禪七，每天若都能在家坐個十分鐘，有一天也可以坐到身體空掉、相應空大，這便是無我相的初步展現。**我相的執著破除了，你對別人的看法，以**

及過去人生觀的價值性、金錢及物質追求的掌握性，就會有新的見地出來。物質本身並不是實際具體的物品，比方房子會不壞，物品會變化，並非固定不變的實有，這便是禪的體驗。

禪的長壽法門

至於禪的人生觀，第一就是，不要執著；第二是，自己親身去體驗實證。

你每天在家坐禪，雙手交叉，雙腳交叉，雙眼閉起來，舌抵上顎，上半身挺直、身體放輕鬆，以這樣的姿勢來方便坐。若是在辦公室，人要面向牆壁，在椅子上坐十分鐘即可。這樣早上坐十分鐘、下午十分鐘，搭車時十分鐘、在辦公室吃完午餐走動一下，再坐個十分鐘，你就有禪的體驗了。體驗雖然不能很深入，但是你的精神力和腦力、智力，漸漸就能集中起來。因為精神力的安定，內分泌和心理系統會調整回來，高血壓或其他小毛病，也會慢慢自動調整。

你的一生每天都方便坐，就能延長三至五年的壽命。所以禪的生活也是禪的長壽法。每天坐個十分鐘就有效果，不必刻意超時。在公車、火車上都可以用「十分鐘坐禪法門」，你的心情、心跳漸漸就能穩定下來。很多朋友跟我說，他開支票常常多開了一個零，二十萬開成二百萬。當思想很集中，處理事情便不會出差錯，支票亦不會多開一個零。其實不必花費太多精神，就能過著禪的生活，並體驗到其益處。

而禪的人生就是專注的處在最健康、圓滿的心理狀態中，這樣過著自己的一輩子。你遇到事情不會緊張、煩惱；並不是因為都沒有事情，事情仍然存在，但你對事情的認知不會起煩惱心，不會覺得這事情很大條，我慘了或是怎樣了。你面對事情再也不會有這種不安。

再提供大家一個思想的訓練。現在我拿起一根吸管，這物品可以做為五種不同的用途，你能在一秒鐘內想出來嗎？一般人會回答，這可以拿來吸果汁、吸開水、吸汽水、吸粥、吸空氣，其實想法只有一種「用吸的」而已，而它還能拿來做戳物的器具、能阻擋螞蟻等爬蟲類動物的路徑……。

沒辦法想到更多用途，顯示你的觀念被限制在固定的思考之下，所以看到吸管只想到要給人吸物。但這件物品的用途很廣泛，不是嗎？講完這些你自覺聽懂了，但我再問一遍，還是答不出來，這是為什麼呢？我們來試想，這物品還有哪些用法？你要在一秒鐘內立即應答，若是想了三天，不算數。就當做你現在要對一個問題做出決策，一秒鐘要反應，現在就來想想看。普通情況在第二個階段，人的想法會稍微變通一下。吸管不是只用來吸食而已，也可以拿來寫字或……，一般人會想出另一種，頂多兩種而已，還無法反應到五種。

我們只想到兩種，日本人隨便一想起碼都有四種，所以和日本人做生意就會輸給他。也難怪中日貿易長期呈現逆差，錢一直往人家那裡倒。如果各位都能想出一百種等著應變，而日本人只有四種，他就只好跟我們買產品，這正是我們的思想、觀念，限制住了我們的行為及發展。

禪式思想的自我訓練

我們是透過思想、觀念才產生行為，生產商品也是如此。**如果你工廠的員工每個都接受過禪式訓練，就會有很多元的想法和觀念，來處理好工廠不同的問題。**如果每位老闆都用這樣的禪式思維，處理事情必可圓滿順利。和日本人做生意，對方還沒想到的法子，你先想在前頭等著他，他就不得不跟你買商品。如果我們全國的人能夠想出一百段的變速，或是無限量段的變速，產品的用途就可以無量無邊。這些都在說明，**一般人的觀念需要透過自我訓練，才能擴量和提升。**

我們要做一門生意、處理一件事情、思考一個問題，都同樣得做這種禪式自我訓練。你所涵蓋包容的範疇，能掌握到別人想不到的，做起生意來會是個成功的生意人；處理起一個社團，會是一個圓滿的社團；管理國家政治，會是一個圓滿的政治；處理國家的經濟，會是圓滿的經濟；處理國家教育，會是圓滿的教育。禪式智慧最主要的目的，就是要開發出這些內容來。所以當我們面對諸多問題，包括我們的幼兒教育、環保、家庭、前途要怎樣去處理，若沒有更大的禪式智慧，即使能夠處理到最行的程度，**也還是落入在國際性政治、經濟的輪迴範疇之內。**

學習美國有美國的範疇，學日本、澳洲，有日本、澳洲的範疇，學中國就會有中國的範疇。現在暫時都不去跟著學，且拿出一條不一樣的路來走走看，我們的經濟、生活、智慧、國家的前途……自會圓滿具足。**因為禪是國家富強論，如果每位國民都有禪的觀念、智慧與訓練，整個國家自然會強盛起來；而且是自動化的管理，根本不必耳提面命，國家就能強壯起來。**日本企業的中階幹部都會去坐禪，但訓練的水準只到達我所講「十分鐘坐禪法門」的程度而已，禪的思考的自我訓練，並沒有人會做！所以受過訓練的你，當思想的深度、廣度、圓滿度整個都照顧得很周全時，所立足的國家、社會、家庭，亦會強盛起來。

之所以要介紹禪，是因為**禪能夠讓國富民強**，所謂「坐禪與國論」，當全國人民的思想都這麼深、廣、周延，大家的智慧都這樣高時，就可以圓滿的處理事情，國家自然而然會富強，也必定會有前途。若能如此，這世界上有幾個國家能和我們一樣好呢？所以中華民國繼五千年歷史之後再延續個五萬年，當然也不成問題。這些都在說明，禪的人生對國家、經濟、政治、社會、家庭，乃至任何的宗族、宗教，都是有所裨益的。

現代很流行禪，但一般人並不清楚什麼是禪，不知道禪的意義和道理，以致對禪只有一些簡單性的看法。禪的根本力量可以發揮到什麼程度？誠如「一股清流」，當這股清明的清流注入你的自體時，你整個身體清涼起來；沒有煩惱，沒有半點兒無明，具足完全究竟和開朗的智慧，面對問題你都能夠處理，沒有事情擱在心上。當政府能處理好整個政務時，我們的社會便不再有環保的問題，也沒有中日逆差的問題……，自然就能安居樂業、國泰民安、風調雨順。這是我期待大家對禪有所體會、能夠理解的地方。

實相是無心的狀態

至於萬法本性的本質和本體、究竟圓滿的實相和實際，是什麼情形呢？

它是空性，是無心的狀態，是在沒有相互交涉的情形下，發生出來的認知和觀念。因為我們對時間和空間的了解不夠清楚，就認為有時間和空間的震動，並維持在那裡。其實是我們的眼睛和時間、空間相應的存在，才變成有時間和空間的現象。而一旦現出死亡相時，你本身對時間和空間的認知，也跟著消滅了；當下時間和空間會收攝起來，變成在沒有時間和空間的狀態下，轉世到中陰世界。亦是緣於這樣的情形和交涉的運動，才交涉出中陰的世界，一般我們稱它為靈界、鬼道，靈魂便是這樣發生出來的。因為人在世時，眼睛和時間、空間交涉執著的情形放不掉，死了之後，會再把這「存在下來」的認識用在中陰的世界。

所以一般所認為的嚥下最後一口氣，人就死了，死亡之後要投胎轉世，去天界也好、淨土也好，去三界外也好、三界內也好，以為這樣就是了脫生死，其實開悟的意義不在於此，因為人一旦斷氣，時間空間就空掉了。而你過去的時間、未來的時間和現在的時間，都只是一個影子，是運動交涉出來的情形。

請問昨天存在嗎？倘若請你把昨天拿出來，你拿得出來嗎？拿不出來。今天也會成為明天的昨天，明天你也拿不出來。這種情形下，昨天不存在、今天不存在，明天也不存在，請問時間是在哪裡呢？**時間是依你的記憶而存在的**，腦海中有昨天是幾月幾號，今天是某月某日的記憶，如果都沒有這些記憶時，昨天你拿得出來嗎？拿不出來。**你活在每一世時，也是同樣的情形，這一輩子是今天，下一輩子是明天，上一輩子是昨天。你拿得出來嗎？也是拿不出來的。**

所謂的「了脫生死」，是因為一般人執著於有相、執著於「有生有死」，希望可以了脫生死，就一了百了。在此種「求解脫」的認知下，才應運而生第一階段的內容——讓你了脫生死，**實際上並沒有生死的問題**。人死後你不再看到他，以為是讀國民小學時就死去了，其實他只是畢業，不回來小學，而是去讀國民中學了。這樣有死嗎?!**人在人間消逝之後，轉生到其他地方，和在國民小學畢業後，去讀國中，國中畢業又去唸高中，是一樣的道理**；你只是看不到他在同一間學校，但還可以看到他在別的學校讀書，所以你知道他沒有死。

而人類眼睛運動的速度，只能看到相對性的時間和空間，沒有辦法看到人間以外的時間和空間，由於雙方運動速度的交涉性不同步，就認為他死了。人會這樣認知，是因為本身無法掌握到實相，以為可以有一個「了脫生死」的情形出現。

以禪的立場（開悟的立場）來說，一切的時間、空間相，都是幻覺，只是一個交涉狀態的影子，終究沒有時間、空間的具體性存在。當你進入這一點來看，這生死就不再叫做生死，也沒有生死可以破除，這便是禪的生死觀。這一切相的每一樣、每一物，本身都有運動的作用，當每一樣物品及每一個人的時間、空間都消失掉時，每一物及每一人都回歸在同一點上。也就是說，每一樣物品都因有時間和空間才存在著，各自的時間、空間結束之後，便回歸在同一點上，這就是所謂的「本來無一物，何處惹塵埃」的實情。

言語道斷，心行處滅

因為我們現在的運動和認知作用，存有時間和空間的相對性，就會看到所處的空間裡有各式各樣的物品，這裡有花，那裡有電燈，那邊有門也有窗。以禪的立場，「言語道斷，心行處滅」，就是在講「心會運動、會交涉的情形，都完全滅掉了，在沒有時間、空間的前頭處，你能講的話也講不出來。」這是無禪的境界。但是你再回過頭來觀察，這一切的萬法萬物，都是在無相——沒有時間、空間所發生出的一切時間和空間，一體齊步在那裡運動交涉，你運動的速度，決定了你所能看到的同步交涉程度。

比方說，現在你可以看到這根吸管，當我快速搖晃它，讓它的運動速度變得更快時，你就逐漸看不清楚它，而愈快愈看不見，只有在吸管運動的速度和你眼睛運動的速度一樣時，你才看得見。**你看不到它的存在，並不是它不存在這裡。其他時間和空間的認知，也是這樣**，你看不到那些存在的法界。你掌握不到其他時間、空間的法界，因為你的眼睛有限制，限制在自己觀察得到的情形內，這是更深的禪境界。

如果你本身有所體驗，在坐禪時，你眼睛的速度會慢慢的改變，會看到現在看不見的情景。你所看到的麥克風，會變成模糊的存在樣態，就好像抽煙般的煙霧狀，但是其他人來看這支麥克風，仍舊是原來的樣子。唯當眼睛運動的速度改變，麥克風就不是你先前看見的形與像了。

一切相皆如如自在

時間和空間是可以扭曲變化的，當你把時間、空間給解決掉，生死的原貌，便不是你之前所想的那個生死問題。一旦了悟時空如幻，我們對事物的看法，會相應「一切相皆是如如自在」的境界。什麼是禪呢？你不會，是這種情形；你會了，也是這種情形。實相不是因為你會了才浮現出來，你不會就沒有；實相是你會了也好、識得了也好，它都是這樣。不是因為某個人開悟了，所以才有實相浮現，若沒有開悟，就沒有實相。開悟也好、沒有開悟也好，這實際的現象、本體，都是如此這般。

所以在一切處、你的每一個念頭，都是「真際」。人生在世，本當好好的生活下去，處理好該做的事。你做人家的太太，就扮演好太太的角色；做人家的先生，就扮演好先生的角色。開公司的，就把公司經營好；當人家的職員，就把份內的事情做好。在一切處的行為中，都是這樣行所當行。這樣做下去，就是一般禪的生活。也就是：並沒有生死這實事讓你解脫，也沒有輪迴這實事讓人恐怖的情形下，不管什麼時候，都掌握到涅槃妙心，隨時在相應中；而這本身也不必掌握，我們本來就浸淫其中。

聽眾提問：常聽人家說「心包太虛」，這個心到底是存在哪裡？我們的眼、耳、鼻、舌、身、意，在這裡面嗎？而它又如何包容在太虛裡？如果是心包太虛，我們的心是否還能運用自如？

顧老師答：其實心包太虛是在講，一切的現象是因為心的運動才看到對象的客塵，是由主、客兩者同步交涉來的。而我們第六意識的心和第七識的心和第八識的心和本體的心，是同一個體系；但是因為它的運動速度，限制了運動的範疇，變成同時有這第六意識的心、第七識的心和第八識的心，惟其和本體的心都是同一個。心包太虛是指，從自心將沒有限制的空間給開發出來。

在坐禪時，你的身體會空掉，這時，心的認識作用，不再是用你身體的範疇來看；能開發多少，就能空掉多少，這範疇都在你的心裡。簡單來說，有一隻鳥本來在窗檯吱吱的叫，現在你的「我相」空掉了，這隻鳥就變成在你的肚子裡吱吱叫。所以心包太虛是全體法界的時間、空間波動中，在你的心識運動和你交涉到，才出現對應的境界；不是因為你的心在它才存在，**它是心的運動作用和它交涉的情形同時存在**，才有對象讓你看見。就像吸管的例子，當吸管的運動速度太快時，對你而言它根本就不存在，如果正常放置，你就感覺它存在。也就是說你的心還有問題，它運動的速度還沒有辦法很快。

你的心如何去作用

什麼樣的心是「開悟的心」？就是完全「無心」；在完全沒有運動交涉時，現出一切運動交涉的心，這就是開悟的心。這樣看起來，沒有現在、過去、未來，卻又包含著現在、過去、未來，大家看起來都是好好的。成佛也好，沒有成佛也好，一樣都是好好的。有時候你在煩惱，有煩惱時的你，一樣是好好的。有煩惱時，是你自己不認為自己好好的，別人看你仍是好好的。**其實到底你是否好好的，或是你的心如何去作**

用，完全在於「放心」二字而已。

這跟我所講「我有一隻槍、樹上十隻鳥」的例子，意思是一樣的。我們的思考被這故事的想法給限定了，而我們的生活也同樣會被生活上的這類故事牽著鼻子走，因此做著很多迷夢。今天就是要點醒你，去做自己更完整及究竟的夢。不論何時，當每一位眾生都能活在健康圓滿的幸福世界，而又活出了自己，就會國泰民安、天下太平。

問：所謂「無禪、無師」，到底是什麼意思？有人說利根的人才入得了禪，鈍根的人則學不來，「利根」和「鈍根」，又是用什麼樣的觀點在看待？

答：這兩句話和「我有一隻槍、樹上十隻鳥」的意思，其實是一樣的。也就是說，你被別人的說法牽著走了。如果有人說你這鈍根的聽不懂啦，我再講給你聽……！假如你仍聽不懂，就算你的第六意識在打瞌睡，第七意識、第八意識都還在聽，照樣在強迫灌輸，有一天也能講出這一、兩句來。

有時候，這是對於人的某種個性的激勵手段，說你是鈍根的，你就老實唸佛啦。其實並沒有利和鈍之分，一切萬法都沒有時間、空間，你會站在哪一點呢？利根和鈍根同樣沒有時間、空間，誰又能跑得多快，能到哪裡去？根本就沒有誰學得到或是學不到，誰能開悟或是不能開悟的問題。而在回答這個問題的我，也中了「我有一隻槍、樹上十隻鳥」。但是對於已經明白的人，俗話會說這是一種慈悲、是同事行，因為其他人還不明白，就要跟著不明白的一樣，來走人生這一遭。

不要被這種前置量的範疇，或者是古早人的種種說法給限制住了。法界是平等、沒有分別的，沒有前面或後面，沒有利根或鈍根，大家都一樣的平等。禪的實際相，沒有宗教的分別，外道和佛教同樣一體平等；也就是說，外道和佛教的時間、空間都空掉了，大家站在哪裡呢？話說回來，外道講的道理較淺、佛教較深，但是高的和矮的時間、空間都空掉了，還會站在哪裡？都是平等、沒有分際的。

至於無禪和無師，意思也是相同的。一般人對禪的了解不甚清楚。禪有見地和禪定功夫的開發兩種情形，前者是說觀念要圓滿、究竟、正確，後者是修行要修到金剛喻定、修到沒有時間、空間的分界在內在外時，再回過頭來看，才能把實相整個徹底弄清楚。到這時候還必須有他心通，以及天眼、天耳、宿命、神足、漏盡這六種神通做背景，才有能力教化別人。

人類的思考和思想及背景有很多種，你要教他教到都能聽懂，要教很久；除了要有耐心、有時間，被教導的對象也要有耐心，大家都要有愛心、有毅力，才能持久，慢慢的來薰變觀念。

很難遇到出世明師

乍看「無禪、無師」這句話雖然並沒有錯，但其實單單是要遇到真正的明師，就難上加難。這「明師」不見得是「名師」；明師是要對實相本體發生全體的時間、空間，例如天界或是三界內外，這裡頭一切事業的種種內容及情形，都清清楚楚。若有人想要走這一回，修行實相到完全的清楚明白，過程中會發生不能修行等一般性的障礙，不能通過關卡的問題……，都要清楚該用什麼方法來幫助他通過，這樣才稱得上是「明師」。如果只是名氣大，講得很流利，卻教不通半個真會的學生來，這只是一般的「名師」。

你很難遇得到出世的明師。但若真的想要修持，卻找不到出世明師時，我可以教你一個祕訣，就是賴上佛陀或是觀世音菩薩，跟他們抱怨說，你找不到明師，請務必幫忙介紹一下。你每天都跟祈求的對象這樣講，有一天就能遇到了。你跟觀世音菩薩說你想學禪，請給我一位出世明師，以免教我教錯了，或是請親自現身來教我，這樣就一定不會教錯。你可以像這樣運用這些口訣。

一般而言，老師找學生比較容易，學生要找老師會很困難。因為學生處於弱勢，並不清楚老師到底明不明白，聽別人說很行，就跟著去了；去了人家拿香在拜，也就跟著拜，這樣的做法並不適合尋找明師。而當你等到佛陀或是觀世音菩薩所給你的「明師」消息，亦不保證一定學得通；是否能夠學得通，要看你自己願不願意接受這些禪的思想和觀念。

（本文為顧老師在扶輪社的演講，張雪麗聽打，溫曼英整理）

現有軌道中，如何活出新生命

一般我們所認知的現實生活軌道，以佛教的立場來看，可以分為生、老、病、死四個階段。在現有軌道中，自我們出生，命運好像就已被決定了。市井間常有人說，人類打從出娘胎開始，似乎就在等死；等待我們六十歲、八十歲或九十歲死亡的那一天。出生後每多活一天，在生命實際的天數裡頭，便減少一天。人類對於自己的生命過程，是不甚清楚的；為何來此投胎，又如何在這個世界上生存下來，我們似乎始終不明所以。

業力振動的原動與反動

其實我們之所以會投胎來到這裡，是過去世運行的一個執著性的立場，抓取了生活**習氣的結果**。比方說，有些人對宗教信仰非常虔誠，過去世學道教、佛教、天主教或是基督教，這一輩子再來，大部分都會投胎到相關的宗教家庭，繼續輪迴第二階段的宗教生活。如果有人前一輩子在某一宗教上受到挫折，觀念又未曾得以釐清，就會告訴自己，「我下一輩子不信這個教了，不如找其他的來試試看」，因而產生反動的力量。這個原動的思想，激發了反動的投胎慾望，結果如願投胎到另一個宗教體系的家庭裡，做第二輪迴人生的啟始。

再比如上輩子你原本信仰某一宗教，透過朋友介紹，又了解到其他宗教的一點教義；你對自己所信仰宗教的基本立場不甚清楚，因此有一些懷疑與不滿，這一輩子，就有機率投胎到其他宗教的家庭了。這是從宗教信仰的立場，來解讀**我們投胎帶來的業力振動**——原動與反動的一個系統。

綜觀人類思想與智慧的系統，從過去種種層面的習慣性，而導致下一輩子生來的某種趨向，其實百分比非常高的，在前一輩子已經被定型化了。換句話說，**我們是帶著過去行為業力振動的反射行為，來這個世界投胎的**。至於為什麼投生為男性或女性？有的是過去世當女人當得太久了，想轉性的希望心，設定了投胎的心態。但又因身為女性久矣，第一次投胎做男生時，往往會不自覺展現許多女性化的動作，例如時常照鏡子、攏頭髮……。

坊間曾有一本講輪迴的暢銷書，名叫《前世今生》，內容是以心理學催眠的立場加以探索，其中的誤差不在話下。我所分享的觀念，則是以禪定立場所進行的同步解析。**我們的現實生活軌道，確實是由過去的因緣帶來業力振動的屬性**，所展現進行的；包括一個人的言語、長相或生病的跡象，在在都跟過去業力具有息息相關的因緣。所以在現實生活中，我們會面臨許多觀念上的考驗，譬如你在馬路上看到一張頗為熟悉的面孔，但打自出娘胎起，你確實不曾見過他，他卻給予你親朋好友般的熟悉感。這是由於過去世結下了因緣，**當這一輩子再度看到他的形象、習氣，以及外表時，便讓我們感覺似曾相識了。**

目前的生命軌道，正是經由過去業力運動集合的反射行為，投胎到了這一輩子的現實生活裡來；基本上，這個過程是按照過去行為抓取的反射行為進行的。會把我們帶到什麼樣的境界呢？

思考模式的來龍去脈

從小，我們接觸父母、師長、親朋好友、同學，或是外在客觀環境跟主觀思考方向所集結的思考模式，以及所接受的種種知識，形成了目前生活、行為上的基本思考結構與樣態。現在之所以能聽懂人與人之間的溝通，或是訊息的交換，都是根據以上描述的種種前提，所對換過來的。

當下你聽到了我所講的話，我們得到同樣的理解，是來自於從小到長成的階段，所接受的一切訊息匯總的結果。**因為觀念的累積與體認，才能夠聽懂我跟你溝通的訊息，這就是我們在生活上的基本思想背景。**我們正是這樣被訓練、被影響、被重複刺激以後，得到了自己能夠獨立思考、判斷事情的對錯、好壞、善惡的基本認識主體，形成在現實生活中，行為上的認知本能。

我們對認知本能的來源，大都有一點莫名所以。例如，一加一為什麼等於二？「不知道啊，就老師教給我的！」很少人會真正去探討。但做為老師的，如果也不知其來龍去脈，在設計課程時，就很難含攝學生思考模式的走向與趨勢，用什麼樣的課程，在移動條件互換之下，他們的分辨能力、了解能力、智慧力與判斷力，能夠從這個系統，前進到另一個系統。這是教育體系裡，為了要完美形成一個學生的智力或是人格養成，所應具備的階段；這同時也是思想層面、意識型態累積的反射，將會投射到學生的行為裡。

比如**飆車**。曾經有一段時間飆車族非常多，這個現象是從那裡來的？我們一直沒有完整的做研究。青少年飆車之後去殺人，問他為什麼，他說：「我爽啊！」完全置因此可能造成孤兒、寡婦於腦後。為什麼會變成這樣：以前沒有而現在有；以前很少，而現在很多呢？這正是現實人生思想背景的一種認知緣起，要劃分清楚，才能對當前學生的某些思想行為，做出新的調整與規範。否則，「因為日本有，所以台灣也有；因為美國有，所以台灣也有」的說法充斥，**人云亦云之中，僅能付諸於一種宿命論式的觀感**。

在現實生活的立場上，我們的思考模式就是透過這樣的系統，被薰變與重複刺激以

ZENQ

後，得到了當下表達的某種觀點。人與人溝通時，意思的落差與誤差的確存在。經由過去世生活跟背景條件整個原動性的反射，而投射到這一輩子來投胎的生存立場，每個人都不盡相同。有的來自比較良好的背景，有的則出自一般，有的源自比較複雜的環境。**因背景不同，對事情的認知判斷，就會產生許多落差。**

比如說，我們知道**這支麥克風是黑色的**，這個「黑色」的認知是怎麼來的呢？因為大家都說它是「黑」的；為什麼那個人叫它黑色？他喜歡這樣叫……。不叫它黑色可不可以呢？我們認為在溝通上會有困難。但是這個思考緣起的前緣，那個力量是怎麼出來的，我們又如何去分辨呢？我們從來不曾去思考這整個系統，它反射到黑色命題的那個立場。但身為一個教師，對於這個問題仍是需要思考的。如果不去思考，對於色澤的立場，或對命題的命名是怎麼得來的，這個思考的前瞻性的引導，就付之闕如了。

如何突破思想盲點

若從哲學角度看，在許多哲學的觀察法則之下，這個命題根本就不存在；唯有在「禪」的系統、在「佛法」的系統裡，才有這樣的觀念。這也正是為什麼大家都不清楚，在智慧的這個系統裡，思想的本質，它的緣起跟整個脈動的情況究竟如何；涵蓋到我們當下的念頭跟未來所有的念頭，你的學生念頭的趨向、思想的盲點，我們本身思考上的盲點，又有何內容。在人類目前進行的範疇裡，好像從來不曾有過這樣的教法，能教我們如何突破思想上的盲點。

一旦自己的思想陷溺在一個瓶頸、盲點裡，要去突破，會是非常困難的。因為人在江湖，身不由己；已經在大海裡沉淪，如何還能突出大海，思考整個大海的問題呢？這是不可能的。這樣的根本觀念，在一般的教育系統裡可以說是「前所未聞」。

從根本的思想體系來看，做老師的應該如何來幫助學生？佛法的立場是，停止你現在所有的思想；原本的思想停頓了，其他的思想就會發生出來。用什麼方法呢？用打坐（Meditation）、修行、坐禪的方法，把整個六根（眼睛、鼻子、舌頭、耳朵、觸覺、感覺）的系統停掉。因為所有的思想結構，都是透過感官交涉出來的。當你看到麥克風，「哇，它的形狀是這樣」，聽到聲音，又興起另一個念頭，所以就有先入的主觀條件定型了。假如我把麥克風收掉，然後說，這裡有一支無形的麥克風，你的腦海裡會浮現什麼形狀呢？因人而異；你喜歡圓形、方形、長的、短的、各式各樣，透過本體都顯現出來了。

就本體的立場看，思想根本是一種幻覺，是認知的幻覺。對於這個幻覺，我們已經習以為常。聽某人講話的一種認識的直覺，是這樣的觀察；對於某人的一種負面的認知，也是這樣的觀察。觀察的法則，變成我們現實生活中一種固定型態的趨向。

假如政府像宗教團體

舉一個實際的例子。台灣的財政部門總是想要增加稅收，最圓滿的「增稅」思想應該是怎樣的呢？讓人民減稅，而政府的稅收又會增加、又能夠造福人群、人民又減少負擔。把這個前提放在思想前面，最好是全民都不要繳稅，政府推動社會福利的經費依然有著落，像汶萊、斐濟、科威特……等等國家，都是屬於這樣的系統。然而根據我們的慣性思考條件、現實財稅生活的條件……，政府總是一逕想加稅、加稅，讓人民繳納更多的稅款，而不會反向思考，是否能夠既不徵稅、國家又有足夠的經費執行政策，想做什麼就能做什麼。假如能往這方面多動腦筋，就可能活出一個新的生命了。

但一般固定型態的思考模式會如何回應呢？「怎麼可能？這怎麼可能！」你認為不可能？讓我來告訴你一件事情。台灣所有的宗教團體都不收稅，經費全是樂捐的。為什麼會有這麼多人自動拿錢去樂捐？任何一個宗教都一樣，活動、推廣持續進行，從沒有想方設法跟信徒開徵「信教稅」、「人頭稅」。為什麼他們可以，而政府卻沒有辦法這樣做；其中道理安在？

信徒樂捐時，每一個人幾乎都是笑瞇瞇的；如果稅捐機關到你家來徵稅，你一定會緊皺眉頭，兩者的心態明顯不同。怎麼會這樣呢？試想政府機關假若變成了宗教團體，每一個人都想去樂捐它、贊助它，不是一個兩全其美的方式嗎？不爭的事實是，

ZENQ

目前台灣最富有的，正是宗教團體，而從沒有一個這樣的機構設立稽徵處或收稅機關。政府也是一個服務機構，宗教團體提供心靈服務，規範心靈趨向並予以輔導，政府則承擔人民的生老病死，從事生命系統的輔導，為什麼大家會用不同的心態相予對待呢？這正是政府的思考模式需要檢討及修正的地方。

我們的現實生活軌道，也就出自政府思維模式的這個系統。活出新的生命系統，需要新的思想、新的觀念、新的智慧；是出自你的思考本質以外的另一個系統。縱然有多種路徑可以嘗試，但就屬禪宗的方法最為簡便：**把過去的思想脈絡整個斬斷，然後重新開機。啪！新的系統就現出來了！**

思想的立場，足以決定我們生活的方向。而思考方向是從哪裡來的呢？日復一日，我們腦海中的念頭從不曾間斷，亦不曾反向運作過。**不要去思考，不要去理它，不要跟它相應；殊不知新的觀念就這樣跑出來了。**

你是否常會這樣：當生活上遇到盲點、碰到問題，你想盡既有辦法，仍不能突破……？何以如此？因為思考深層的啟發，要靠自己去開掘。唯有禪宗的特殊教育訓練，能刺激你的智慧爆發出無量無邊的廣闊立場；它以無相的背景產生一切現象，讓你能解決任何困難。當你有新的智慧、新的生命展現之後，對一件事情的觀點，自是不可同日而語。

佛，形容一個「圓滿的境界」

其實「禪」也正是「佛」的意思。佛的形象是具足任何一切相，或非一切相。佛並非人格化、神格化或佛格化，它是形容一個「圓滿的境界」。所以根本的佛教立場，不會排斥任何宗教，任何宗教都在自主性裡圓滿的存在著，只是你抓取的框框範疇不同；有的人喜歡美術、有人喜歡音樂、有的人喜歡科學……。我給學校老師的基本建議是，要把這些背景思想最前面那個階段找出來，你就會知道後續發生的系統是怎麼回事，目前產生了什麼樣的偏差，以及如何去修正。一方面從前面修正，一方面從後面補強，這是一個教育思想體系的系統。

再舉一個生活上的實例。很多人都持有駕駛執照，但真正會開車的人卻寥寥無幾。為什麼說你不會開車？因為馬路不是你打造的，馬路的系統要配合車輛的性能；汽車也不是你設計的，你可真的認識它的性能？你不過只知道拿出鑰匙、發動油門，至於如何淋漓盡致的發揮汽車的性能，並不清楚。你只能在一般狀態下開車，遇到急速彎路或高低起伏，你的技術就會不敷使用，能夠不發生車禍，已經算是非常有福報。

其實我們一直依照自己的個性在開車，沒有辦法一體全觀整個駕駛系統；我不撞人、人撞我，到底是誰出了毛病？是我們根本的思想有問題、有盲點，在規劃道路、設計汽車的時候，整個的設計系統發生了問題。為什麼高速公路車禍特別多，就是因為我們並不會開車，但卻認為自己會開，所以造成非常嚴重、非常危險的「思想上的謀殺」。

高速公路的車禍是不必要發生的，因為思想出現盲點與瓶頸，所以才衍生問題。推而廣之，全世界的政治、經濟、教育，以及我們整個國家系統的決策、政治層面、教育體系……，乃致於中華民國要往哪個方向去推展、提升，弄清楚大原則和脈絡之後，才有辦法找出最高的指導方針，也才能夠跳脫現有生活的空間，進入比現在更圓滿、更美好的境界。這個境界對事物的看法有很大的包容性，擁有深思熟慮的智慧，而不是執取過去的慣性；**如果我們遇到瓶頸、碰到問題，意味著對生活軌則的慣性執著，已抓得太緊**。

一般人在工作一段時期後即會興起倦怠感，但對於自己的嗜好，如釣魚、打球……，卻鮮少感覺不耐。**如果腦筋翻轉，把我們的工作當成一種興趣、喜好**，好比說，我就是喜歡教書、喜歡寫作，如此一來工作便成為娛樂，**做起來會是非常快樂的**。當你站在五子登科的立場上做事情，看到每個人都像是天使般的面孔，因為工作能帶給你快感。

常有學生問我：「你教了十幾、二十年，為什麼從不會嫌棄我們？」我認為這是我的興趣、喜好，所以對教學從沒有工作的低潮，它就像是我最喜歡的娛樂一樣。我們很少會為自己的工作掏腰包，但會為娛樂購買十幾萬元的釣竿，以便能釣上更大尾的魚。身為老師的你，一旦也願意像娛樂那樣多付出一些，你教學的方式、影響的學生，就都不一樣了。如果教書只是你謀生的工具，想到自己在為五斗米折腰，當然會有點兒難過。這是一個思想觀念的問題，觀念一轉，未來生活就可能過得更好。

反固定，慧力更上層樓

中國五千年的文化根深柢固，有強烈而固定的慣性執著，素來的教育瓶頸一向在於填鴨，並沒有開發學生的思想。而思想的教育與突破，都必須加以訓練，學生以後面對問題，才能迎刃而解。即使當下沒有問題，他也能**把前因後果弄清楚，在問題出現之前，就把它遮斷掉**。

日本東京第一高級中學曾經有一位校長，把會議室闢成禪堂，讓四十幾位住校生進來打坐，並找人為他們開示內容；三年後，這些學生都考進了東京帝大。通勤的學生抗議校長偏心，結果很多老師亦把教室做成禪堂，每早先讓學生坐禪三十分鐘。這個訓練方式正是禪宗的教法：**遮斷既有的思想，開發後打破、再組合起來，突破本來的思想方式**。事實上，日本產經學界的名家，也有上山打禪七的風氣，目標是要反固定，訓練之後，智慧力、判斷力、意志力，都會明顯更上層樓。

思想是可以被激發的，如果你激發了一百個老師，一百個老師再激發一百個學生……，台灣的生命力將無可限量的發揮到淋漓盡致。而最尖端的思想可以指導包括哲學、醫學、高科技……在內的種種一切。近百年來世界上並沒有產生偉大的思想家，一旦廣為推廣應用禪的思想教法，台灣將不只成為亞太營運中心，更可能是全世界的思想中心，屆時，台灣要出幾個大思想家，必定指日可待！

聽眾提問：就禪的思想來看，身為教師的人，可以如何幫助學生增進學習效果？

顧老師答：其實，一般青年學子如果學習不良，歸根究柢，以生理上的因素居多。多半是他們的三餐飲食調整不好，吃了太多高油脂、高蛋白的油炸食物，像炸雞、牛排、漢堡等等，再加上水分以及青菜、水果攝取不足，身心就會處在上火、燥熱的狀態，臉上長滿青春痘。這樣的學生在教室裡很難坐得安穩，常會心不在焉往窗外看。老師要懂得幫助學生調整飲食，把他們的身心狀態調和穩定了，上課才不會坐立不安。心理上有問題的情況當然也存在，不過，有些輔導老師在自己的專業範疇內做過努力後，學生的問題卻依然如故，為什麼？是「我執」造成的。自我執著的動力正從食物而來，高能量的飲食習慣，讓他的堅固性產生了爆發力。

現在有些學生幾乎是完全的肉食者，不吃蔬菜、水果，如果能反向而行，多吃蔬果，少吃高能量食物，學習狀況轉趨良好的比例便會相對增高，這是學術界尚未接觸到的範疇。事實上，青少年學生吃得營養過剩，再加上排泄不暢有便祕的問題，很容易產生憂鬱症、躁動症、自閉症……，因此減低了學習的興趣，甚或根本排斥學習。這類的患者腦波反射特別快，稍有聲響就感嫌惡，對師長講的話尤其覺得刺耳。做為他們的老師，必須懂得調節說話的音量。

「聲明」有助學習效果

問：關於調節上課時講話的音量，有哪些可以參照的準則？

答：老師講課的聲音適度，的確有助於課堂的學習效果，這種對於聲音的認知，在禪法上叫做「聲明」。一般而言；談話的聲音要能配合當時的天氣。炎夏的午後學生昏昏欲睡，需要稍大的音量予以刺激；若在寒冷的冬天，則應把說話的音調放得柔軟些。你可以觀照一下身處五、六十人的教室需要多大的音量，學生聽起來才不會打瞌睡。如果音調太刺耳或聲量太大，都會妨礙聽眾的吸收能力；講話的速度太慢或聲音太小，也會使學生喪失注意力。

同時，也要依照對象的不同，來調控聲音以及講話的內容。當你在諄諄告誡一個人時，有些話你不能講得太重、太粗，音速也不能太慢。但若談話對象是高知識份子，反倒要講得快些，因為他們的機能反射能力既快又好，不過若以他們的速度講給歐巴桑聽，反倒會變成催眠曲了。而說者與聽者之間互不搭調，並不意味著彼此排斥，是兩者的接收系統與訊號不夠和諧，這也就是所謂的「無緣」。

總體來說，要提高學習效率，除了飲食方面的調整，一般的對治原則是，早上老師的聲音不必放得太大，到下午四、五點鐘，學生食用的午餐已差不多消化殆盡了，大腦的電解質和醣分都略有不足，這時的學習曲線開始往下墜，最好不要安排需要思考力的課程。

問：對二十歲左右的青年學子而言，最常感到茫然的是，人生的意義與生活的本質、生活的現實之間，究竟應該如何去轉換、調適與分配呢？

答：如果能夠在整體沒有主觀相對條件之下去尋求答案，就會認知到人類存在的實際情形，因此才能了然人生所為何來，如何面對現實生活。

眼見不一定為真

人的一輩子所經過的時間階段，其實是片段、片段、片段連續性的組合，情境就如同演戲一般。這輩子所演的戲，是對上一輩子的某一意識型態抓取、投射形成的一種反射作用；所有的現象都並非具體的存在。而所謂的「存在」，只不過是波動、摩擦的影像，在時間、空間交集的聚合點上，呈現出的一個樣態而已。正因你所看到的種種現象，都是在波動交涉下一個運動的投影，一旦運動的速度或其他因素改變，存在的現象也就跟著異動了。

相對來說，很多人相信的「**眼見為真**」，與事實之間存在嚴重的落差。人類抓取「所見」的基本條件，唯獨眼睛而已，**而眼睛的基本條件，限制著觀察結果的系統與內涵**。例如當光線太暗、太亮，距離太遠、太近，或運動的速度太快時，都無法看得清楚；除非改變眼睛的結構、觀察的系統以及運動的速度，才能夠認清所見。就像兩列火車唯有在同向、同速行駛時，可以相互認知；如果方向和速度不同，用一百二十公里的時速觀察兩百五十公里的火車時，就看不到什麼東西了。眼睛和所觀察的對象也要同**步運動**，才能夠說，「**我抓得住你！**」所以人類在所謂的「影像觀察」系統上，其實是非常薄弱的。

在真實的宇宙裡，存在的定義正是如此這般。人類的眼睛看不到、耳朵聽不到的諸多現象，並不是不存在，**只因我們的觀察構造和設備還不夠精密，觀察的結果一定會有漏洞**。

而我們看到這一輩子所經歷的影像，也是**同步效應**的結果，並沒有實際具體的現象存在。腦海中記憶的影像、數目字、我們的年齡……，亦無一不是刻意圈套的某個公式，所延伸出的認識景象。既然如此，**人生在世的哪一個階段演什麼戲**，何妨就把這**齣戲恰如其份的演好！**

大同世界——人類相依互助

問：人生在世，尚有其他更深刻的使命與意涵嗎？

答：中國儒家的系統含攝到「老吾老以及人之老，幼吾幼以及人之幼」，也就是把別人的父母親視為自己的父母親，對待別人的子女，等同於自己的子女。事實上，雖然我們像是一一分開的個體，但在整個生活的層面上，是互相依存的。每一個人的存在，都有其價值與意義，無論工作的性質如何，意義無別，對社會也具有同等貢獻。

例如我們參與了一場內容精采的演講，智慧因此得到良好啟發，日後成為超越愛因斯坦的偉大科學家、思想家，那是因為蓋房子的、做水電的、做桌椅的人，提供了圓滿演講場地的專業；如果統合條件未能具足這樣的圓滿性，我們將很難暴發出偉大的成就。

人生的意義並不在於不斷比較高低與好壞。當你認識了宇宙本體，你會非常清楚本身立足於什麼樣的立場，同時了解到你我之間、各個眾生之間的立場。所有的人、事、物跟你都是由同一個自性，依據業感發生出來的分別個體；在時間的線性系列上，它有所分門別類，但在實相的根本定義上，是完全沒有分別的。於此了悟的人，在工作能力、學術能力、創新能力上，將可以得到無限量的啟發；你的生命會再次出發，獲致更上一層樓的昇華結果。

ZENQ

我致力推廣禪的思想與教育，就是希望把台灣人的觀念提升到最高等級的世界水準，在全球各個角落，都可以指導任何一個人有關人生觀念的問題，用超越所有宗教、科學、哲學、醫學……的範疇，去幫助所有的人類，這也就是所謂的「大同世界」了！

碰到工作、收入、生活條件不佳的人，要啟發他的智慧來改善工作現況與生活環境。從心態上去轉向，以務實的觀念以及圓滿的實相背景做為前導，讓他往這個方向去相應。透過心地的調整，他可以隨機而變化，對一切現象都覺得非常美好，即便有不圓滿的地方，也能及時的補救和轉換。

至於生活的目的，每一個人都有他個別的價值跟實際性的意義存在，並沒有說，哪一個人特別好，或哪一個人特別不好。所有工作的脈動與衝力，若都以圓滿的思想為導向，人人將皆可得到非常優質的生活品味及內容。當然，這並不是指物質上多或少的分配，而是在整個身心上會得到起碼的滿足，與精神層面豐碩知足的系統。人生的目的和目標，其實都在這個系統上面。

問：在求學過程中的學子，應如何趨向「精神層面內涵豐碩」的系統呢？

答：現代學生普遍說來，都是物質生活太過豐富、精神生活十分貧乏，文化層面也交涉不足。求學受教，似乎只在應付考試，拿到文憑。但真正的教化與提升，並不是在求取名利的系統上，而是能對人類有所貢獻。

我們依照自己的智慧跟能力，在任何角落，都可以跟一個目不識丁的人分享存在的實質內涵，讓他因受圓滿追求系統的啟發，燃起對生命的期望；讓他對國家、社會充滿感恩與珍愛，回饋於這個世界的，是善意的關懷，而不是惡意的對立。這不僅是大同世界的一個理想，更是烏托邦理想國的初步實現。

了解之後，予以調整

當觀念的溝通得到了和諧性、統合性，我們對於別人的過錯將不是包容、不是原諒，而是真正的了解；了解到過錯出自整個趨勢走向，所演變的必然結果。因為背景不正常，導致有如此的狀況。了解之後，可予以自然的調整，例如，一個脾氣火爆的人，是因為平時吃得太燥、太好、營養過剩；在心理、生理、物理的整體系統不清楚之下，他也是無辜的受害者。你可以把調食的觀念告訴他，讓他從源頭來改善。

一般青少年對於生活的目標與意義，或是生命本質的系統，還沒有辦法弄清楚，才會發生「不去上學，躺在沙灘上曬太陽」，或是「只要我爽、有什麼不可以」的種種脫序行為。做為師長或父母的你，唯有靠個人智慧和同步效用的移轉，慢慢來引導他。你可以從「無緣慈、同體悲」的系統去開發他，導引他對人類、對所有的物種現象，興起無限的感恩心態與相應的心理；體會舉凡周遭的事物，跟自己都是一體的感受。這樣培養下來，才會對眾生普遍具有無量無邊的大愛，也才會建立出人生的目標與意

ZENQ

義。而一旦認清生命的實相，「每一個人從生下來就在等死，晚死不如早死」的輕生事件，也就不會無謂的發生了。

問：在建立起「眾生一體」的禪觀之後，應如何落實在人類的日用之中？

答：要知道禪的觀念是零方位的思考、零方位轉相，也就是不固定任何一個前提，端視現況隨時移動修正。零方位思考的啟發，可以從一方位、無方位、零方位、多方位的訓練漸臻圓熟，但仍會是做得到的人少，做不到的人多。少數做得到的人，要幫助做不到的，替他來規劃好。這是一個正面跟負面影響的交互作用，要圓融無礙的去應用。

思慮縝密，更要篤行

事實上在人類的水平裡頭，一定是有高、有低，上限、下限間有很多的落差，這個落差要靠隨時隨處移動修正來彌補。其中並不固定是什麼型態，也不固定屬何系統。到底要用楊朱的兼愛之說，還是儒家的博愛……，得視對象、時間、地點、問題的核心安在……等不同的考量，深思熟慮後，再提出一個最適恰的系統來。

思想系統提出之後還要思考，會不會發生反效果呢？例如中國儒家的系統裡，提倡博學、審問、慎思、明辨、篤行的治事之道，因為前四個步驟都在醞釀與思慮，當問題進入篤行的階段時，往往動輒二、三十年，已經曠日廢時。因此，若欲運用儒家系統，便應在思考方式博通古今、非常龐雜的同時，兼顧「篤行」的力量，否則就會落入「思慮縝密，但做起事情來，卻從沒有跨出門前一步」的儒酸之憾了。

禪學強調信、解、行、證，在了解宇宙實相之後，要去篤行，以篤行的結果來證明你的信解。中途若因思想不足產生了誤差，便要就地移動修正，隨時隨處都可修正、轉換，好讓結果的標的得以明確產出！

（本文為顧老師對明志科技大學教師的演講，張雪麗聽打，溫曼英整理）

跋

追隨恩師三十載無止期

吳文正

回憶三十年前，老師剛開始弘法不久，就有同學建議在報紙上刊登廣告招收學員。結果，刊登後隔天就有人來電詢問：「你們要不要收費？」

同學：「我們的課程免費。」

詢問者：「有沒有賣書、講義？」

同學：「沒有。」

詢問者：「那有沒有賣道具之類的？」

同學：「沒有。」

詢問者：「那你們是不是假的？」

後來，就有早期的同學建議：我們應該要收費，而且學費要貴一點，這樣才會有人來參加（該位同學幾年後就沒再來上課了）。

老師一直恪遵世尊所教，不把佛法當買賣，三十年來從未向學生收費、募款。不僅如此，他還告訴同學：「我教的佛法是很貴的，貴到你們買不起，既然買不起，就乾脆不收費。」

老師不僅不收費、募款，還親自尋覓場地讓同學無憂地修行，為同學解決大小難題，有時還幫助經濟上有困難的同學、為其家屬付喪葬費；至於供養專業修行的出家人，就更不在話下了。

老師沒有星期天。他每日南北奔波、勤奮地授課，隨時隨處充滿智慧的語言、觀念，經常三、兩句話就解決了問題。老師說：「我是從佛經裡走出來的人。」其教法空前未有，靈活至極而不著痕跡。有時一句話就讓學生覺醒，有時學生得回家「參」好幾天。老師甚至還採用霹靂手段，藉由自毀形象、多重教育的方式，讓破壞團體的學員自動遠離。這種教育方法，總是讓學生各自解讀，見地立判，其形自現。而檢視老師所言、所行，無不出自佛經的無礙智慧、圓融語句，只是用一般的言行舉止表達出來而已。

記得約二十幾年前，有一回同學請老師吃飯，席間同學們還是問題、話題不斷、老師說著、說著，坐在旁邊的我，突然聽到輕輕地一聲「ㄎㄛ」，老師的一顆牙齒掉到桌上，他卻像沒事般地，用衛生紙把它包起來。這時讓我想起，老師當年從中國請回來的一尊老文殊菩薩像，已經齒牙稀疏了還在說法。不過那時老師的年紀其實還不大，真是難以想像，如何能堅持到現在，以及未來。

照理說，老師這麼忙碌，處處需要經費著落，看起來應該精神緊繃、捉襟見肘才對。可是，說也奇怪，老師一向是神情從容、悠遊自在。

老師曾說：「我修行時，找不到人可以問，當初如果有一個像我這樣的人來教我，不知道該有多好！」老師處處希望學生快點成就，不怕學生超越他，他經常說：「雖然你們很難超越我，但還是一定要設法超越老師。」

這樣的世間導師，我們何其有幸才能恭逢門下受教。但卻也有些同學自動捨棄、離師叛道、臨門挖角、破壞和合，這樣的人我們只能說是因緣不契，或當初來禪林的動機各有盤算，真是「佛以一音演說法，眾生隨類各得解」！而老師卻早在二十幾年前就常說：「我知道未來你們會有人背叛我，但是，不管你做了什麼，老師都會原諒你。」他還能為這樣的學生如此考量，其見地與胸襟，何人能出其右？

學生在此只能略舉三十年來老師所教的隻字片語，無法窺探老師的無量內涵與智慧。但願能追隨恩師學習，永無止期，更能傳佛法脈、續佛慧命，恢弘無量！

（作者為國際禪友會會長、大毘盧遮那禪林講師）

國家圖書館出版品預行編目（CIP）資料

宇宙覺士：顧老師的禪教室 / 溫曼英著 . -- 第一版
. -- 臺北市：遠見天下文化，2014.12
面； 公分 . --（心理勵志；BP355）
ISBN 978-986-320-591-3(平裝)

1. 禪宗

226.6 103020554

心理勵志 BBP355A

宇宙覺士

顧老師的禪教室

作者 —— 溫曼英

總編輯 —— 吳佩穎
責任編輯 —— 陳孟君、王譓茹
封面暨內頁設計 —— 雅堂設計工作室

出版者 —— 遠見天下文化出版股份有限公司
創辦人 —— 高希均、王力行
遠見・天下文化 事業群董事長 —— 高希均
事業群發行人／CEO —— 王力行
天下文化社長 —— 林天來
天下文化總經理 —— 林芳燕
國際事物開發部兼版權中心總監 —— 潘欣
法律顧問 —— 理律法律事務所陳長文律師
著作權顧問 —— 魏啟翔律師
社址 —— 台北市 104 松江路 93 巷 1 號 2 樓
讀者服務專線 ——（02）2662-0012
傳真 ——（02）2662-0007；（02）2662-0009
電子信箱 —— cwpc@cwgv.com.tw
直接郵撥帳號 —— 1326703-6 號 遠見天下文化出版股份有限公司

電腦排版 —— 雅堂設計工作室
製版廠 —— 中原造像股份有限公司
印刷廠 —— 中原造像股份有限公司
裝訂廠 —— 精益裝訂股份有限公司
登記證 —— 局版台業字第 2517 號
總經銷 —— 大和書報圖書股份有限公司 電話 ——（02）8990-2588
出版日期 —— 2022 年 1 月 12 日第二版第 1 次印行

定價 550 元
EAN：4713510942987
書號：BBP355A
天下文化官網 bookzone.cwgv.com.tw